U0036025

學懂紫微斗數就看這一本
紫微斗數現代判斷及實例解析
三禾山人——著

前言

紫微斗數這門學問從深宮走入民間以後，與八字學來比較，紫微斗數的命運是比較坎坷的，這主要體現在，從古至今的典籍著作很少，而且門派林立。雖然現代的不少老師紛紛出書爲傳承這門學問做了很多努力，但是，紫微斗數預測學被邊緣化的狀態並未扭轉，起碼在中國大陸是這樣的情況。但是，西方星象學卻在中國發展得如火如荼，這不能不讓我們深思。看起來，不是大衆不需要預測學，而是紫微斗數的理論體系不利於流傳，所以，我們必須仔細整理紫微斗數的理論體系，這本書就是基於這樣的初衷而來的。

所以，本書的特點是——

第一、整理出一個大的思路，幫助那些喜愛紫微斗數的人登堂入室。

第二、本書的內容整體上分兩部分，一是理論，二是例題。

第三、在例題中首次披露了很多實用技法。

另外說明——

【前言】

1、本人沒有師弟師妹等，我是本門（西部鳳凰派）的唯一主持。

2、「三禾山人」的「三禾」其意義指的是我本人生於寅月，寅在地支為3數，寅為木為禾，別無他意，望勿曲解。

三禾山人　己亥年冬月
於中國陝西省寶雞市

目錄

第二章 星曜之間的關係網

第三章 星情歸類

第四章

【目錄】

第八章 宮位、星曜、四化的疊加融合

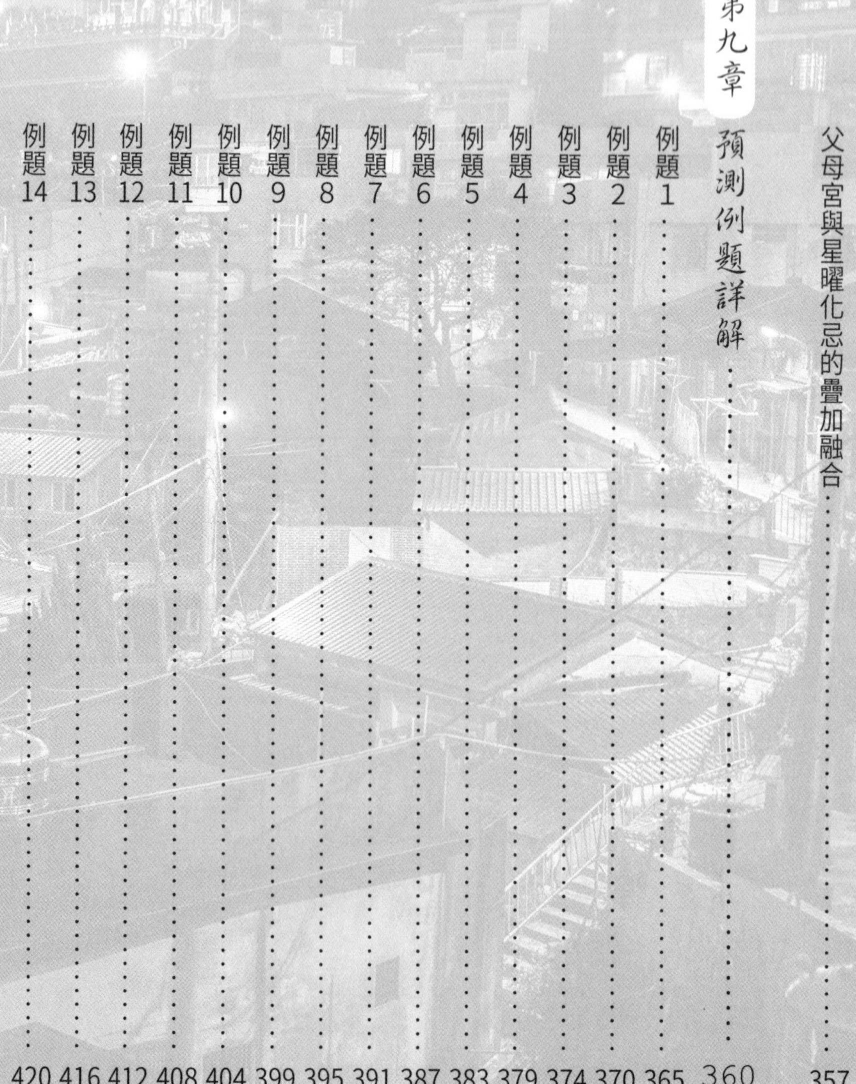

第一章 核心星情

第一章 核心星情

本章主要論述單宮表象，三方四正不做為本章的重點。單宮表象只是基礎、只是參考，進入具體的命盤分析時要用三方四正和四化飛星來加減修正。單宮表象是靜態信息、是我們認識星情的第一步，也是我們必須掌握好的內容。

紫微星

1、五行屬性爲土、火。（傳統論法爲土）

2、主官祿，樞紐，實權，解厄，顯貴，首腦，權威。

3、體型爲中高身材，氣宇軒昂威嚴從容，臉長圓，天庭高，雙目有神。

4、厚重，謙恭，包容。

5、才華橫溢，聰明機智。

6、事業心強，能幹，講原則，管理和領導能力強。

7、虛榮心重，喜奉承，貪名利，愛面子，愛攀比，講排場。

8、優柔寡斷，猜疑心重。

9、高傲，孤獨，清高，自我意識強，獨斷，一意孤行。

10、縱慾，享樂，酒色。

11、紫微星宜坐落於命宮或者官祿宮，且紫微星宜有「百官朝拱」，則比較容易有貴氣成就。若本宮及三方四正無百官朝拱，則難以貴論。

12、紫微星不宜入六親宮：兄弟、子女、奴僕、父母宮等，則為人勢利不仁。

貪狼星

1、五行屬性為水、火、土。（傳統論法爲水、木）。

2、交際星，才藝星，桃花星，偏財星，幻想星，慾望之星。

3、體型爲中高身材，氣質男俊女豔，性感，眼大，長圓或瓜子臉型，話多而動聽。

4、善交際，應酬多，人緣好，圓滑世故，能言善辯，幽默風趣，有悲憫之心。

5、易衝動，剛強威猛，好勝心強，任性倔強，忍辱負重，無道義，好走捷徑。

6、不斷進取，學習能力強，足智多謀，頭腦聰明，理解分析能力強，求知慾強，興趣廣泛，有宗教緣份，多才多藝但博而不精。

7、好表現，好吹牛，誇誇其談，好投機，善於空手套白狼，善於利用人際關係。

8、喜怒無常，好高騖遠，有野心，多計較，妒忌狡猾，邪惡兇狠，易有官非。

9、浮蕩貪慾，好動好酒，行為輕佻，喜風花雪月，好賭好色，豔遇，難以鍾情長情。

10、貪狼星的個性極其複雜，大體上有物慾型和情慾型，貪狼坐命於子午宮屬物慾型，其餘均屬情慾型。貪狼星與武曲同宮、對照，或逢祿存、化祿、火鈴，均為物慾型，主賭博、爆發；加會羊陀及桃花星，或廉貪同宮加桃花星，均為情慾型，主豔遇、桃花。

11、七殺、貪狼、破軍這三個星曜，均主開創和變化，而貪狼的目的追求物質和情慾上的滿足，特點是隨意、隨性、隨緣，並且帶有環境和人際關係的變化。

12、貪狼星不喜與昌曲同度，不喜加會咸池桃花星，淫蕩、浮滑、巧詐、見一個愛一個。

13、貪狼星，坐於廟、四墓地，或與截空、空亡、祿存、火鈴、左右、魁鉞等星同度，均可使得它的慾望和精力轉向發展技藝、軍警、演藝。

14、貪狼星失陷加煞忌再逢空劫則孤貧、好色、殘疾等；貪狼逢巨門則口舌常有。

巨門星

1、五行屬性為水、金。（傳統論法爲水）

2、口舌星，賊星，出行星，傷害星，宗教星，藥物星，法律星。

3、體型一般較高，氣質隨興率真，方臉型，唇薄嘴大或唇厚聲高，口才好。

4、耿直，自信。

5、喜鑽研，博學而不精，推理和分析能力強，記憶力很強。

6、有辯才，喜吹牛，言辭銳利，說話條理分明，有口福愛零食。

7、添油加醋，出口傷人，口是心非，心胸狹隘，挑剔，刻薄，偏激，多疑，易得罪人，坎坷辛勞，勞碌，破敗多災。

8、巨門星與太陽同宮而逢凶煞聚集時有死亡含意。巨門星與天機同宮時更加多疑。

9、巨門星與文曲星都有口才之意，巨門星的口才是有內容和條理的，語速也快；文曲的口才主要是文筆和修飾並含桃花意義。

10、巨門星不宜坐六親宮，主不睦、疏淡，逢化忌尤甚。巨門坐命易惹口舌是非。

11、巨門星坐巳未陷落之地，主無事奔忙，明爭暗鬥，小人多。再逢煞忌易有口舌官司，多官非刑傷，此時若遇紫、祿存可解。

12、巨門星坐命於亥而照巳宮廟旺太陽，肯鑽研、有創意，學術上有成。

廉貞星

1、五行屬性為土、金、木。（傳統論法爲火、木）

2、賭星，囚星，次桃花星，法律星，官祿星，政治星，事業星，小人星。

3、體型中矮身材，氣質剛毅瀟灑，兩眼神光，眉骨起稜、顴骨高。

4、責任心強，是非分明，廉潔，上進心，有抱負，有衝勁，聰明能幹。

5、喜表現，能言善辯，善於察言觀色，幽默。

6、剛強，好勝，固執任性，脾氣差，為達目的不擇手段，冒險，浮躁，衝動，好賭。

7、輕浮放蕩，好酒色，桃花多，紙醉金迷。

8、強悍、心狂心狠，狂放狂傲，狡詐狡猾，猜疑嫉妒，野心叛逆，多刑訟禍殃。

9、廉貞星是諸星中的狠角色之一，不宜加會紫殺、煞忌。宜陰柔之星的調和，如府相、祿存、六吉星等。

10、廉貞和貪狼都為桃花星，但貪狼為肉慾，不能自制，多帶酒色財氣；廉貞較理智，較注重感情，較高雅，非物慾。廉貞和貪狼都為賭星，貪狼貪心自私，廉貞較大器豪義。

11、廉貞星的性格很複雜，可正可邪，主要看其廟陷及有無煞星加會。廉貞入廟為福，陷地或加煞忌則禍害甚凶。廉貞較喜入六親宮，主感情深厚，但忌入夫妻宮，易分離。

12、廉貞星入廟無煞，主貴，利武職、政法界等，不宜經商。無煞加會府相六吉星或化科權祿等，掌權柄、富貴。居閒弱之地則懷才不遇，易入歧途，此時若加會四煞化忌，則狡詐犯法遭刑。

武曲星

1、五行屬性為土、金、火。（傳統論法爲金）
2、財富星，將星，寡宿星，兇暴，傷害。
3、體型勻稱中矮壯實，氣質嚴肅冷酷，不苟言笑，肩寬，方臉，毛髮硬，語音響亮。
4、武勇剛強，剛毅務實，直爽果決，重義守信，風格強硬而易得罪別人。
5、對於財務、經濟有很強的敏感度和執行力。勤儉踏實，財運好。
6、做事積極進取，嚴肅認真。有威名。
7、固執好鬥，易怒，魯莽急躁，孤傲武斷，欠融通，孤剋，傷害，辛勞而貧困。
8、同為財星，但是武曲與太陰、天府是有區別的。武曲偏於實業、創業、投資，求財過程辛苦；太陰偏於計畫和管理，財富易於積蓄。天府偏於儲藏、堆積、整理，是理財能力。
9、武曲星旺或吉助，則發財、獲利；陷或凶集，則六親緣薄，寡宿、孤剋、決裂、傷害，女命尤甚。

10、武曲星喜天府、祿存、桃花星等來調和剛烈之性，則有利於感情。喜左右、鉞魁、昌曲、祿馬，能獲得權力和威名。

11、武曲星對殺破狼很敏感，多會有財富上變化、變動。

12、武曲星懼怕四煞星和化忌。逢之，禍害是非，因財務起爭鬥糾紛、破財貧困等。

破軍星

1、五行屬性為水、火。（傳統論法爲水）。

2、消耗星，流氓星，垃圾星，冒險星，投機星，變動之星。

3、體型較矮，氣質粗俗輕浮，肩寬或尖削，眼圓，圓方臉。

4、有魄力，膽大，冒險，創新，機智勇敢，講效率，勇於嘗試，風險偏好者，求新求變。

5、義氣用事，虎頭蛇尾，幸災樂禍，助惡抑善，不顧後果，偏好投機，喜以小搏大，心急，多糾紛，多禍殃，性多變，兇暴，奸猾無義，好賭，多疑，樹敵多，沒口德。

6、司夫妻、子息、奴僕。主破壞，破敗、消耗、倒楣、孤獨，奔波。具有開拓和改革精神，不怕困難與挑戰，破祖離鄉，動盪多變。多兼職，宜武職、開創性及機動性大的行業。

7、破軍星、破碎星均具有攻關致勝能力，但是破軍費力且難守，破碎則速勝速敗。

8、殺破狼均主變化和創新，破軍星是在舊事的基礎上改革，先把難關攻破再開創新局面，同時善攻不善守，總是在追求更新的目標，所以變化起伏大，難享清福。

9、破軍星在辰戌宮廟地，做事有魄力和謀略，有特殊技藝，擅長發明創造。六癸六甲生人亦可富貴。此時若加會左右、魁鉞、祿等吉星，主大富大貴。

10、破軍星在陷落之地，多不守祖業，棄祖離宗，剋子女。此時若得祿存化祿則可改善。若加會廉羊火鈴，則疾病、官災、殘疾。

11、破軍星加煞，雖有巧藝，一生難免破相殘疾。在申酉亥宮，加會火鈴則奔波勞碌、錢財不聚、常有是非；加會羊陀則破家敗業，疾病、殘疾或牢獄之災；加擎羊紅鸞則有血光之災；加會天機則盜竊貪污；加會空劫忌則破財破身。

12、破軍星守命，三方四正加會羊陀、火鈴、白虎、天刑等易流入黑道。破軍單守，三方四正不見六吉星而見全四煞星，反主富貴，但災厄和辛勞難免。

13、破軍星，加會文昌主刑剋兄弟。加會文曲主貧。破軍星與昌曲同宮或對照，易有水厄，此時若再加煞忌必在水中遇難，有祿存、化祿、左右、魁鉞可解。破軍會巨門多口舌爭鬥，此時若再加煞忌必有水災。

14、破軍星喜與紫微天府天梁加會，可制其惡，而有所創建。破軍喜與魁鉞、左右、化科、權祿守照，亦能有成就。即使陷地也能平穩發展。若不化祿權、不見左右魁鉞，而見煞忌，則只能破壞，不主開創。加會桃花星則桃花事多。

七殺星

1、五行屬性為土、金、水。（傳統論法爲金、火）

2、將星，元帥星，孤剋星，變動星，血光星，死亡星，黑惡勢力星。

3、體型中矮身材，一般稍瘦，氣質剛猛嚴肅冷漠，長方臉型，眼大，眉粗濃。

4、粗獷豪爽，剛猛，自尊心強，爭強好勝，不服管束，重情義，恩怨分明。

5、英勇能幹，智勇雙全，有謀略，敢作敢為，喜冒險，不怕困苦，做事有決心有魄力。

6、沉默寡言，不合群，固執己見，獨斷專行，多精神苦惱，艱難貧困，病傷，喜怒無常，暴躁，多疑，叛逆，易感情用事，喜怒於外，內心脆弱。

7、七殺星、天梁星均主紀律刑法，天梁屬文，七殺屬武。七殺星、破軍星均為將星，七殺為帥而勞心，較冷靜沉穩，破軍為先鋒而勞力，較兇暴輕浮。七殺星、劫殺星均主性急快速，七殺主功名，劫殺為破敗災禍。

8、七殺星坐命，一生起伏變化很大，七殺的變化來得很突然，且是從頭再來如改行、跳槽。辛苦勞碌，白手興家，宜離開祖籍發展。

9、七殺星喜單守，喜加會紫微、六吉星、祿存、破軍化祿等，可獲得權威權柄。與魁鉞、左右、昌曲同宮或會照，具統禦能力，易掌權、居要職等。

10、七殺星與廉貞星同守命宮或者加會，主求謀難遂，病災，再加煞刑忌更凶。

11、七殺星加會羊鈴，主官司牢獄、傷殘、交通意外等，此時再逢刑耗虛虎陰煞，定有官訟刑獄或血光之災，防車禍，做外科醫生或屠宰業可解。七殺會天姚主感情糾紛。

12、七殺星加會火鈴，此時若七殺廟旺僅主辛勞，宜技術。

13、七殺守命，加會羊陀、火鈴、白虎、天刑，易與黑社會有關聯。七殺逢空劫、截空、旬空等主六親緣薄，喜怒無常。

14、七殺星坐命難享高壽。若陷落且與煞忌會照，則主刑傷、殘疾、夭折。

天相星

1、五行屬性為水、木。（傳統論法爲水）。

2、貴星，福星，衣食星，印星，幕僚星，忠誠星，公道星，律師星，中和派。

3、體型偏高，氣質高雅，目字或同字面型，莊重，清秀，眉毛密。

4、有正義感和同情心，謙遜有禮，思慮周全，處事圓滑，足智多謀，高雅沉著。

5、公正無私，忠心耿耿，協調和處理事務的能力強。

6、交際廣，好錦衣美食，喜琴棋書畫，異性緣好。

7、循規蹈矩，謹小慎微，喜做和事佬，講享受，虛詐僞善，喜聽逢迎之話。

8、天相星與天機星不同，天相星掌文書印信，為親信且穩定。

9、天相星與祿存、天馬等同宮守命，無煞沖破，為祿馬配印，主富貴。天相兩鄰有巨門天梁星，如巨門化祿便成為「財蔭夾印格」，富貴之格。

10、羊陀夾天相，擎羊與化忌夾天相，天梁與化忌夾天相，皆為刑忌夾印，同時加會煞星，主刑獄，若加會六吉星或天梁化科可解。火鈴夾、空劫夾均主是非糾紛，挫折破敗，若加會吉星可解。

11、天相星之貴，具幕僚性質，兩面派，受環境支配，逢善則善，逢惡則惡，逢天府吉則富裕，逢紫微吉則貴顯。重視夾宮。

12、天相星忌火鈴同度，病痛或殘疾；此時若又見凶夾，剋父母，需離祖過房；天相星守命加會六煞，容易受騙、易有文書印信的麻煩，宜以技術謀生。天相星失陷不加煞亦做吉論。

天同星

1、五行屬性為水。（傳統論法爲水）

2、福星，壽星，懶人星，口福星，主溫順、融合、同樂等。

3、體型身材中高偏胖，氣質隨和隨緣、老好人，方臉或圓臉，眉目清秀。

4、謙恭，溫和，不與人爭，謹小慎微，有人緣，喜討好別人但是並不喜歡社交。

5、精通文墨，興趣廣泛，多才多藝，有才藝有天賦但是博而不精。

6、無壯志抱負，無闖勁，知足常樂，優柔寡斷，精神痛苦，懶散，好吃懶做，軟弱懦弱，自娛自樂，想得多做得少，委曲求全，耳根軟，被誘惑。

7、天同星，先苦後甜，先難後易，先逢凶後化解。天同星化解兇惡是多一事不如少一事，是退一步海闊天空。能在逆境中知足常樂或自娛自樂。

8、對於享受享樂，天同星喜熱鬧鋪張，是好逸惡勞；太陰星則喜安靜，是自我陶醉；貪狼星喜酒色財氣，是交際應酬和物慾、情慾。

9、同梁、同陰都屬溫和型組合，但是同梁的格局較高，利於地位聲譽。

10、天同星同度祿存也會富有。

11、天同星加會昌曲或者六吉星，也會有名氣，但是很貪圖享受。

12、天同星會聚四煞多主疾病。

天機星

1、五行屬性為木、金。（傳統論法爲木）

2、善良星，驛馬星，智慧星，顧問星，幕僚星，司智慧、幻想、壽數、精神。主遷動、旅行、運動、遠行。

3、體型中等偏瘦，氣質斯文機靈，下巴較尖，眼光銳利，清秀，說話快，思維跳躍。

4、智慧超人，思維敏銳，心思縝密，機智多變，博學多才，興趣廣泛，有一技之長，肯動惱筋，多才多藝，好奇心強，創造力強。

5、有謀略，善策劃，企劃能力強，足智多謀。

6、口才好，善辯，講話斯文，善察言觀色，喜諂媚逢迎。

7、和藹可親，樂善好施，富同情心，樂於助人，有宗教信仰和緣份。

8、不踏實，見異思遷，性急，多動，喜新厭舊，善變。

9、幻想多，鑽牛角尖，神經過敏，優柔寡斷，女性則多愁善感。

10、奸滑，疑心重，陰謀詭計，心機重，過分精明，好酒。

11、天機星落十二宮皆主不穩定、起伏變化。落六親宮聚少離多、多糾紛。命宮獨坐主兄弟少，會有家庭糾紛，夫妻不和睦，生活多不安寧。

12、天機怕煞星，主懷才不遇，坎坷不順。天機怕化忌，主失眠焦慮，出行不利。

天梁星

1、五行屬性為木、土。（傳統論法爲土）。
2、長壽星，醫藥星，蔭福星，文星，法紀星，老大星，賭星，吹牛星，逢凶化吉星。
3、體型偏高而壯實，氣質莊重老成，長方臉，顴骨高。
4、樂善好施，溫和清高，為他人著想，喜歡照顧人，思維細膩，莊重大方，穩重耿直，成熟而有魅力。
5、公正無私，有統率能力，勤奮，勇挑重擔，眼光遠大，思想超然。
6、分析及觀察能力強，反應快，有機謀，有極強的預感功能，信仰宗教，近中醫，會養生。
7、孤僻，專橫，霸氣，會算計，做事有目的，好爭辯，懶散，不服輸，老大做派，固執，愛管閒事，操勞，浮蕩，舉止言行老態。
8、天梁星、天相星、天貴星，這三個星均主天生有貴氣。天貴得天助得人助；天相需要一點勤勞，但是亦得天助得人助而貴；天梁星的憂慮較多，靠自我奮鬥而貴。

9、天梁星、天相星、天同星，這三個星均主福報。天梁星偏於蔭壽，享受祖業和現成事業，重名不重利，同時也能主動奮鬥；天同星偏於享受享樂，不知進取，不重名利，自娛自樂；天相星偏於權貴，重名利，同時靠勤奮。

10、天梁星坐命入廟，再加會左右昌曲魁鉞祿存化祿化權等等，大富大貴。天梁星午宮安命，廟旺無煞沖破，則為上格，寅宮次等。

11、天梁星為清高、清廉之星，本不愛財，逢祿存、化祿同宮或會照，經商可發意外之財，但是會操心費神、挫折坎坷。

12、天梁星為孤剋之星。天梁化科以及三方會科權祿、加會六吉星、廟旺的太陽等，可化解天梁的孤剋。

13、天梁星逢四煞，正直和精明的性質皆失，投機好賭、貪便宜、易盜竊等；陷地陀羅同宮尤甚，孤貧，投機取巧，好賭好色；陷地四煞疊見比如加會羊陀，則會有血光刑傷殘疾，防牢獄之災。空劫同宮或會照則破財敗家，此時再加會天機，只宜僧道。

14、天梁星怕會巨門星、貪狼星，惹事生非，感情困擾，亂倫敗俗，短壽。天梁星坐陷宮而無吉加煞，並與天馬守照，一生奔波，離鄉背井。女命淫蕩。

天府星

1、五行屬性為土、水。（傳統論法爲土）
2、司令星，祿庫星，延壽星，解厄星。
3、體型爲中高身材，氣質溫厚，長方臉型，下顎圓，皮膚白。
4、善良忠厚，慈悲溫和，老實本份，寬容平和。
5、善理家，善理財，節儉勤勞，自給自足，任勞任怨。
6、具統御能力，做事周詳，廉潔忠誠，奉公守法。
7、虛榮心強，愛面子，重名利，計較利益，節儉小氣，高傲自大，墨守成規，固執保守。
8、天府星與紫微星相比，缺乏紫微星的那種決斷力和創新能力。紫微以威制煞，天府以德化煞。
9、天府星是財庫，用儲藏、儲蓄的方式理財、生財。喜逢武曲化祿、廉貞化祿、祿存等，忌諱空亡、劫殺、截空、旬空等，此時若對照七殺及六吉星則可以白手創業。
10、天府星逢祿又逢空劫則易得易失；逢四煞同宮則辛苦艱辛或者財務來路不正。
11、天府星坐鎮南斗，若加會太陽、紫微、昌曲左右魁鉞祿等吉星，主統御能力很強。
12、天府星加會太陽昌曲，則多才藝利學業。若加會左右魁鉞，則主權貴。若加會紫微左右則有權威。

太陽星

1、五行屬性為木、火。（傳統論法爲火）

2、夫星，法律星，政治星，升遷星，名譽星，主博愛、權貴、男性。

3、體型中等略矮胖，圓臉或方圓臉型，氣質壯實，活力四溢，有親和力。眼大而亮或者戴眼鏡，俊美。

4、能幹，公正無私，有忠心，守法度，創業心強。

5、慈善，博愛，豪爽，慷慨，開朗，寬容。

6、善交際，喜投機，好表現，應變力強。

7、虛榮，高傲，喜與人爭，好指揮他人，忽冷忽熱。

8、急躁，奔波勞碌，固執，浪費，不穩定，動盪。

9、紫微和太陽均有權貴性質，二者的區別在於：紫微是地位威懾，太陽鋒芒畢露。

10、太陽星廟旺，宜加會財星（祿存、太陰等），則主貴而富。

11、太陽星坐命或者坐六親宮，易與父、夫、兒感情不睦，或聚少離多，或身體欠佳，無吉加煞則刑剋更重。

12、太陽星宜加會天梁魁鉞左右等星來落實其權貴屬性，不宜加會刑訟星（羊、刑、符、虎等）、化忌、四煞星等，均主暴躁，極端，剛烈，是非，紛爭，刑訟。

太陰星

1、五行屬性為水、金。（傳統論法爲水）

2、財庫星，顧家星，藝術星，女性，主薪金，財富。

3、體型中高身材，鵝蛋臉型，氣質文靜，文質彬彬，苗條，眉清目秀。

4、才華橫溢，思維敏捷，聰明能幹，博學多聞，計畫性強。

5、重儀表，有潔癖，崇尚情趣，多幻想，謙恭溫柔，有涵養，文雅，有宗教緣。

6、愛享受，喜奉承，貪名利，虛榮心重，懶散，陰謀，猜疑心重。

7、風流倜儻，易染桃花，多愁善感，優柔寡斷，縱慾。

8、太陰星加會凶煞，則為陰謀、隱患、暗疾。此時若遇地劫陰煞聚為生死交關。

9、太陰星重親情但是帶有刑剋性質，當獨守命宮或父母宮，而失陷時或逢煞忌時，易與女性親屬（母親、妻子、女兒）緣份薄或聚少離多。

10、太陰星逢昌曲、天同喜文藝等。逢三台八座利於聲譽名譽。逢左右魁鉞會有社會地位。逢煞忌主被盜遺失。

11、太陰星或者機陰，逢昌曲會有感情困擾，此時若有祿無妨。

12、太陰星，懼與羊陀同宮，忌與廉殺對照，易有傷殘、刑剋。若再逢白虎喪門則母或妻不吉；若臨失陷則桃花旺、好色。最忌火鈴，輕者為富不仁，重則陰險奸詐、狠毒淫奔。

祿存星

1、五行屬性為水、火、金、木。（傳統論法爲土）。

2、財富星，孤剋星，瘤星，解厄制化之星，司解厄延壽。

3、勤儉節約，喜存儲，厚道穩重，有人緣，計畫性強，多學多能，有機謀。

4、膽小，固執，孤獨，刻薄，不合群，吝嗇。

5、祿存的基本意象為：俸祿、生意、金融、財務、存款、錢幣、保險、食品、藥品、貴人、勤勞、不動產、孤獨等。

6、祿存星、天福星，二星均主財福。祿存較吝嗇，天福較豪爽。

7、祿存星，其前後宮必為羊陀，成功較為辛勞，要靠自己付出努力。

8、祿存星，旺衰隨主星，忌單守。忌沖破。

9、祿存星，入六親宮主爭執不和、緣薄。

10、祿存星與陰煞星同宮有毒品之意；與貪狼同宮有吸毒之象。

11、祿存星守命，武曲天相二星來夾，無煞忌空亡星同宮為「財印夾祿格」，大富翁。祿存與天馬同宮或會照，為「祿馬交馳，發財於遠鄉」。

12、祿存星逢空亡、天空、地劫、火鈴、化忌等星守照，為破敗、吝嗇、一毛不拔。

天馬星

1、五行屬性為金、木。（傳統論法爲火）

2、遷移星，調動星，旅遊星。

3、逢吉則吉，勤奮，積極主動，講求效率，趕時髦。

4、逢凶則凶，馬虎，勞碌，孤傲，多幻想。

5、天馬星的基本意象為：行動、好動、衝動、調動、遠行、奔走、車船、交通、道路。

6、天馬星守命宮，主離鄉背井、漂泊不定。入十二宮皆表示該宮的人事要動。

7、不見祿存化祿，僅主變遷或奔波，不主發財。

8、天馬星宜與祿存同宮或會照，謂「祿馬交馳，發財於遠鄉」，獲厚利。天馬、紫府同宮，謂「扶輿馬」，主功名，在外名利雙收。天馬、太陽同宮，旺地主貴。天馬、太陰同宮，旺地主富。天馬、紫殺同宮，主權貴。天馬、擎羊、武曲三星同宮，富貴名顯。

9、天馬星逢空亡、旬空、截空、天空、地劫等，主失意、無果，做行銷、導遊或宗教工作可解。

10、天馬星忌見殺羊火鈴，逢之主貧困奔波、客死他鄉等。天馬坐命或遷而在申宮，防交通事故。

11、天馬破軍同宮，則破耗或失身。天馬、貪狼同宮，則桃花重。與陀羅同度，則阻滯失敗或疾病。與火星同度無吉，則多意外或刑傷。與擎羊、七殺、天刑同宮，則病災或凶死他鄉。

12、天馬星與巨門同宮，主是非多，女命私奔。天馬星與同梁巳亥同宮，主淫蕩。天馬星與破軍貪狼寅申巳亥同宮，女命必剋夫。

文昌星

1、五行屬性為水、金。（傳統論法爲金）

2、聰明星，支票星，汽車星，硬化星。

3、多才多藝，聰明聰慧，學識廣博，好學，文才好，記憶力強。

4、浪漫，多情多義，磊落，高尚，儒雅，淑德，有雄心壯志。

5、粉飾、心浮氣躁，孤僻，窮困，女人多情慾，生命危險。

6、文昌星的基本意象為：禮樂、科甲、結婚、喜慶、喪禮、契約、文件、證書、支票、學校、考試、功名、仕途、文學和學術理論。

7、文昌星坐命宮，入廟，喜歡讀書，易有文上成就，或為教育工作者藝術工作者。加會陽梁祿存，成「陽梁昌祿格」，主富貴榮顯。

8、文昌星坐命，若是逢六煞星同宮或沖照，則自命清高，懷才不遇，多疾或短壽。加空劫，讀書不佳。若是逢煞於陷地，多阻滯，落魄的文人。

9、昌曲坐命，聰明好學，博學多聞，再加會其他吉星，為科甲之士，富貴榮顯。若加會魁鉞，清貴而佐明君。

10、昌曲坐命，遇祿存守照，名利雙收。昌曲坐命於丑未宮，無煞守照，博古通今，文化界泰斗魁首。

11、昌曲夾命，命宮正星廟旺有吉無煞，主聰明智慧，利文近貴。

12、昌曲坐命，遇破軍守照勞碌奔波；遇空劫相夾勞碌難成。遇羊陀居午宮，有夭折的可能。女命不喜見昌曲守命，主水性楊花，此時若加會四煞兼化忌，為娼妓或夭折。

13、昌曲化忌定有破耗，文書、票據等方面多糾紛。昌曲化忌入命遷，會有惡名，此時若再逢四煞，易有牢獄之災。

14、女子命宮逢文昌，多清秀，多才藝，多感情糾葛。入廟為平常，加吉主富貴。陷地加四煞巨機廉殺破貪忌等星，主情婦、二奶、小三等。若是加會空劫煞忌，墮入風塵。

文曲星

1、五行屬性為水、金。（傳統論法爲水）

2、口舌星，文藝星，娛樂星，司文墨，主文學藝術、異路功名、辯論。

3、學識廣博，多才多藝，觀察力強，有創造力，敏銳，能幹，文雅，善辯，光明磊落。女主多慾多疑。

4、孤僻，固執，虛偽，窮秀才。

5、文曲星坐命，多才多藝，喜出謀劃策。加吉星主科第。若與煞星同宮，主奸詐、強詞奪理、桃花破費。若與羊陀天姚同宮，傷於酒色淪於淫蕩。加空劫主破敗貧困。

6、文曲星坐陷地，好辯，華而不實。見桃花星則會風流浪漫。見煞星則自私虛偽。

7、文曲星坐陷地獨守，則孤獨貧困但有巧藝隨身；加吉亦平常；加四煞則短壽或帶疾延年。

8、文曲坐旺地，加會吉星，文才蓋世，功名顯達；加會左右，則威名顯赫，將相之才；加會煞星，則虛名虛利或帶病延年。

9、文曲星與破軍同宮，防水厄或泌尿系疾病。

10、文曲星與祿存同宮，有知名度，但見惡煞則聲名狼藉，自私虛偽，見桃花因色惹禍。

11、文曲坐命，無正曜，對宮為陽巨，為「桃花滾浪」，多感情困擾，再會文昌、祿存、天馬，不見煞忌，反主因桃花而得財。

12、女命文曲星坐命於廟旺之地，主清秀，聰明，多才藝，感情豐富。與梁相同守，清秀且貴。加煞，則輕佻，水性楊花。失陷之地加煞，或加會巨機火忌，或與貪破同宮，均為淫蕩，水性楊花，偏房、填房、情婦。

天魁星

1、五行屬性為水、火。（傳統論法爲火）

2、文星，天乙貴人星，提拔星，科甲星，成就星。

3、剛毅，威嚴，勇敢，機謀，喜以物濟人，善於處理人際關係，廉潔奉公。

4、有文藝才華，風采文雅。靈異，靈感。

5、多管閒事，好出風頭，古板正統，仲介人，媒人，鬼神。

6、昌曲和魁鉞均主功名，昌曲是靠才華和努力；魁鉞則有靠山，為單位推薦或長輩提攜。

7、魁鉞二星坐命或疾厄宮，主星陷落時，同度火鈴或羊駝，主有痼疾纏身。

8、魁鉞二星，互照於命宮或者夾命宮，命宮正星廟旺，主富貴。有領導能力和地位。

9、天魁星與天刑聚，有吉無煞則為刑警；天魁星與四煞聚而無吉，主歹徒、仇敵或痼疾。

10、天魁星與太陰、地劫、四煞、陰煞、天空、天刑、截空等星加會聚集的時候，主災難，多會有生命交關。

天鉞星

1、五行屬性為金、火。（傳統論法爲火）

2、鼓勵星，天乙貴人星，司科名，主才華、長輩貴、成就。

3、威嚴，忠義，有權謀，組織和指揮能力較強。

4、善良，能言善辯，風流，喜以精神鼓勵人。

5、文章好，文雅，學識豐富，有藝術天賦。
6、固執，刻薄，出風頭。
7、天鉞星與天魁星比較，天鉞帶桃花，易有感情困擾。坐女命主有魅力，易被人追求。
8、天鉞星與紅喜或咸耗同宮，為感情糾纏糾葛。
9、天鉞星與凶星或煞星聚集的時候，主意外、刑傷、打架等。
10、魁鉞星為前世業力與果報。天魁為男性貴人，天鉞為女性貴人。魁鉞星二星可以助吉利的主星，也可以助兇惡的主星，所以為貴人，也為小人。

左輔星

1、五行屬性為土、水、火。（傳統論法爲土）
2、貴人星，助力星，行善星。
3、敦厚忠義，聰明謀略，風流瀟灑，有才幹，能文能武，喜助人，善交際，有人緣。
4、左輔右弼二星，均為平輩貴人，左輔為跑腿；右弼為出謀劃策並且桃花色彩。
5、左輔右弼二星，宜雙星同宮或者會照於三方四正宮才更有力，單星則力弱。
6、左輔星坐命，會照紫府祿權右弼，無煞沖，則主貴。左輔星坐命，會照府相機昌曲日月貪武右弼，則主富。

7、左輔星與巨殺機同守命宮，加會四煞星，主辛勞貧困。與巨破廉同守命宮，加會煞星，主殘障。左輔星與廉羊同受命宮，主刑傷。

8、女子左輔星坐命，主旺夫益子。

右弼星

1、五行屬性為土、水、火。（傳統論法爲水）

2、機智星，貴人星，實力星，暗助星，輪胎。

3、豪爽，仁厚，慷慨，助人為樂，行俠仗義，善交際，有人緣，機智，計畫周詳，上進，多才藝，異性緣好。

4、有野心，助人而希求回報，有感情困擾。

5、右弼星，宜加會左輔紫府相昌曲，主財官雙美，文武全才。

6、右弼星，若與四煞守照則主傷災或疾患。

7、左輔、右弼二星，不喜梁同機巨武等星。遇天梁個性更強，遇天同更愛享樂，遇天機更善變，遇巨門增加是非，遇武曲更剛強。左輔、右弼二星亦忌與殺破狼同宮，易有感情糾葛、婚姻周折。

8、紫破、紫府、陰陽等星守命，廟旺無煞，逢左右夾命、左右同守、同守左右對照，主富貴。

擎羊星

1、五行屬性為土。（傳統論法爲金）
2、是非星，攻擊星，衝突星，血光星，破相星，尖端星，加工星，護衛之星，主刑傷凶厄，粗暴殘忍，骨折，明槍。
3、權威機謀，乾脆，積極，開創，堅毅。
4、剛強粗暴，好勇鬥狠，固執霸道，易衝動，多煩惱爭訟，孤獨刑剋，奸詐殘暴，凶厄殘傷。記恨和報復心，傷疤。
5、擎羊星和陀羅星比較：擎羊發事急速，易肢體刑傷並留有疤痕；陀羅發事慢，易有慢性病、無法根治的病等。
6、擎羊星與殺破狼武廉巨等星同守命宮，易有官司、刑災、傷殘。
7、擎羊星加會昌曲主斑痕傷疤；加會左右主被脅迫綁架；加會空劫主破敗貧困；加會火忌空劫，主殘疾、破祖離家、刑剋親人；加會日月，主財源匱乏、刑剋親人。

8、擎羊星與火鈴同宮，主傷殘、刑剋。與陀火鈴同宮，主殘障、刑剋。
9、擎羊星坐辰戌丑未宮，權威機謀，富貴名揚。但多主六親無靠、離鄉背井。
10、擎羊星加會桃花星，會因風流韻事惹來是非傷害。

陀羅星

1、五行屬性為土。（傳統論法爲金）
2、攻擊星，明搶星，暗箭星，破相星，糾紛星，延誤星，車輛交通星，護衛之星，主陰險、奸詐、墮落、被排擠。
3、剛烈倔強，好勝，孤僻，機謀，沉著，慎重，鑽研創新，堅持，不放棄。
4、喜怒無常，暗中記恨，無信用，多是非糾紛，怠惰拖拉，奸狡不正，凶厄傷殘，騙人，偏門，陰謀詭計，反覆無常。
5、陀羅星單守命宮，主幼年多病，成人離鄉，奔波勞碌，多口舌是非，多精神痛苦。若與廉巨羊刑等星同守命宮，主傷殘、刑剋六親等。
6、陀羅星坐命，與紫府昌曲守會，利武職。
7、羊陀坐於陷落之地，多說謊、欺騙、欺詐。

8、羊、陀、火、鈴、忌，五個之中有兩個或以上入命，多病災或牢災；若此時主星失陷或主星為惡曜，主傷殘、凶死。

9、羊陀守命於四墓宮，主財運橫發橫破。

10、羊陀會照火鈴，或與殺破廉貪巨武等星同宮，主破相、殘疾、官司、刑獄、血光、橫禍。

火星

1、五行屬性為火。

2、槍砲星，軍火星，兇殺星，主破壞、爆炸、刑獄、火災、雷電、豔麗、威望、名聲。

3、勇猛激進，豪爽外向，膽大好鬥，記憶力強，聰明機智，反應敏捷。

4、頑固，愛爭辯，粗心大意，破壞力強，多災禍，傷殘，橫招災厄。

5、火鈴二星區別：火星主快速而易散；鈴星主纏綿而拖拉。

6、火星單守命宮，易有手術，或易有燒傷、燙傷類型的意外，常犯小人，多是非。

7、火星陷落守命，遇紫府貪左右，不貴則富。火星入廟守命，命及三方逢紫府左右昌曲魁鉞梁相等吉星，亦能掌權，小人得志、驕橫一時。

8、火星陷落守命，鈴星沖照，但無羊陀空劫，而有吉星加會，謂「名震諸邦」格。
9、火羊同守於四墓之地，為權威。
10、火星於陷落之宮守命，交會眾吉，主軍旅武貴。
11、火星與廟旺的貪狼同守命宮，有吉無煞，武職顯貴，經商橫發。
12、火星入命，命及三方加會廉殺破羊陀，主血光、刑獄、橫禍、凶亡。
13、火星入疾厄宮主手術。
14、火星守命，陷落，多驕橫，有吉星配合，主武職榮身。廟旺，多奸詐頑固，再見羊陀，刑剋六親，官非橫禍，惡疾纏身。

鈴星

1、五行屬性為木火。（傳統論法爲火）
2、軍火星，打殺星，振動器，生化武器，頑石，災害。
3、膽大心細，記憶力很強，思維敏銳，創新突變，威名，有音樂才華。
4、勇武暴躁，內向，沉著冷靜，陰沉陰險，膽大，記恨，嫉妒，易犯小人，善吹噓，好表現，虛榮心強，多災禍，傷殘，破相。
5、鈴星獨守命宮於陷落之地，事業有成，主威名。

6、鈴星坐命於陷落之地，同度紫微、貪狼，再加會六吉星，主富貴。
7、鈴星坐廟旺之地，逢七殺主凶死；逢破軍主破財；逢羊陀主傷殘，破相、離祖。
8、鈴星陷地守命，主孤貧、破相、過房；此時若加羊陀刑忌，漂泊天涯，非貧則夭。若與廉貞擎羊同度，易有血光之災。
9、火鈴二星同宮於陷落之地，加吉富貴威名，驕横一時。
10、火鈴二星夾財帛宮主奔波無果；夾子女宮主少子嗣。貪狼守命，遇火鈴夾反主横發。

天刑星

1、五行屬性為木、金。（傳統論法爲火）
2、喪門星，法律星，業力星，傷害星，火災星，宗教星，醫藥星，主刑傷、官非、孤剋、是非糾紛、頑疾、勞碌、刀傷。
3、較有謀略，有才幹，威權，武貴，原則性強，鐵面無私，利武不利文。
4、性孤高，剛烈暴躁，固執，古怪，刑剋，叛逆，不合群，易自暴自棄，
5、天刑六親緣薄，朋友知己少，福薄命硬。
6、天刑星入命，宜從政、從武、從醫，否則易有牢獄、官非、傷殘。
7、天刑星，有吉助，主權威，有才幹，掌權。陷落或凶集，則喜冒險，好打鬥，易有

手術、官司牢獄之災等。

8、天刑星，與哭虛同度，易患惡疾或頑症。遇逢火星紅鸞，易有火災燙傷、出血性疾病等。

9、天刑星，與廟旺的太陽同守命宮，多主武貴。與昌曲星守照，為軍中的文職人員。

10、天刑星，與廟旺的陽、巨守照，得吉助，主軍警司法界成名。與廟旺的天梁星同宮，主獲權於司法監察界。與廟旺的陰巨機相梁星同宮，主在醫藥、法律、宗教界得名。

11、天刑星，對醫學和宗教有靈感，一般中晚年會信奉宗教。

12、天刑星，同度的主星化忌，再守照喪門吊客白虎貫索天哭天虛等星時，會有喪事。

天姚星

1、五行屬性為木、金。（傳統論法爲水）

2、桃花星，水災星，毒品星，風流星，藝術星，主色情、放縱、癡情、外遇、一夜情。

3、風雅，風趣，浪漫，風騷，輕浮，豔福，野性美，旅遊，貪玩，粉飾，處事圓滑，交際廣，口才好，喜酒宴，好音樂歌舞。

4、淫蕩，陰毒，喜新厭舊，多疑，遊戲人間，玩世不恭。

5、天姚、咸池均主聰明、桃花、歌舞。但是天姚由他人引起，咸池為自己招致。

6、天姚星處陷地或主星失陷，則多疑陰毒、奔波辛苦。若加會惡星煞星，因色染病或犯刑。

7、天姚星入命，幻想多，人緣好，比較好色。逢紅、咸、耗等星，易有不正當的男女關係。加煞必因色破家。

8、天姚星入命，逢天喜，僅主受異性歡迎。逢紫府，僅主風流但不淫蕩。與武曲天相同宮，僅主與異性產生糾紛。

9、天姚星，處廟地會吉星，主好學儒雅，多才藝，有成就，但仍然貪花戀酒。

10、天姚星入命，加會華蓋祿存天馬昌曲等星，主文藝界人士。

11、天姚星，廟旺加擎羊主夭折。與右弼同宮多感情困擾。

12、天姚星，與殺破狼同宮，主多情、刑剋、開刀、血光之災等。

13、天姚星，遇主星化忌，加會哭虛星，易有喪事。

14、天姚星與殺破貪廉同宮，加羊陀，亦主手術開刀或意外傷災。

天空星

1、五行屬性為火、金。（傳統論法爲火）

2、小人星，中斷星，歸零星，大破財星，宗教星，主虛幻、無常、破敗、精神損傷。

3、逢凶更凶，思維獨特，多靈感，多幻想，想像力強，無視常規，獨具一格，標新立異，創意新穎。

4、逢吉不吉，多精神困擾，做事虛浮不實，木訥，不合群，不行正道，勞碌破敗，半途而廢，破敗，失蹤，逃避，胡思亂想，謊言。

5、天空、地劫二星坐命，若正星廟旺加會吉星，亦可富貴；若命無正星或正星失陷，再加會四煞星，則傷殘、刑獄、夭折。

6、天空星於旺地，其凶甚於四煞刑囚殺破。再加會煞忌，傷殘刑獄或夭亡。

7、天空、地劫二星入命，孤貧短壽，信奉宗教可解。

8、天空、地劫二星，均不宜投資經商，但是可以做仲介、藝術、哲學、科研宗教等；天空星宜宗教哲學，地劫星宜技藝百工。

9、天空星入命，不聚財，晚婚，甚至不婚，多學少成，六親緣薄。

10、天空星，與廟旺的殺破狼武等星同宮，加吉，仍能有成就。

地劫星

1、五行屬性為金、火。（傳統論法爲火）

2、小人星，謠言星，創意星，大破財星，幻想星，主物質損耗、陰謀、陰曹地府。

3、機靈敏捷，膽大速決，疏狂草率，無常多變，敢做敢為，思維獨特，好投機，標新立異，多幻想。

4、孤僻勞碌，頑劣疏狂，虛詐，邪門歪道，吝嗇，多疑，事多阻滯，破財耗物，常遇兇險，易招是非，頑劣固執，消極悲觀，盜賊，自卑。

5、地劫星坐命，遇主星旺吉時，多磨難，漂泊勞碌；若與凶星同宮，是非爭鬥，孤貧，甚則夭折。不宜經商，宜技術、工藝等。

6、天空、地劫二星，均為惡星，天空星，目空一切卻能看得開，偏重事業、感情方面，不宜入福夫子等宮；地劫星，跌宕起伏，很消極，偏重錢財方面，不宜入命官財等宮。

7、天空、地劫二星同守命宮、或者命宮沖照、或者夾命宮，當主星失陷或再逢煞星時，皆主孤貧、夭折，過房等。

8、地劫星，主大手大腳、被盜、被暗算等。

9、女子命逢天空、地劫二星，宜晚婚，加煞或桃花星，刑剋，淫蕩。

10、空劫二星同守命宮，或者單守而遇天刑、華蓋，學習或者從事宗教、玄學有成效。

紅鸞星

1、五行屬性為水、木、火。(傳統論法爲水)

2、情侶星，戀愛星，風流星，主戀愛、桃花運、媒妁、喜慶。

3、美麗，聰明，直爽，明朗，浪漫，交際廣，善助人，有異性緣。

4、虛榮，浪蕩桃花，感情糾結。

5、紅鸞天喜二星，均主桃花運、異性緣、喜慶事，紅鸞偏於婚姻，紅鸞入命多早婚，天喜偏於生育，天喜入命未必早婚。

6、紅鸞星，與大耗同坐命財宮，主投機、賭博、多破耗。

7、紅鸞星，與羊陀同宮，主血光、手術開刀等。與空劫同宮，主婚緣受阻。與昌曲化忌同宮，主退婚、離婚等。與天姚同宮，主酒色、淫蕩。

8、紅鸞星，廟旺守命主感情順遂；陷地主酒色風流。

9、紅鸞星，年輕人主婚姻喜慶；中年人主生女兒或外遇；老年人主喪偶或血光之災。

天喜星

1、五行屬性為木、火、金、水。(傳統論法爲水)

2、婚姻星，添丁星，桃花星，避凶星，逃難星，消災星，主喜慶、進財、添丁。
3、善良活潑，善助人，喜熱鬧，喜交遊，有人緣，有桃花運。
4、冷豔，衝動，孤獨。
5、天喜星，中年逢之，交友多，得人之助。
6、天喜星能化險為夷，「一喜可破三煞」，具有化凶為無的特點。
7、紅鸞天喜二星，均為可談婚論嫁的正桃花，與貪姚咸等星不同。紅喜二星與煞同宮，易有血光之災。
8、天喜星坐命，喜事常迎，求職、求學、求財易成功。
9、天喜星，晚年逢之，主老年黃昏戀，或者在家帶娃（孫子、孫女等）。

三台星

1、五行屬性為金。（傳統論法爲土）
2、司機星，輔佐星，文職星，主權貴、職位、地位、輔佐、小轎車。
3、耿直，穩重，有威儀，有文才和謀略，有組織能力。
4、性急，多疑，講排場。

5、三台八座，均主權貴，坐命或會、照、夾都可以增加社會地位和名望，主考試升職等事。與紫微同守或夾主貴。

6、三台八座只是紫微的助星，需要借助紫微、太陽等星顯示力量。

7、三台八座可增日月之光輝。

8、三台星入命，主有職、有權、有地位。

八座星

1、五行屬性為金、木、火。（傳統論法爲土）

2、車輛星，輔佐星，武職星，主權貴、輔佐、大車。

3、耿直，直爽，善良，義氣，有文才和組織能力。代表大車。

4、喜怒於色，懶散，貪玩。

5、八座星入命，主有一定的職位或職稱。

6、八座星入命，對宗教信仰較虔誠。

7、三台八座不宜單星入夫妻宮，不宜加會煞星。

8、八座星入命逢主星廟旺，主權貴之人。

台輔星

1、文才星，輔佐星，制厄星，主貴、成就、聲譽、能遏制煞星。
2、聰慧過人，愛好藝術，剛強果斷，耿直，高雅，有魄力，多得賢人相助。
3、台輔星是左輔的助星。
4、台輔星入命，有一定的組織能力，有名聲、地位。
5、台輔星與桃花星同宮，為「內桃花」感情專一。
6、台輔星宜加會昌曲星，則利於考試。

封誥星

1、模範星，榮譽星，封章星，封閉星，主科甲、封頂、囚禁。
2、精明強幹，穩重，有氣度，聰明，愛好藝術，常得表彰嘉獎。
3、會投人所好，好大喜功，懶散。
4、封誥星是右弼星的助星。
5、封誥星坐命，逢主星旺吉，易得榮譽、嘉獎、表彰和較高的社會評價。
6、台輔、封誥二星，同守命宮或六親宮，遇煞刑忌重，主死亡或者分離。

恩光星

1、恩寵星，提拔星，賞識星，殊榮星，主貴、聲譽、榮譽。
2、磊落光明，多才藝，靈性高，好學上進。
3、高傲，愛面子，有依賴性。
4、恩光星是天魁星的助星。
5、恩光星坐命宮及官祿宮，主近權貴，有名聲。
6、恩光、天貴二星，宜同度或夾紫府陰陽等星。
7、恩光、天貴與天鉞、天魁同時夾官祿宮，主獨創、專利。
8、恩光星加會昌曲，利考試。

天貴星

1、恩寵星，名望星，顯貴星，主貴、名望、成功、信譽。
2、厚重，理智，豪爽，得上寵信，聰明，有才幹，公正廉潔。
3、孤僻，清高，不合群。
4、天貴星是天鉞星的助星，可增人貴氣、聲譽及人緣。

5、恩光、天貴二星同宮，主星廟旺吉利或與吉星如昌曲會照，主考場得意。
6、天貴星坐廟地，與廟旺的主星同宮，主有領導能力、有地位。
7、天貴星坐命，常得貴人助，若吉眾無煞，主官位顯揚。
8、天貴星加會文昌星利考試。

龍池星

1、科甲星，口福星，功名星，主科甲、功名、口福、才華、藝術、江河湖泊。
2、聰明，溫和，善良，學問淵博，文雅，有聲譽。
3、浪漫，注重享受，貪圖享樂。
4、龍池是天府星的助星。與天府同宮，增加天府的吉利。
5、女子命宮遇之，清秀，能幹；男子命宮遇之，建功立業。
6、龍池星坐命，攀附權貴，有背景，易有功名。加煞或七殺易有耳疾。
7、龍池、鳳閣二星，宜夾府相，主增加文采。宜夾命宮或夾官祿宮。
8、龍池、鳳閣二星，宜同宮單守無力。

鳳閣星

1、才藝星，樓閣星，別墅星，主科甲、藝術、功名、豪宅、飛鳥、營造。

2、清高，聰慧，敏捷，有藝術天賦，浪漫，優雅，學問淵博。

3、貪圖享受，重視外表，異性誘惑。

4、龍池、鳳閣二星，可泛指高級賓館、高檔娛樂場所。

5、鳳閣星坐命宮，結識權貴名門，有藝術天份。男子主有異性緣、家妻賢慧。女子主秀麗高雅，有藝術天賦。

6、鳳閣星加煞，易有口腔疾病。

7、龍池、鳳閣二星，若加會昌曲魁鉞，可增強文藝才華，利考試。若加會貪巨機梁，主能言善辯口才好。

8、龍池、鳳閣二星守命，若同宮主星廟旺，主有靈感，對學習宗教玄學有利。

咸池星

1、桃花星，酒色星，主桃花、淫蕩、感情糾紛。

2、聰明，溫柔，慷慨，浪漫，異性緣佳。

3、輕浮，好酒色，好賭博，孤剋多病。
4、咸池星主肉慾桃花、淫邪、曖昧。
5、咸池星，與天同、天相、太陰等星同宮，主漂亮迷人，輕財好色，輕浮風流，見異思遷，愛花錢，喜酒樂，好投機。
6、咸池星，與天德同宮主才藝。與太陰同宮主酒量大。與廉貪同宮主外遇。與煞星同宮主色災。
7、咸池星坐命，多疾病，或同床異夢，或易有外遇，或姻緣多變。
8、咸池星，同宮主星陷落，而加會祿存、六吉星，男子得異性資助起家。

華蓋星

1、才藝星，宗教星，主聰明、才藝、神祕。
2、聰明過人，多才多藝，好學，富同情心，喜宗教玄學。
3、孤獨，清高，不合群，優柔寡斷。
4、華蓋星，在文學藝術、宗教玄學方面才華出眾、見解超群。
5、華蓋星坐命，六親緣薄，婚姻不順，宜晚婚；加煞，離祖謀生。
6、華蓋星坐命，晚年寂寞，再會孤辰寡宿，則一人獨宿。

7、華蓋星，與日月同宮，或與三台八座祿存同宮，有知名度。與昌曲魁鉞等星同宮，主文藝、哲學上有所建樹和創建。與空亡或空劫同宮，喜宗教宜僧道。

8、華蓋星，宜與紫微同宮，主地位。同度紫破加會空劫，在宗教方面有地位。

天哭星

1、憂鬱星，刑剋星，喪門星，主勞碌、孝服、憂傷。

2、勞碌，破敗，憂鬱，孤僻，憂愁，悲傷，愛哭，柔弱，多愁善感，煩惱。

3、天哭星坐命，主六親緣薄，寡歡少笑，悲觀辛勞，受打擊，有是非。

4、天哭星，處陷地或者主星為凶星時，主貧困落魄，六親不吉。天哭星與天虛星宮或者加會的時候力量最大化。

5、天哭、天虛二星，加會劫殺空劫陰煞喪門白虎等星主挫折、破耗、傷害。天哭與巨門同宮易有喪服。

天虛星

1、煩惱星，儒弱星，喪門星，主憂傷、虛耗、煩惱、多病、錯誤、不切實際。

2、空虛，華而不實，好吹噓，欺詐，陽奉陰違。

3、天虛星坐命，漂泊無依，身體虛弱，虛名虛利。

4、天虛星，加會羊陀、破軍等，主刑傷。

5、天哭、天虛二星，單星無力，主星吉廟時無法顯示其含意。只有當守照凶星的時候才會顯示含意。

孤辰星

1、孤獨星，孤僻星，主頑固、怪僻、刑剋、獨立。

2、固執，高傲，多疑，自以為是，難相處，言語少，人緣差．

3、孤辰星，男人入命宮和夫妻宮，主剋妻、婚姻不順。

4、孤辰星坐命，獨來獨往，六親緣薄。與凶煞同宮，則主破相、怪僻。與吉星同宮，則僅主精神上孤獨。

5、孤辰、寡宿二星坐命宮或者夫妻宮，晚婚或者獨身。六親緣薄、孤苦伶仃。

寡宿星

1、孤獨星，孤僻星，主獨立、自私、冷漠。

2、孤獨，清高，不近人情，不入俗套，多疑，心理變態，神經質，難溝通，孤芳自賞。

3、寡宿星坐命，出塵脫俗，孤獨一人，六親無靠，婚姻不好。

4、寡宿星，坐命宮或夫妻宮，女命主剋夫，婚姻不順。

5、孤辰、寡宿二星，與武梁機巨殺破等星同宮，主刑剋親人，離鄉背井，異地分居。孤辰、寡宿二星坐福德宮主思想獨立、超前、不俗，有宗教緣份。

陰煞星

1、陰魂之星，暗算星，小人星，主陰謀、是非、暗疾、難產、隱患、暗害。

2、猜疑，敏感，仇恨，詐騙，心術不正，謀害。

3、陰煞星，能加重煞星的凶性，坐命宮，易遭誣陷中傷迫害，若有六吉星或主星吉利則不嚴重。加煞主疑神疑鬼；加羊陀主陰狠。

4、陰煞星坐命宮或疾厄宮，易得精神病，易得原因不明的病。

劫煞星

1、小人星，搶劫星，主惡念、行兇、損害。
2、善變，心急，狠毒，自私，殘暴，記仇，果斷。
3、劫殺星，加會吉星，聰明敏銳，才智過人，勇猛膽大。加會凶煞星，強橫，固執，無情義。逢巨門易失盜，逢擎羊易外傷。
4、劫殺星坐命，勞碌，多災禍，常遇盜賊，常招小人暗算。

天傷星

1、虛耗星，喪亡星，主破財、傷災、災難。
2、天傷星，若逢機巨火羊，主官災喪亡橫禍破財；有眾吉拱照則禍輕。
3、天傷和天使二星，必夾遷移宮，當主星陷弱，加煞忌，必有災厄。

天使星

1、傳使星，橫禍星，主病災、破財、喪亡。
2、天使星，逢巨忌羊火等星，則官災、破敗。
3、天傷、天使二星，夾限年命宮或疾厄宮，逢主星巨機貪廉破陷地加煞忌，必有災厄。

天官星

1、官位星，地位星，升遷星，主貴、官位、順達、升職。

2、清高，有原則，穩重，有遠見。

3、聰明但欠魄力，喜清閒而懶散，善於支配他人。

4、天官星專輔天梁星。宜與天梁同宮，主清貴。

5、天官星坐命，主星旺吉可做管理工作，德高望重。

天福星

1、享受星，福氣星，祖蔭星，主福壽、享樂、爵祿、通達。

2、溫和，善良，誠實，喜助人，喜旅遊，多福蔭，愛享受。

3、天福星，專輔天同星。宜與天同、天壽星同宮，主福壽雙全。

4、天福星坐命宮，加會吉星主衣食無憂、安逸、得貴人助、逢凶化吉等。

5、女子天福星坐命宮，主長相端莊，旺夫益子。

天壽星

1、高壽星，主有高壽。

2、忠厚，溫良，勤勞，深謀遠慮，喜助人，不重名利。

3、天壽星，主增福壽，佐吉而不助凶。獨守力微，佐助同梁二星，化凶解難。

4、會羊陀主損壽。老年運遇之主死亡。

5、坐疾厄宮主生命力強。但遇疾厄宮凶煞星旺主病亡。會機月同梁，能逢凶化吉。

天才星

1、才能星，主才能、才幹、智慧。

2、才藝出眾，聰明，正氣，仁慈，神經質，傲氣。

3、天才星是天機星的輔星，與天機同宮最佳。宜坐命宮福德宮等。

4、天才星坐命，主有某種天份，才華出眾。加會昌曲魁鉞，主名氣。與天機同宮，主聰明、善策劃。加煞忌，主工於心計。

5、逢主星陷落煞忌交加，主智力有問題。

天月星

1、疾厄之星，月老星，主疾病、體弱、宿疾、婚介月老。
2、常有小毛病，常有莫名其妙的煩惱、心有餘力不足。
3、天月星坐命宮或疾厄宮，主身體素質不好，體弱多病。逢煞星同宮，主得慢性病或流行病。逢主星旺吉再會照六吉星則無。

天巫星

1、宗教星，醫士之星，遺產星，主醫卜、升遷。
2、聰明，愛鑽研，積善修德，喜愛玄學術數，白手成家。
3、天巫星，逢天梁主得遺產。逢天馬主調動。逢魁鉞主得升遷。宜入命財官宮。逢機同梁，主宗教信徒。
4、天巫、華蓋二星，均主才藝和宗教，華蓋多主文學藝術和術數，而天巫多主醫學和術數。
5、天巫星，具有加快事情進程的功能，突然成功等。

截空星

1、空亡之星，落空星，主阻滯、斷裂、傷亡、虧空、撲空、中途受阻、無好結果。

2、截空、旬空均屬空亡星。截空為重。截空星，不宜入命宮、六親宮和財帛宮。

3、截空星坐命，跌跌撞撞，阻力重重，事與願違，有始無終。逢凶煞匯聚主夭折喪命。

4、空亡、大耗均主陰霉狀態、損耗、傷亡。空亡主要針對人事，大耗主要針對財物。

旬空星

1、突變之星，落空星，主損耗、消失、失落、白忙。

2、旬空星坐命，與吉星同宮，主恬淡自在，凡事看得開，有宗教緣；與華蓋同宮，主愛好玄學術數；旬空星坐命，與凶星同宮，主奔波無成；與劫煞同宮，主奸猾，不實誠。

3、截空與旬空一般只論陽年生人的陽宮、陰年生人的陰宮。

4、截空與旬空，若同宮之星陷落一般主吉而不吉、凶而不凶。若同宮凶星廟旺，凶星更凶。

大耗星

1、損失星，是非星。

2、主暗算、口舌、暗疾、破費、破財、敗落、暗耗、破祖業、諸事不順。不宜入命財田宮。

3、大耗星坐命，常耗財，多勞心費力，易得易失。

4、大耗星，逢同宮吉旺之星，主慷慨、輕財、重情義。逢同宮凶煞之星，主寒酸、六親無緣、暗耗、暗疾等。

5、大耗星，與咸池同宮，主因色破財，再會照煞刑，因色破財而且有災禍；大耗星入田宅宮，主易遭小偷光顧；大耗星加會火巨於田宅宮，當防火災。

解神星

1、和解之星，解散星，醫藥星。

2、主化解、解體、分散、和解、緣份已盡、遇凶不凶。

3、解神星，吉聚則化險為夷、消災解難，能化解災病、官司。入命宮有用。尤其對諸如喪門白虎陰煞等星，表現出較強的化解能力。

4、解神星，在逢殺破狼羊陀火鈴等凶煞聚集，則主解體、失意、解散、分解、分別、分離、終止。

5、解神星，喜幫助別人化解糾紛。命宮解神加天梁，可以從醫，解救病人。

破碎星

1、失意星，破耗星，外傷星，主耗損、財物耗散、外傷、破相、破爛、破碎、不圓滿。
2、破碎、蜚廉二星，均主勞碌、破壞、耗財、是非、傷害。
3、破碎星坐命，懷才不遇、反覆坎坷、是非不斷。加煞，則心狠詭詐，防傷殘、破身。
4、破碎星坐疾厄宮，逢武殺狼廉陷落，會照煞星，防骨折、出血類型的災難。
5、破碎星在丑宮陷落，守照弔喪巨門大耗，主孝服。

蜚廉星

1、孤剋星，酒色星，小人星，主孤剋、是非糾紛、陰暗、陰謀、蛇鼠、細菌。
2、蜚廉星坐命，主心術不正、孤僻、陰沉、多糾紛等。
3、蜚廉星坐六親宮，即表示與該六親較容易出現口舌。
4、蜚廉星，當同宮的機或巨化忌，易有官司糾紛。蜚廉星，與凶煞同宮，主血光、意外之災。
5、蜚廉星，當同宮主星陷落，再逢紅鸞咸池天姚等星，桃花口舌、色情是非。

天德星

1、護佑星，解救星，主逢凶化吉、化險為夷。

2、善良仁慈，公正廉明，聰明智慧。

3、天德星坐命，能為民請命、為大眾謀事，具有組織力和凝聚力。一生多意外的機遇。

4、天德星，對任何煞星及桃花星都有化解抵制作用。

博士星

文華星，博學星，科名星，坐命宮主聰明智慧，博學多才，思慮周密。

力士星

武官星，壯士星，權柄星，較利武職。坐十二宮皆吉。

青龍星

喜事星，進財星，坐命宮主易近酒色。

小耗星

失財星，耗財星，主不聚財、數量不大的錢財損耗，不宜入命財宮。

將軍星

武官星，順遂星，主威武、得意，坐命宮主暴躁、性急。

奏書星

文書星，聘書獎狀星，喜坐命宮、官祿宮，主有文書之喜。

飛廉星

官司星，孝服星，誹謗星，主小人、桃花、橫禍，不宜坐命宮、福德宮，入疾厄宮無妨。

喜神星

福壽之星，喜慶星，主喜慶，婚姻，生育等，忌坐疾厄宮，喜加會桃花星。

病符星

生病星，糾纏星，忌坐命宮福德宮。

大耗星

破財星，主丟失、失盜、破耗、受阻，忌坐命宮和財帛宮。

伏兵星

是非星，主遭暗算、受阻滯、口舌是非，坐十二宮皆不吉。

官符星

官司星，主官場不利、官非糾紛、領導責難，若守照會龍德奏書可解。

將星

得意之星，主提高權勢地位，喜守官祿宮。

攀鞍星

順遂星。升遷星。主結交權貴、得功名、遷動等，喜坐遷移宮。

歲驛星

遷動星。驛馬星。主遷動、忙碌，坐命宮、官祿宮、遷移宮主調動，喜與流祿同度，主發財。

息神星

消沉星。主休息、休養，坐命宮，主消沉、不活躍。

華蓋星

才藝星。主孤高、談經論道，守照昌曲，主文筆好、利考試。

劫煞星

盜竊星，主錢財損失、被盜，忌坐命宮和財帛宮。

災煞星

災禍星，主小人損害、災病，忌坐命宮。

天煞星

孤剋星，主分離、盜賊，破財，忌坐命宮和六親宮。

指背星

是非星，暗算星，主誹謗、責難、訴訟、是非，忌坐命宮和交友宮。

咸池星

風流星，桃花星，主外遇、性病，坐命宮、子女田宅宮，主好色。

月煞星

孤剋星，主分離、報復，忌坐命宮和六親宮。

亡神星

失去星，主破財、失物、煩惱，不利長輩。

太歲星

年運星，主當年禍福，逢吉星有喜事，逢凶星有災禍。

晦氣星

倒楣星，主不順利、坎坷、波折，加煞有是非。

喪門星

喪亡星，主孝服、病災、破財，加會哭虛弔喪白虎等星，主有喪事。

貫索星

困擾星，主疾病、詞訟、糾纏，加會煞忌，主牢獄之災。

官符星

官非星，主官災、訴訟，小人暗算，若加會龍德奏書可解，若加會貫索，主有牢災，加劫煞，必有口舌是非。

小耗星

損失星，破財星，主遺失、浪費。

大耗星

損失星，是非星，主破財、破產、小人暗算、口舌是非、暗疾，忌坐命宮、財帛宮、田宅宮。

龍德星

解凶之星，主逢凶化吉，喜坐命宮，主喜慶、升職、添人口。

白虎星

凶災星，主兇猛、血光、喪服、破財，加會喪吊官符星，主官司喪服。

天德星

解凶之星，主得祖蔭、得天賜、喜慶、進財、事業順遂，喜坐命宮，主得貴人助，對凶厄及桃花煞均有化解的作用。

吊客星

障礙星，孝服星，主阻礙、喪事、破財、傷悲事。

病符星

病災星，主疾病、是非、口舌是非、傳染病。

第二章 星曜之間的關係網

第二章　星曜之間的關係網

在紫微斗數的世界裡，星曜就是人，它們組成一個燦爛的星空就是人類社會。這裡面有君子有小人、有性格溫柔的有性格剛烈的、有當官做管理的有做輔助工作的，可謂是活脫脫一個社會群像。既然紫微斗數是把星曜比喻成人的，那麼，少不了人與人之間的關係網，星曜的關係網有以下幾類：

1、星群關係

紫微斗數把星空分為三個區域：北斗、南斗、中天。這三個區域就是群星的第一種關係。有的星在北斗群體中，那它們的關係就是北斗星群的同志關係。其他的仿此。

北斗諸星：

紫微、貪狼、巨門、祿存、文曲、廉貞、武曲、破軍、左輔、右弼、擎羊、陀羅。

南斗諸星：

天府、天梁、天機、天同、天相、七殺、文昌、天魁、天鉞、火星、鈴星。

中天諸星：

太陰、太陽

台輔、封誥、恩光、天貴、天官、天福、三台、八座、龍池、鳳閣、天才、天壽、紅鸞、天喜、天馬、解神、天巫。

天空、地劫、地空、天刑、天姚、天傷、天使、天虛、天哭、孤辰、寡宿、截空、旬空、蜚廉、破碎、天月、陰煞。

2、對星關係

有一些星曜是成對出現的，彼此遙相呼應，在紫微斗數運算中它們也同樣表現出一種互助關係。

紅鸞　天喜
三台　八座
龍池　鳳閣
天官　天福
孤辰　寡宿
天才　天壽
解神　陰煞
天姚　天刑
天哭　天虛
台輔　封誥
天傷　天使
破碎　蜚廉
截空　旬空
火星　鈴星
擎羊　陀羅

天巫　天月

3、主僕關係

在14主星和副星中，有一些星曜是具有跟班助星的，那些助星在星情上與所輔助的星曜近似，並且同宮或者對照以後表現出強大的力量。

龍池星——專輔天府星

鳳閣星——專輔天相星

天哭星——助巨門

天虛星——助破軍

天壽星——輔天同天梁星

天才星——輔天機星

封誥——專輔右弼星

台輔——專輔左輔星

恩光——專輔天魁星

天貴——專輔天鉞星
三台——輔佐太陽星
八座——輔佐太陰星
天官——專輔天梁星
天福——專輔天同星

4、同宮組合關係

有的是單主星坐宮的，有的是雙主星坐宮，並且在不同的宮其雙星組合也不同，這種關係是固定的，單主星的不能變成雙星，雙星也不能變成單星。這也是一種關係。

紫微天府寅申同宮；紫微貪狼卯酉同宮；紫微天相辰戌同宮；紫微七殺巳亥同宮
紫微破軍丑未同宮。

天機太陰寅申同宮；天機巨門卯酉同宮；天機天梁辰戌同宮。

太陽巨門寅申同宮；太陽天梁卯酉同宮；太陽太陰丑未同宮。

武曲天相寅申同宮；武曲七殺卯酉同宮；武曲破軍巳亥同宮；武曲天府子午同宮；

5、層次關係

武曲貪狼丑未同宮。

天同天梁寅申同宮；天同太陰子午同宮；天同巨門丑未同宮。

廉貞天府辰戌同宮；廉貞貪狼巳亥同宮；廉貞天相子午同宮；廉貞七殺丑未同宮；廉貞破軍卯酉同宮。

天府紫微寅申同宮；天府武曲子午同宮；天府廉貞辰戌同宮。

太陰天機寅申同宮；太陰天同子午同宮；太陰太陽丑未同宮。

貪狼紫微卯酉同宮；貪狼廉貞巳亥同宮；貪狼武曲丑未同宮；

巨門太陽寅申同宮；巨門天機卯酉同宮；巨門天同丑未同宮。

天相武曲寅申同宮；天相紫微辰戌同宮；天相廉貞子午同宮。

天梁天同寅申同宮；天梁太陽卯酉同宮；天梁天機辰戌同宮。

七殺武曲卯酉同宮；七殺紫微巳亥同宮；七殺廉貞丑未同宮。

破軍廉貞卯酉同宮；破軍武曲巳亥同宮；破軍紫微丑未同宮。

星曜，根據其光照的亮度和距離遠近分為甲、乙、丙、丁、戊幾種級別。在一個宮中甲、乙、丙、丁、戊各級別的星曜表現出的星情必須以甲級主星為主導，其他的低層次星曜只是起啦啦隊作用。

甲級星：

紫微星系六個，分別為：紫微、貪狼、巨門、廉貞、武曲、破軍。

天府星系八個，分別為：天府、天相、天梁、天同、七殺、天機、太陽、太陰。

八吉星，分別為：文昌、文曲、左輔、右弼、天魁、天鉞、祿存、天馬。

六凶星，分別為：擎羊、陀羅、火星、鈴星、地劫、地空。

乙級星：

天官、天福、天虛、天哭、龍池、鳳閣、紅鸞、天喜、孤辰、寡宿、蜚廉、破碎、華蓋、咸池、天德、天才、天壽、天刑、天姚、解神、天巫、天月、陰煞、台輔、封誥、八座、三台、恩光、天貴。

丙級星：

長生十二神、博士十二神、天傷、天使。

丁級星：

流年星中的歲建、龍德、天德、將星、攀鞍、歲驛、華蓋。

戊級星：

流年星中的晦氣、喪門、貫索、官符、小耗、大耗、白虎、吊客、病符、劫煞、災煞、天煞、息神、指背、咸池、月煞、亡神。

第三章 星情歸類

第三章　星情歸類

暴怒星

武曲、七殺、廉貞、破軍、火星、鈴星、天鉞、天魁。

傷害星

破軍、七殺、擎羊、陀羅、飛廉、火星、天鉞、天刑。

死亡星

天哭、天虛、截空、天空、地劫、天魁、太陰、陰煞、破碎、白虎、喪門、吊客、災煞、巨門、太陰地劫（需二星同宮）、太陽巨門（需二星同宮）、解神。

是非星

巨門、擎羊、陀羅、鈴星、陰煞、蜚蠊。

車禍星

巨門、天機、陀羅、天馬（失陷時在田宅宮）

官運星以及組合

紫微、太陽、廉貞、天相、七殺、祿存，以及星曜化權化祿。

子午破軍守命、左府守命或居官祿宮、天梁文曲守命、左輔右弼四庫地守命、太陽文昌守命或居官祿宮、紫微守命左右遇昌曲、武曲天相午宮守命、武曲辰戌守命加昌曲、火星貪狼或者鈴星貪狼守命、太陰居亥、巨門太陽守命、日月夾命或者日月丑未守命、巨門天機守命。

貧賤組合（沒有官運或者淫奔）

貪狼廉貞巳亥守命、天梁馬星守命於巳亥、貪狼守命加會七殺、破軍守官祿宮、破軍守命三方遇煞、太陽居戌太陰居辰為日月反背。

財運星

武曲、天府、祿存、太陰、星曜的化祿，七殺廉貞貪狼當它們分別加會祿存的時候。

窮困星和組合

空劫臨財福、祿遇空劫、破軍守命處陷地。

漏財不存財

財帛宮化忌入命疾、財帛宮自化忌、財帛宮化忌入兄友、財帛宮化忌入田宅。

離婚星以及組合

貪狼、廉貞、天姚、七殺、巨門、破軍、武曲、左輔右弼。

紫微天府加會左右在寅申守夫妻宮、女命武曲守身命宮、廉貞在夫妻宮、廉貞貪狼在夫妻宮、巨門加煞在夫妻宮、武曲七殺在夫妻宮、武曲破軍在夫妻宮、貪狼在寅申守夫妻宮加四煞左右空劫、左右同守夫妻宮或者夾夫妻宮、羊駝空劫在夫妻宮、破軍或貪狼在夫妻宮加左右天姚四煞星。破軍、孤辰、寡宿、天空、地劫、武曲、天虛、巨門、貪狼、天姚、天魁、天刑、天哭、鳳格、天馬廉貞（需在夫妻宮和官祿宮）。天喜在田宅宮、風格龍池在田宅宮等等。封誥、陀羅該離不離相互拖延。

喪偶星

地劫、天魁、太陰、截空。限運主要看中限運。宮位主要看配偶宮及其對宮（官祿宮）。

結婚星

紅鸞、天喜、祿存、太陰、太陽（需在夫妻宮和官祿宮）。

婚變星（離異或者喪偶多婚）

夫妻宮有七殺、天魁、天空、地劫、截空，又見到紅鸞、天喜、太陰、天姚等，主死亡配偶再嫁再娶。

夫妻宮見到破軍、天刑、破碎主離婚，同時夫妻宮、福德宮、命宮再見到紅鸞、天喜、天姚、龍池、鳳閣、太陰太陽等，主離異而再結婚的命。

夫妻宮見到巨門龍池鳳閣，同時夫妻宮福德宮命宮見到天姚星，主多妻之命。

風塵女星

主要觀察廉貞星，廉貞星主貞操觀念，主要觀察田宅和命宮。田宅宮天喜遇到命宮有龍池、鳳閣、廉貞、七殺、天魁、文昌、太陰等星曜，就易混跡風塵。

小人星

陰煞星、蜚廉星。

耗財星

破軍、大耗、小耗、破碎星。

科甲星

龍池星、鳳閣星、台輔星、封誥星、三台星、八座星、恩光星、天貴星。

孤剋星

天刑星、華蓋星、天哭星、天虛星、孤辰星、寡宿星。

桃花星

紫微、太陽、天同、巨門、廉貞、貪狼、天姚、天喜、紅鸞、咸池、沐浴、太陰、左輔右弼、天鉞天魁、文昌文曲。紫破、紫貪、紫相、紫府、廉殺、廉破（需入命宮）。

保守星（對感情保守、放不開，喜歡穩定的婚姻）

武曲入命、天梁入命、七殺入命、天府入命。

火災星

火星、廉貞、太陽。

爆富星

貪狼、七殺或廉貞化祿或加會祿存。

消災星

紫微、天府、巨門、天空、解神、天喜。

貴人星

天鉞、天魁、左輔、右弼。

小偷星

廉貞、破軍、火星、截空、旬空、破碎（需在財錦宮）。

牢獄星

太陽、廉貞、巨門、殺破狼、火鈴、羊陀、昌曲化忌、天魁、天刑、官符、貫索、將星、喪門、災煞、封誥、白虎。

官非或者牢獄的組合

廉貞天相加擎羊在子午守命、廉貞遇天刑白虎、貪狼會羊駝加天刑、巨門會四煞白虎化忌、七殺會四煞白虎化忌、太陽失輝會天刑。

財產星

祿存、武曲、天鉞、天魁、陀羅、天機、天相、廉貞、文昌文曲、紫微。

失財星

截空、天空、破軍、巨門、解神、破碎。

證券星

武曲、天府、祿存、星曜化祿加會天鉞、天魁、文昌、文曲。

調動星

天馬、攀鞍、左輔、右弼、天使。

調動未成的星

息神、伏兵。

第四章 紫微斗數的取象

第四章　紫微斗數的取象

諸星與人物、物品、場所、學業專業、行業工種等的對應。

紫微

天象：高氣壓、晴空、北極星。

人物：公務員、高級職稱、主管、腦神經科、心臟科、銀行人員、經理、紳士、精密儀器從業者。

人體：頭部、腦部、脾胃等。

物品：黃金、珠寶、玉器、鐘錶、古董字畫、總機、主機、鈕釦、總開關。

場所：政府單位、別墅、高樓大厦、金融機構、銀行、能源（電力、石油）單位、精密的手藝店、中心地帶、高檔理髮店。

專業：理工科、數學、政治、太空科學、考古、管理類、金融領域等。

貪狼

天象：颱風、沙塵暴、大雨、乾旱。

人物：偏財或偏門生意人、演藝人、算命先生、偷情者、賭徒、舞女、歌手、貪污犯、性病人、道士、期貨從業者、飲食從業者。

人體：肝臟、性器官、神經、眼睛等。

物品：餐具、菸酒、黃色書刊、賭具、性用品、棋盤、紅綠燈、電線桿、樂器、撲克牌。

場所：公共場所、色情場所、酒吧、舞廳、美容院、風月場所、餐廳、旅店、酒店、夜總會、運動場、沙漠、警局、派出所、食品工廠（有高菸囪的）、出版社、文化單位、寺廟、林場等。

專業：藝術、傳媒、商業、化工、環保、哲學、影視、警校等。

巨門

天象：霧霾、烏雲密佈、日食、傍晚、凌晨。

人物：教師、律師、談判人員、民意代表、播音員、無牌醫生、詐騙犯人、偷窺狂、氣功師、巫師、風水師、微生物科研人員。

人體：胃部、上呼吸道、口腔、語言。

物品：面具、窗簾、眼鏡、內衣褲、藥品、食品、戶口名簿、貨車、鐵路、火車、零食、墳墓、符咒。

場所：工地、出入口、道口、下水道、過街天橋、地道橋、隧道、溶洞、防空洞、破牆、暗溝、大水溝、廟宇、二手市場、車站、搬家公司、機場、港口、法院、醫院、墓地等。

專業：土木建築工程、醫學、牙醫、法醫、宗教、法律、藝術、食品、營銷。

廉貞

天象：倒春寒、太陽雨、彩虹。

人物：公務員、軍人、警員、電力從業者、賭徒、械鬥者、棄嬰、孤兒等。

人體：心臟、神經、腺體、生殖系統、血管、傷口、失眠等。

物品：火苗、煤炭、電線、電池、家電、放大鏡、顯微鏡、皮革、槍械、電子產品、電腦、囚車。

場所：軍事機構、法院、監獄、拘留所、荊棘之地、木材行、荒地、山坡地、荒地、空地、荒郊野外、裝潢行、森林、當鋪、麻將館、平民區、貿易公司、家電公司、酒吧、服裝廠、賭場、色情場所等。

專業：法律、軍警、麻醉學、病理學、電子、園藝、礦物、物理、信息、服裝設計等。

武曲

天象：冷風、雪霜、秋天。

人物：軍警人員、保安、會計、收銀員、出納員、商人、武術教練、運動員、金融主管、證券經紀人等。

人體：呼吸器官、肺部、鼻部、氣管、牙齒、傷口。

物品：健身器材、刀劍、金錢、高樓、尖塔、機械、尖利器具、五金、金飾、

場所：銀行、金融機構、財稅機構、會計事務所、軍營、商業區、五金鋼鐵公司、寺院、寺塔、廟宇、寡婦家、高地、山頭等。

專業：會計統計、財稅管理、冶金、機械、軍事學校、宗教、法律、體育、機械工業、外科醫生、軍警、金融管理等。

破軍

天象：冰雹、沙塵暴、颶風、暴風雪、變化無常的天氣。

人物：技術員、警員、外科醫生、軍人、海洋工作者、船員、海員、股票證券從業者、導遊、算命從業者、鐵櫃從業者，紡織工、械鬥者、搞破壞的人、軍火商人、黑社會團夥、屠宰業者。

人體：生殖器官、排泄器官、手腳等。

物品：拖車、大卡車、電動玩具、獵槍、魚網、勒索信、減肥藥、農藥、煙火、磚瓦、破院子、玻璃、動物、四隻腳動物、傭金、紅包、礦產、石油類、日用百貨。

場所：海洋、沿海、港口、加工廠、紡織廠、菜市場、超級市場、貨棧、儲物倉、整容美容院、危房、垃圾場等。

專業：技工、旅遊專業、漁業、紡織技校、化工、國貿、警校、航海等。

七殺

天象：深秋、冷風、寒風刺骨、霜雪、乾旱。

人物：技術員、外科醫生、警員、軍人、恐怖製造者、殺手、打手、槍手、黑社會性質的團夥、武器製造者、殯葬從業者。

人體：肺部、血液、傷口、顴骨、手部。

物品：手槍、刀劍、手術器具、載重車、運動器材、建材、五金、木雕、爬蟲類。

場所：法院、警署、派出所、軍事機構、兵工廠、重工業、山頂、寺塔、高樓、公共場所、理髮店、肉食店、屠宰場、殯儀館等。

專業：體校、外科醫學、牙科醫學、法醫、軍校、警校、機械、商業、重工業等。

天相

天象：晴朗、星空、皎潔的月光、風和日麗、春天。

人物：官員、文員、愛心服務者、見義勇為者、代理、證人、顧問、命理師、相士、藥劑師、和事佬、刻印從業者。

人體：皮膚、下肢、臉部、生殖泌尿系統等。

物品：印章、證物、證據、合約書、信用卡、保證書、偽造膺品、文書、水道、水池、瀑布、服飾、飲料、毒品、箱櫃。

場所：百貨公司、服飾店、自助餐店、瓷器工廠、衛生器材行業、服飾業、仲介所、合租房、出租屋。

專業：外交、檔案管理、國際關係等。

天同

天象：風和日麗、晴天、夏天的涼風和及時雨。

人物：醫生、教師、經紀人、主持人、演藝界、愛心服務人員、布商、命理師、保險從業者、情婦、二奶。

人體：生殖泌尿系統、腎、尿道、耳、膀胱。

物品：救濟物品、健康食品、水龍頭、自來水、鏡子、彈簧、橡皮筋、布料、善款、樂器等。

場所：水道、溝渠、山澗、低窪之地、港口、服務社、商店、平價中心、咖啡店、美容院、小兒科、福利院、保險公司、旅遊公司、餐飲店、酒店等。

專業：文科、旅遊、幼教、保險、水利、社工等。

天機

天象：風輕雲淡、氣象溫和、陰轉晴。

人物：設計、企劃、美工、參謀、祕書、顧問、幕僚、智囊、助理、技術員、風水師、工程師、司機、思想者。

人體：肝膽、筋骨、足部、神經、內分泌等。

物品：編織品、農具、機械、機車、樓梯、眼鏡、玻璃、鐵路、樓梯、樹木、花卉、電線桿、窗戶、小五金（如螺絲、剪刀）、理髮、花車。

場所：行政機構、小機械廠、孤兒院、養老院、寺廟、小樹林、書店、算命館、解夢館等、馬路旁、電燈柱、橋樑、素食店。

專業：商科、設計、美術、計算機、網絡、軟件編程、統計、數學、宗教、管理、哲學、園藝等。

天梁

天象：晴天、雨過彩虹、秋天、春夏之交。

人物：中醫、公務員、老師、教育人員、領導、首領、老大、作家、法官、醫務工作者、上班族、情報員、保險從業者等。

人體：頭、頸、鼻面部、脊樑、脊背。

物品：醫學器材、醫藥、股票、禮券、宗教用品、卜卦用具、衛浴用品、古董、賭具、書籍、花名冊。

場所：農村、廟宇、教堂、電信局、醫院、高級學校、高級軍事單位、圖書館、醫學校、孤兒院、養老院、老年人活動中心、公園等、居委會、交管局。

專業：企業管理、工商管理、醫學、藥學、中醫、護理、軍校。

天府

天象：晴天、雨過天晴、氣溫適中、靜謐的夜晚。

人物：公務員、參謀長、副總、培訓師、祕書、房產從業者、銀行從業者。

人體：胃部、大腸、口腔、腹部。

物品：日記本、記事簿、帳目、財務報表、證書、溫度計、電腦、公告欄、薪水袋、藥物、農作物、農具。

場所：高坡、高樓大廈、土堆、高崗、辦公室、稅務局、國稅局、銀行、信用社、牧場、林場、農場、田園、農莊。

專業：銀行、金融、農業、物業專業、畜牧等。

太陽

天象：太陽、晴天、炙熱、輻射、閃電、盛夏、上午。

人物：公務員、教職人員、學校老師、社會工作者、外交家、廠長、愛心服務者、醫護人員、服務人員、志願者。

人體：心臟、眼睛、血液循環系統、額頭。

物品：日光、火、鐘錶、電話、電梯、光學儀器、電燈、齒輪、眼鏡、望遠鏡、輪胎、引擎、馬達、汽車、獎券、項鍊。

場所：政府機構、學校、法院、辦公室、汽車公司、電力公司、廣告業、旅行社、鐵塔、郊野、屋頂、廣場等。

專業：文學、哲學、語言學、公共關係、影視藝術、貿易、外交、法律、教育教師等。

太陰

天象：雨天、陰冷、月夜、深秋、露水、星光、下午。

人物：稅務員、消防隊員、設計師、美容師、中西醫生、影藝人、作家、女祕書、女人、自由業者、房產商人、游泳人員、漁夫、走夜路者。

人體：生殖系統、腎、子宮、皮膚、耳朵、神經、眼睛。

物品：冷氣機、冰糕、化學品、化妝品、酒水、清潔劑、廚房用品、高級轎車、船舶、女性用品、避孕藥、內衣、照片、錄影帶、計程車、傘。

場所：水道、水坑、溪流、凹地、荷塘、餐廳、歌廳、美容院、婦產科、碼頭、港口、旅遊業、內科、小兒科、密室、房產公司、建設公司、國土機構、幼兒園。

專業：商業、設計、統計、數學科、藝術、傳媒、影視、宗教、哲學、水產水利等。

祿存

天象：春天、秋天、溫度適宜的天氣。

人物：商人、水果蔬菜商人、食品商人、金融從業者、保險業者。

人體：脾胃、肥胖、結石、腺體。

物品：不動產、存摺、銀行卡、抵押物品、金庫、保險箱、信用卡、珍貴物品。

場所：典當品、旅館、藥店、銀行、田園、山坡地、畜牧養殖場所等。

文昌

天象：清晨、晴天、晴朗。

人物：作家、學者、編輯、發言人、文化工作者、神經病人、學生。

人體：神經系統、呼吸系統、氣管、腸道。

物品：書籍、文房四寶、文具禮品、有價證券、判決書、國產轎車、文章、信件、文具用品、保證書、通告、契約、聘書、支票、印鑑、診斷書、佛教用品。

場所：教育局、書店、學校、精品店、禮品店、法院。

文曲

天象：微風、細雨、露水。

人物：藝術工作者、新聞工作者、文娛工作者、算命師、出版社、小聰明的人，思想敏感的人、口才好的人、神經病人、狡辯者、養魚者、釣魚者、遭遇車禍的人。

人體：泌尿系統、喉嚨、舌、口腔。

物品：印刷品、書籍、文具、轎車、金石書畫、支票、契約、證件、音樂器材、宗教用品、禮品、布料、藥方。

場所：學校、教育部門、圖書館、下水道、池塘、海產店、水族館、樂器商行。

左輔 晴天、上半月。官員、助理、顧問。左腳、左臂。廂房、文物、國寶、金石、字畫、礦物、千斤頂。

右弼 月夜、下半月。設計師、保安。右臂、右肩、右腳。私人印章、珊瑚、珍珠、貝殼、燈火、水壺、水缸。

天魁 晴天。教員、導遊、調解員。皮膚。寶石、玉器、藝術品、裝飾品、盆栽、紀念碑、樓閣、晚禮服、晚會、獎品、放榜名單。

天鉞 晴朗的夜晚、星空。教師、安保人員、攝影師。消化系統、胃病、外傷。古董珍玩、珠寶飾物、琴棋書畫、獎品、紀念碑、轎車。山丘、公園、考試場地、會所。

擎羊 狂風暴雨、龍捲風、酷熱、打雷閃電。刀劍、槍械、炸藥、核武器、五金、毒蛇、猛獸、病毒、烈酒、毒品。沙漠、邊緣地帶、五金店。運動員、武術教練、拳擊手、軍人、特技表演者、保安、員警、殺手、黑社會參與者。肺病、腸胃病、中風、意外血光之災、刀劍傷、中毒、性病。

陀羅 霧霾、寒冬、陰天、雨雪、日食。武器、刑具、小五金、汽車、機車、引擎、軍火、暗箭。危房、死胡同、廢墟、斷壁殘垣、荒蕪之地。軍人、警員、殺手、打手、黑社會參與者、道士、小商販、寡婦、孤兒、騙子。肺病、中風、痲痹、疼痛。

火星 酷熱難當、旱災、沙塵暴。汽油、酒精等易燃物、煙火、打火機、傳真機、影印機、烤箱、寺廟、尖頭山、鬧市、火災現場、沙漠。酒吧女郎、舞女、高危行業從業者。皮膚頑症、燒燙傷、四肢殘缺的人。

鈴星 迷霧、大雨、閃電、漆黑的夜晚。炸藥、刑具、炸彈、冒牌貨、小五金、錄音機、唱片、藥品、毒品。鬧市、歌舞廳、寺廟、高而尖的建築。黑社會參與者、流氓、酒吧女、舞女、乞丐、間諜、保密單位的人、僧道、庸醫、雇員。皮膚病、外傷、燒燙傷、眼睛和頭部疾病。

地劫 黑夜、龍捲風、颶風。刑具、刀槍、武器、毒藥、毒品、風燈、弓箭、鞋子、釣具。暗室、密室、地道、崎嶇危險之地。哲人、僧道、保鑣、保安、片警、扒手、盜賊、江湖人士、流浪者、娼妓。消化系統疾病、外傷、腿腳疾病。

天空 晴空、陽光、冰雹、閃電。防彈衣、簫笛、鐘鼓、蝦蟹、龜甲、水晶球、飛機、望遠鏡、打擊樂器、棺材。空地、地窖、溶洞、天坑、空巷、閣樓、樓頂。藝術家、學術研究員、宗教人士、發明家、魔術師、僧道、氣功師、傻子、天才。頭腦疾病、神經疾病、外傷。

化祿 金庫、薪俸、五穀食品、衣服、家具、人緣、收紅包。

化權 秤、水平儀、鼓、號角、警報器、判決書、升遷、專業技能、有偏財。

化科 文具、手工藝品、明星照片、書畫作品、化妝品、插花、傳真機、電腦、影印機、策略、人緣佳，重情義。

化忌 評論作家、仲介業、葬儀相關事物、婦產科、廁所清潔車、拆除工作、攤販、病理化驗、是非、犯小人、欠債、前世因果、災厄兇險、情困失戀、人事口角是非、不完整的東西。

其他星曜的涵義

博士十二神：

博士：博學、智慧。
力士：武官、權威。
青龍：文書、喜慶。
小耗：失財、小損。
將軍：武官、暴躁。
奏書：文官、聘書。
飛廉：官司、是非。
喜神：喜慶、婚姻。
病符：生病、是非。
大耗：破財、失竊。
伏兵：暗算、阻滯。

官符：官非、口舌。

將前十二神：

將星：武貴、權力。

攀鞍：功名、升遷。

歲驛：遷動、調動。

息神：休息、消沉。

華蓋：孤僻、才藝。

劫煞：劫盜、損財。

災煞：災禍、困擾。

天煞：孤剋、災禍。

指背：指責、誹謗。

咸池：桃花、風流。

月煞：孤剋、報復。

亡神：病災、破財。

歲前十二神：

太歲：年運。

晦氣：倒楣。

喪門：孝服。

貫索：官非。

官符：官訟。

小耗：破財。

大耗：破敗。

龍德：解凶。

白虎：凶災。

天德：解凶。

吊客：孝服。

病符：災病。

八卦的基本類象

1、乾卦（紫微星之象）

本意：開始。本源。原始。向上。盈滿。高廣。純質。精華。核心。堅恆。強盛。強制。規範。恩惠。仁德。亨達。主見。威嚴。傲慢。霸道。圓。完美無缺。堅硬。大的。高的。光澤的。

吉象：尊貴，成熟，崇高，聖賢，良善，有德，恆久。

凶象：霸道，粗暴，衰老，頹廢，勢利眼，古板，無情無義。

天時：安靜，光亮，天空，冰雹。

地理：西北方，首都，大城市，政府機關，高檔賓館，名勝古蹟，險要之地，高燥之處，上方。

人物：元首，領導，父親，老男人，長輩，名人，政府機關人員。

身體：頭部，腦部，骨頭，肺，右腳，男生殖器。

動物：馬，大象，天鵝，獅，豹，龍。

靜物：金，玉，珠寶，方形物，圓形物，剛硬之物，果實，帽子，鏡子，汽車，饅頭。

屋宅：辦公樓，警務室，法院，教堂，西北位之居。

疾病：頭部疾，肺疾，骨疾，男性生殖科疾患。

顏色：赤色，白色，紫色。

2、兌卦（七殺、破軍星之象）

本意：喜悅。濕潤。誘惑。缺損。脫落。潛伏。仰視。不足。娛樂。片面。狹小。愛欲。親密。廢舊的。矮的。凹的。壞的。聚集。向外。

吉象：喜悅，收納，決斷，能言善辯，先進，鮮豔，領先。

凶象：損毀，善鬥，口舌，善變，尖利，刻薄，刑罰，色情。

天時：雨露，沼澤，新月，星，陰雨。

地理：西方，裂缺之地，沼澤地，廢井，垃圾站，峽谷，窪地，池塘，滑冰場，遊樂場，廢墟，舊屋，洞穴，遊戲廳，茶座，娛樂室。

人物：少女，歌星，藝人，巫師，副職，音樂師，教師，宣傳人員，翻譯，牙科醫生，小三，色情從業者，算命者，媒婆。

身體：舌，口，唇，齒，咽喉，肛門，痰。

動物：羊，水族，猴，鹿，雞，鴨。

靜物：刀具，金屬物，樂器，破損之物，廢棄之物，帶口之物，水杯，石榴，餐具。

屋宅：西位之居，近水之居，廢棄之居。

疾病：口腔，咽喉，咳喘。

顏色：白色，粉紅色。

3、離卦（太陽星和廉貞星之象）

本意：美麗。華麗。擴張。進升。表現。焦躁。虛榮。情緒。明亮。鮮豔。發光。升發。膨脹。帶殼。中空。網狀。中陷。

吉象：文明，光明，絢麗，輝煌，有禮，華彩文章，名氣。

凶象：奢華，感染，枯槁，戰鬥，狡猾，依附，謊言。

天時：日，電，光，虹，霞，乾旱，烈日，晴朗，氣溫高。

地理：南方，冶煉之地，彈藥庫，學校，圖書館，發電廠，電視臺，電影院，醫院，法院，配電室。

人物：中女，文人，婦女，中層管理，美人，名星，藝人。

身體：眼睛，心臟，小腸，額頭。

動物：龜，蚌，孔雀，貝類。

靜物：火焰，化裝品，槍枝彈藥，字畫，報紙，契約，文書，合同，信件，電視機，火柴，電腦。

屋宅：南位之居，明堂，向陽之地，玻璃房、配電房、鍋爐房。

疾病：目疾，心臟病，心血管病，發熱發燒的病。

顏色：紫色，紅色。

4、震卦（武曲、貪狼星之象）

本意：奮進。積極。果斷。顯現。緊迫。躁動。粗糙。驚恐。抖動。誇張。朝氣蓬勃。外虛內實。上虛下實。上大下小。向外。健康。高速。震動。移動。

吉象：振奮，活潑，活躍，生長，寬仁，展望。

凶象：驚恐，炫耀，急躁，憤怒，好大喜功，反叛，謊言，誇大其詞。

天時：雷聲，狂風，暴雪，地震。

地理：東方，森林，草木茂盛之地，廣播站，機場，歌舞廳，自由市場，兵營，公安局，樂器店。

人物：男子，青年，公檢法人員，飛行員，列車員，舞蹈演員，運動員，壯士。

身體：足，腳部，肝，聲帶，左脅。

動物：龍，飛鳥，鯉魚，青蛙。

靜物：竹木製品，花草樹木，樂器，飛機，大砲。

屋宅：東位之居，臨山的樓閣、植物園的附近的房子，近山林的房子。

疾病：足疾，眼睛病，肝膽病，驚恐不安，神經病。

顏色：青色，綠色。

5、巽卦（巨門、天機星之象）

本意：滲透。散佈。進退。覆蓋。輕浮。煩躁。空虛。幻覺。清潔。暫時。精細。上實下虛。外實內虛。外剛內柔。向下。飄動。不確定。遊動。傳輸。長形。氣態。

吉象：整潔，勤快，美貌，獲利，巧藝，以理服人，觀察細緻。

凶象：放蕩，進退不決，猶豫不定，漂泊，無結果，計較。

天時：風，雲，霧，煙氣。

地理：東南方，草木，樹木，菜園，機場，碼頭，商店，竹林，商店，寺觀，長廊。

人物：女子，寡婦，道人，參謀，智囊，技術員，木材商，自由職業者，手藝人。

身體：四肢，股骨。

動物：雞，飛禽，蛇。

靜物：花草，水果，繩，直長之物，竹器。

屋宅：東南位之居，寺觀，樓臺，臨近山林之地。

疾病：腿部手臂之疾患，精神病，中風，腸疾。

顏色：淡綠、新綠、嫩綠。

6、坎卦（太陰、天同星之象）

本意：沉溺。隱藏。蟄伏。曲折。潤澤。多變。內剛。暗昧。忍耐。狠毒。流動。寒冷。彎曲。弓形。輪形。實心的。

吉象：智慧，思考，流暢，志氣，發明，守信。

凶象：陰謀，憂慮，沉溺，勞苦，曖昧，災禍，酒色。

天時：月亮，水，雪，雨，露，霜。

地理：北方，江湖溪澗泉，濕地，水溝，蒺藜叢生之地，沼澤等。

人物：中年男子，江湖人物，船夫，盜賊，臥底，匪徒，醫生，律師，酒醉人，科研人員。

身體：耳朵，血，腎，膀胱系統。

動物：豬，魚，水族，鼠，狐狸，貂。

靜物：水，帶核之物，酒，醋，飲品，潛水艇，石油。

屋宅：北位之居，近水樓閣，酒店，游泳館，水族館。

疾病：耳疾，潰瘍，腎病，水瀉，血疾。

顏色：黑色，墨色。

7、艮卦（天相星、天梁星之象）

本意：安固。阻擋。終止。穩當。慎重。抑制。靜止。抵擋。禁止。界限。獨立。談判。保守。沉著。堅硬。不動。向下。上硬下軟。與手腳有關的。相反的。高的。

吉象：忠心，仁厚，謹慎，莊嚴，文明。

凶象：絕交，頑固，狹窄，障礙，膚淺，險阻。

天時：大霧迷茫，飛沙走石。

地理：東北方，山崗，土堆，墳墓，堤壩，閣寺，醫院，監獄，公安機關，城牆，倉庫，礦山，銀行，小路。

人物：少年男子，閒人，兒童，山中人，快遞哥，監獄警衛，門衛，礦工，建築員工，儲蓄所人員，石匠，宗教界人士。

身體：手指，鼻子，脊背，關節，脾胃，結腸，乳房。

動物：虎，狗，鼠，狐，兔，牛，爬蟲。

靜物：土，石，黃色物，土產，碑，桌，床，櫃檯。

屋宅：東北位之居，近山之居，近路之宅，洞穴、地窖。

疾病：手指之疾，脾胃病。

顏色：黃色，土色，褐色。

8、坤卦（天府星之象）

本意：柔順。厚載。平穩。滋養。包容。謙讓。懦弱。依賴。消極。沉默。眾多。遲鈍。昏暗。伏藏。四角形。附屬的。虛空的。複雜的。粉狀的。

吉象：柔順，公平，文章，書刊，豐富，永恆，守法，理性。

凶象：晦暗，腐敗，迷失，受害，吝嗇，自私，卑賤，貧窮。

天時：陰天，雲霧，雪天。

地理：西南方，大地，田野，鄉村，空地，自由市場。

人物：母親，老婦人，農民，眾人，文人墨客，大臉人，大腹人，肥胖之人，膽小懦弱之人，小氣吝嗇之人，職工。

身體：腹，脾胃，皮肉，肩，女性生殖器。

動物：牛，大象，肥豬，貓。

靜物：方形物，柔軟之物，五穀，土產，水泥，磚石，牛肉，大車。

屋宅：西南位之居，民房，矮小之屋，倉庫，郊區。

疾病：肚腹之疾，脾胃病，消化不良，皮膚病。

顏色：黃色，駝色，棕色。

納音之象

甲子乙丑海中金：

珍珠、海中寶物、金庫、海船、沉船、孕育、懷孕、出仕之前的沉寂、累積經驗時期等。

丙寅丁卯爐中火：

灶、爐火、火焰、焦炭、火盆、飯店、廚房、香爐、枯樹、柴草、炊具、街邊小吃、大排檔、火鍋城、相識、戀愛、結婚、熱情，心胸寬廣、奉獻等。

戊辰己巳大林木：

樹林、森林、林場、木頭、野草、山花、公園、植物園、木材加工廠、木結構、柱子、山野、神農架、電線桿、木材批發部、苗圃、姓林、壯志凌雲、歷經磨難志向不減等。

庚午辛未路旁土：

路邊、阡陌、工程材料、沃土、街道、馬路、路霸、街道清潔工、建築工、垃圾堆、泥瓦匠、建築工、土匪、長養之時、等待時機、蘊養萬物，平庸等。

壬申癸酉劍鋒金：

刀、劍、利器、兇器、武器、金屬製品、軍隊、槍械、晨練者、古董店、駭客、病毒、毒藥、氣盛物極、獲得機遇、可成大器、有前途等。

甲戌乙亥山頭火：

太陽、火山、夕陽、火苗、熱氣、烽火臺、篝火、炸藥、資訊戰，高層霓虹燈廣告、熱電廠、煙囪、蔓延之勢、內明外暗、火冒三丈、暴怒等。

丙子丁丑澗下水：

溫泉、溪流、河流、池湖、噴泉、水渠、下水道、自來水、自來水廠、酒店、酒窖、冷飲部、清澈之水，赴任、初衷、隨遇而安、隨機、保守。

戊寅己卯城頭土：

城牆、山丘、堤壩、墳墓、城堡、麻將、寫字樓等、高層賓館、高樓大廈、廣告業、戶外廣告、長城旅遊、雕堡、雄踞四方、備戰、防護網、警備處、預備力量等。

庚辰辛巳白蠟金：

蠟燭、軟小的金屬、錫紙、珠、首飾、護膚膏、手術刀、保安、化妝品、假首飾、偽幣假鈔、假槍、柔弱、偽裝、捉襟見肘、勉強維持、金玉其外敗絮其中等。

壬午癸未楊柳木：

柳樹、楊樹、灌木叢、花草、花園、牙籤、搔首弄姿、風流客、公園、楊姓、柳姓、質弱性柔、柔情多意、戀愛、愛慕、無所謂、內心脆弱等。

甲申乙酉泉中水：

泉水、溫泉、噴泉、溪溝、山泉、礦泉水、水井、水池、池塘、滲水之處、桶裝水、打井、油井、礦井、酒泉、泉州、趵突泉、泌尿系統、清冽之水、養育萬民、與民同樂、養生、滋潤等。

丙戌丁亥屋上土：

屋頂、灰塵、磚瓦、瓦片、裝修業、廣告業，爛尾樓、飛賊、磨練、事不關己、身世漂泊、旁觀者、任勞任怨等。

戊子己丑霹靂火：

火花、煙火、閃電、電焊、火箭、爆米花作業者、高壓電桿、發電廠、高壓線、變壓器、恐怖份子、導彈發射、油田爆炸、恐怖事件、火爆脾氣、噴射飛機、強烈、激烈、橫空出世、威武之師、法律與尊嚴、殺傷力大、破壞力強等。

庚寅辛卯松柏木：

松樹、柏樹、電線桿、鐵塔、陵園、墓地、棟樑、直來直去、香味、千古不朽、長壽、堅強、耿直、傲雪凌霜、性堅耐歲、品格與情操、律己嚴明，忍耐力極強等。

壬辰癸巳長流水：

河流、溪流、江水、溝渠、雨水、瀑布、下水道、自來水、銀行、流水線、水管、流口水，無窮之水、放長線釣大魚、默默無聞、生活簡樸等。

甲午乙未沙中金：

沙子、沙漠、黃金、鑽石、純金、金屬、金剛石、合金、金礦、淘金業、小首飾、人才、淘洗、混雜於沙土、沉默和被養育、磨練、埋沒等。

丙申丁酉山下火：

野火、螢火、香火、燈火、光線、炊煙、火光、路燈、土窯、磚瓦窯、熱電廠、爐灶、韜光養晦、自娛自樂、生悶氣、怒火中燒等。

戊戌己亥平地木：

草坪、草原、花草、木筏、房樑、樹木、枕木、木橋、木地板、鐵軌、務實、不炫耀、實幹家、胸無大志、得過且過等。

庚子辛丑壁上土：

牆壁、建築材料、圍牆、裝修業、壁畫掛曆、飛賊、不管閒事、塗料、戶外廣告、招牌、玻璃窗、做一顆螺絲釘、盡職盡責、樸實無華、漂泊等。

壬寅癸卯金箔金：

鍍金、包裝、金飾、金箔、發光物、金屬物、鈕釦、裝飾器、首飾、紙錢、錦上添花、增磚添瓦、表面風光等。

甲辰乙巳佛燈火：

燈、蠟燭、手電筒、燈燭、路燈、佛像、菩薩像、佛堂，佛堂、寺廟、愛我所愛無怨無悔、遠離塵埃、徹悟、覺悟、開悟等。

丙午丁未天河水：

雨、銀河、雪、噴泉、瀑布、水塔、湖、月、晴朗的夏夜、牛郎織女、銀河、宇宙、暴雨、大雨、久旱甘霖、發育萬物之水，感恩、恩德、傾心、傾訴等。

戊申己酉大驛土：

大路、路旁、坦途、交通、沙丘、高速公路、馬路邊、路霸、操場、球場、國道、成熟、獨當一面、中流砥柱、隨機、有前途等。

庚戌辛亥釵釧金：

首飾、簪子、項鍊、戒指、珠寶、文物、古董市場、禮品商店、金屋藏嬌、藝人、首飾加工店、閨閣之金、婚姻美滿、文物古董、櫃內、顧家等。

壬子癸丑桑柘木：

桑樹、盆景、灌木叢、養蠶業、絲綢、高檔衣服、桑樹、矮樹、故鄉、本源、根基、能屈能伸、忍辱負重等。

甲寅乙卯大溪水：

溪流、河流、雨水、流水、露珠、洪水、大江、遠足、淋浴沖涼、水運、歸海之水，順勢而為、急流勇退、集眾家之長、激流勇進等。

丙辰丁巳沙中土：

沙子、沙漠、小石子、沖積平原、堤岸、濕泥、砂土、海灘、沙浴，沙雕、紫沙壺、文物、盤踞蟄伏、埋沒人才等。

戊午己未天上火：

太陽、月亮、星星、閃電、烈日高照、打雷、空戰、恐怖事件、殞石、流星、火箭、飛來橫禍、現代戰爭、光輝宇宙、溫暖山河、龍恩浩蕩等。

庚申辛酉石榴木：

石榴、木頭、樹木、森林、油畫、結石、牙齒、牙痛、牙醫診所、假牙、夜總會、水果店、腫瘤、青春痘、魚卵、遭受刀傷、功成名就、顆顆珍珠、固執己見等。

壬戌癸亥大海水：

大海、湖泊、洪水、海洋、遠洋貨輪、飄洋過海、放生、酒量大、海派、寬闊、博大、上海、海南、大成、成功、隱退等。

第五章 星曜與星曜疊加時的意義變化

第五章　星曜與星曜疊加時的意義變化

1、紫微星

紫微星在子午宮是單主星。

紫微星，主貴，高級，官貴，信賴，尊嚴，地位。

紫微加會左輔、右弼，遇事有貴人幫，自身有管理能力，容易獲得名望地位。

紫微加會文昌、文曲：易有高學歷。在藝術方面有天賦，容易獲得名氣。

紫微加會天魁、天鉞：遇事有貴人幫，一生遇到較多機遇。

紫微化科：有技術專長，容易做學術研究。

紫微化權：權力慾大，容易做管理。

紫微加會火星或鈴星：勇猛、獨斷、勞碌、披荊斬棘，有魄力。

紫微加會地空、地劫：出世思想比較重，容易接觸宗教玄學等。

紫微星在丑未宮是紫微破軍雙主星。

紫微破軍，剛毅果決，有威嚴，有實權，能創新。霸道，自私，情緒不穩定，職業常變動，異性緣強，六親緣薄。

紫破同宮，若沒有吉星守照，則平常。守照會夾六吉星，是格局較高的組合，容易有實權有威望。

加會左右或者左右夾，能得助力，容易獲得富貴。

加會魁鉞，遇貴人助，好的機遇較多。

加會昌曲，才智過人，有技術，能創新。

無吉而加會煞刑忌，霸道，奸詐，起落無恆，六親緣薄。

加會空劫，思想出世脫俗，與宗教有緣。

守照火鈴，勞碌奔波，是非爭端。

守照羊陀，災禍、官非糾纏。

加會桃花星，主輕浮淫蕩。

若三方四正吉凶星駁雜，主富而不義，貴而多淫，自私辛勞。

紫微化科，能有更多突破和創新創建，再遇左右魁鉞可以富貴。

破軍化祿，創造性勞動獲得成功，創新和改革帶來財力，比較辛勞。

破軍化權，專注專心，努力突破，勞碌。

紫微星在寅申宮是紫微天府雙主星。

紫微天府，具有組織領導能力，善理財，容易獲得權力和較高物質生活。紫微、天府二星同宮，逢百官朝拱或紫微化科則容易富貴，若無百官朝拱和化科則普通，若加會煞忌則貴氣盡失。

加會昌曲，利於學業和名氣。

加會四煞，奸詐，霸道，因為財或名招致災禍。

加會空劫，虛名虛利。

紫微化權，會羊陀，辛苦勞碌，孤傲霸道，磨難較多。

紫微化科，三方會煞，曇花一現，因名招損。

紫府寅申同宮，守照會左右等六吉星則有高官厚祿，否則縱然富貴也不耐久。

紫微星在卯酉宮，是紫微貪狼雙主星。

紫微貪狼，精力充沛，才華出眾，注重享受，異性緣好，容易有感情困擾，固執偏執，妒忌猜疑。

紫微、貪狼二星同宮，加會六吉星或三吉化、以及火鈴同宮，才會吉利。

逢化科，易有名氣，多動變。
逢昌曲同宮，浪漫多情，但是有威名。
同度火鈴、化祿，容易爆發。
加會天刑、空劫、空亡，人際關係差，思想消極。
加會咸、姚、紅喜、昌曲等星，好酒色，奸詐，淫蕩。
加會羊陀，淫邪，色情糾纏，女落風塵。
三方四正煞忌刑混雜，人品不好，極端之人。
貪狼化祿，財運較好，善於捕捉和利用機遇。
貪狼化忌，辛勞難成。
紫微化權，壓力大，困擾多，但能成功。
紫微化科，得財得名。
若左右昌曲魁鉞來夾宮，則能發財，順遂。
加會空劫、空亡及四煞星，無其他吉星，則與宗教哲學有關。

紫微星在辰戌宮是紫微天相雙主星。

紫微星，在辰戌為落天羅地網，若守照會眾吉星，會有成就，但是人生必有缺憾之事。

若無吉有煞，則空有志向。

辰戌紫相同宮，謹慎，文雅，開朗，聰慧，多有特殊技能，權力慾望強，人緣差，好高騖遠。

守會照六吉星，執著頑強，事業心重，多有財富，掌權柄。

加會煞忌刑或逢刑忌夾，挫折，坎坷，孤僻，無情無義，有官非。

加會羊陀，若同時還有吉星，需經努力方可成功。

刑囚夾印格成者，易有刑訟。

加會火鈴而無吉星，多疾患。

加會空劫而無吉星，破敗無成。

紫微星在巳亥宮是紫微七殺雙主星。

紫微七殺，強勢，威猛，果決，強悍，豪爽，有理想，有魄力，有管理才能，權力慾望強，喜奉承，愛面子。其吉凶主要看守照會的星曜，逢吉星則有武職，逢凶星則入歧途。

加會左右等六吉星，貴人提攜，平步青雲，有權柄。

加會空劫空亡，孤獨，破敗，虛名虛利。

同度四煞星，霸道兇悍，辛勞，多災，煞聚則主刑傷。

加會火鈴，奸詐，六親無緣。

加會陀羅，當防牢獄之災。

加會天刑，有吉星可為法官或外科大夫，無吉星則主刑災。

紫微化權，逢左輔、右弼星可富貴，加煞則霸道，奸詐。

逢紫微化科，易有權力和名譽。

2、貪狼星

貪狼星在子午、寅申、辰戌宮，是單主星。

貪狼星，主智慧，貪慾，桃花運及偏財運，貪狼遇吉則主富貴，遇凶則貪婪無度。

貪狼守會照吉星則主富貴，逢凶星則主慾望、奸猾。

貪狼化祿：善交際，人緣好，容易遇到偏財。

貪狼化權：有能力，遇桃花，容易有偏財。

貪狼化忌：野心、淫慾、投機、奸猾。

貪狼加會左輔、右弼：增強創造性、求財遇貴人，善於應酬，感情豐富。

貪狼加會或同度昌曲，增強藝術才華，但是會有高傲之性，易風花雪月。

貪狼加會咸池、天姚、紅鸞等，主淫蕩、浮滑、巧詐、見一個愛一個。

貪狼加會或同度截空、空亡、祿存、魁鉞等星，能從善而發展技藝、軍警、演藝等事業。

貪狼加會煞忌、空劫，則主風流或者貧苦等。

貪狼加會巨門星，則主口舌是非。

貪狼星在丑未宮，是貪狼武曲雙主星。

武曲貪狼，勇猛、豪放，兼具行動力和聰明智慧。有想法、有慾望、有行動、有執行。

守照會夾紫府祿魁鉞輔弼昌曲日月，則主富貴。

有吉星相伴能發達；無吉有凶，則主奸詐。

加會祿馬，主發財。

對照魁鉞或者魁鉞來夾，主顯達和機遇。

同度或加會昌曲，有能力，而且儒雅風流，得文藝之財。

同度或對照火、鈴，為「火貪格、鈴貪格」，主富貴、意外之財。

逢武曲或貪狼化祿，主財富茂盛。

逢武曲化權或化科，可有實權。

加會左右魁鉞，主貴。

加會羊陀忌，多為技藝百工，勞碌無福。

加會火鈴，有巧藝，但是為人自私、貪婪。

加會擎羊，主孤寡。

加會忌羊、刑馬，主意外傷災。

武貪丑未同宮，因日月夾，丑宮，名利雙收；未宮，只是錢財不缺。

武曲貪狼的女命敢說敢做，目的性強，妒忌心重。

貪狼星在卯酉宮，是貪狼紫微雙主星。

（見「紫微星」所述內容之中的：紫微貪狼。）

貪狼星在巳亥宮，是貪狼廉貞雙主星。

貪狼廉貞，愛說謊，愛投機冒險，愛衝動，愛幻想，好吹牛，風趣。貪狼廉貞，均含桃花之意，巳亥宮落陷，桃花氣氛更濃。若是無吉星守照，主感情困擾糾紛、因酒色破財官司等。

若有吉星守照，多為科技、藝術、演藝方面的人才。

貪狼化祿，同度火鈴，或者遇祿存，主富貴。

會照魁鉞左右祿存等吉星，主中年後事業有成。

同度喜昌曲，主好色風流，須防意外之災。

逢祿存，能致富。

加會煞忌，主奸狡或貧苦，多兇險或破相。

加會天姚等桃花星，易因灑色生災。

逢火鈴，主有特殊技藝。

逢羊陀，主艱辛、破敗、多災。

加會陀羅，婚姻難以白頭。

加會空亡、空劫，多為技藝百工。

三方四正四煞混雜再加刑忌，主刑獄、傷殘等。

加會天馬，主奔波在外，若再加會祿存則在外發財榮昌；若再加會凶星則客死他鄉。

與昌曲同宮，則為人不實，品行不端。

廉貞化祿，可以白手起家，但是多糾紛、辛勞。

貪狼化祿，有利於事業發展，但是財富難以聚集。

貪狼化權，較有利事業，但是起落較多。若是再加會煞忌刑，則有官非。

廉貪女命，潑辣幽默，桃花多，或做偏房。加會煞姚咸則淫蕩。加會空亡空劫則清貧清白。

3、巨門星

巨門星在子午宮、辰戌宮、巳亥宮，是單主星。

巨門星，奔波勞碌，六親緣薄，是非多。
巨門化祿：能言善辯，得口頭之財利。
巨門化權：有較好的管理能力，也容易犯小人。
巨門化忌：口舌是非，失業辭職、換工作等。
巨門加會左輔、右弼，則做事遇到貴人幫助、跳槽、調動等。
巨門加會文昌、文曲，則說話有調理、層次，有邏輯，有文采，反應機敏。
巨門與火鈴同度，主牢獄之災或者其他傷災。
巨門與陀羅同度，貧困或者體弱多病。
巨門加會空劫大耗，主損失、破財、被盜等。
巨門加會煞忌刑，則官非口舌等。

巨門星在丑未宮，是巨門天同雙主星。

巨門天同，溫文爾雅，人聰明，善籌劃，洞察力強，勞碌奔波，犯小人多口舌，多疑，幻想多，精神上困苦。

守照會擎羊，則不吉，主離異、分居、死亡等。

同度煞星，奸詐，辛苦。

加會火鈴，則有眼睛疾患，或者裸露部位有傷疤。
加會羊陀，身帶暗疾，或者婚姻不順。
加鈴星和化忌，則官非詞訟。
加會昌曲等桃花星，有藝術和演藝方面的天賦。
三方四正兇煞聚集，必有凶災。
巨門化祿，主富，可以有富貴。
無祿而有其他吉星，小有成就。
天同化祿，有福氣，能享受。
天同化權，在藝術上有天賦，感情多波折傷感。
巨門化忌，多是非，不善辭令、不善交際。
天同化忌，勞碌奔波勉強度日，精神苦惱。再逢煞刑忌混雜，多災多難。
巨門天同女命，吝嗇小氣、孤芳自賞，容易有感情波折。

巨門星在寅申宮，是巨門太陽雙主星。

巨門太陽，機智善辯，有能力，執著勤奮，一生奔波，固執，受小人詆毀，多是非。
加會六吉星且無煞，主清貴賢臣。

加會煞忌，勞碌奔波，刑剋重，六親緣薄。
加會羊陀，身體容易受傷害，再逢桃花星則淫邪。
三方逢火鈴，則防火災。
太陽化祿或者化權，雖然辛勞，但先有名氣後得財祿。
巨門化忌，多口舌糾紛。
太陽廟旺，不會空劫四煞，可富可貴。
太陽陷落，是非爭執，百事難遂，男剋父、女剋夫。三方會吉星稍好。
太陽化忌，主容易受人拖累。
加會天姚，主風流多情。

巨門星在卯酉宮，是巨門天機雙主星。

巨門天機，口才好，聰明，有上進心，思維縝密，擅長分析，固執，小氣，起伏較大，是非多，不守祖業，白手興家，多有一技之長，多婚姻不順。
守照會吉星吉化則穩重、富貴。無吉則破祖敗業。
加會煞刑忌，則奸詐，多疑，多口舌是非，辛勞無成。
加會火鈴，主破敗。

加會陀羅，主淫邪，多是非。
三方煞星聚集，主刑剋、貧困，或殘疾。
天機化祿，主富。財運好，取財有道，以口才或智慧生財。
天機化權，為參謀、顧問等立業。
天機化科，多是非和辛勞。
逢權祿，宜武職，可以有功名。
巨門化權，競爭得財。
巨門化忌，事業動盪，見異思遷，多是非。
機巨在卯，為廟地，早年離祖創業，歷盡辛勞，中年後始發達順遂。
機巨在酉，虛名虛利。三方加會祿權科等吉，可有一時繁榮。三方會煞忌，主破敗。
機巨女命，破敗、多情。再加會昌曲，則風流。若逢煞，傷夫剋子。

4、廉貞星

廉貞星在子午宮，是廉貞天相雙主星。

廉貞天相，兼具聰明與忠厚，有原則而且手段，事業上有成就。謹慎保守，欠創造性，愛享受。

加會文昌，有文采，有藝術天賦或愛好，高雅，異性緣好。

加會祿存，主富貴、厚道。

加會昌曲，主聰明才智、有富貴、喜風花雪月。

加會權祿，或左右魁鉞等吉星，主富貴和聲譽，能掌權。

加會六煞，則叛逆、奸詐，容易招致災禍。

加會羊陀，衝動，容易有是非和刑傷。

加會擎羊，容易有官司牢獄。

守照火鈴，主傷災或者殘疾。

同度擎羊，容易有官司、刑訟等橫禍。再加天刑、白虎、官符、貫索等，則難逃牢獄之災。

加空劫，多挫折難成。

廉貞化祿，主富貴、掌權，但易有感情困擾。

廉貞化忌，易有血光之災，再加擎羊更凶。

加會桃花星，則易有色情官司，再加化忌更凶。

逢羊陀夾，同宮若無煞忌，則不為凶。逢羊陀夾，同宮有化忌，主大凶。

廉貞星在丑未宮，是廉貞七殺雙主星。

廉貞七殺，剛強果斷，聰敏有謀略，不畏艱苦，善於競爭，激進，冒險，奔波離鄉，六親緣薄。喜逢昌曲、祿存、化祿等，忌諱煞忌星。

廟旺無煞有吉，主節儉致富。

加會吉星無煞，武職可貴。

加會魁鉞，則主貴，位高權重。

加會昌曲，則能文能武，膽大多情。

加會祿存，則有名有利。

守照煞星，則勞苦，橫禍，六親緣薄。

加會擎羊，主是非、打鬥，官司、詞訟。

同度陀羅，主糾紛。

同度火鈴，挫折、傷災，甚則死亡。

逢廉貞化忌，主挫折、疾病、傷災。

逢廉貞化祿，主富貴、有權力，若再加會羊陀，則多災傷、糾紛、官非。

無吉星守照而煞忌刑聚集，主刑災、病傷、血光之災等。

廉貞星在寅申宮，是單主星。

廉貞星，主律令官祿，亦主好賭好色，可正可邪。廉貞入廟則吉，陷地或加煞忌刑則主傷害或者刑訟。

廉貞加會左輔、右弼，主能力強，可掌權，得貴人助。

廉貞加會文昌、文曲，主文采好，有靈性，感情多糾結。

廉貞加會天魁、天鉞，得貴人助，有魄力，能力強。

廉貞加會科、權、祿，則名利雙收，順利，有名譽。

廉貞加會火星或鈴星，為人衝動、容易走極端、容易有刑獄經歷。

廉貞加會擎羊、陀羅，容易受到傷災，競爭白熱化，容易有爭鬥。

廉貞化祿：能力強，能服眾，競爭得財，有異性緣。

廉貞星在卯酉宮，是廉貞破軍雙主星。

廉貞破軍，果斷，冒險，疏狂，性急，陰沉，棄祖，埋頭苦幹，白手成家，多有技藝，桃花多。喜逢吉星祿存等，忌諱煞忌星。

守照會之中無吉星，多為生意人或技術人、公檢法部門的一般職員等。無煞有吉，辛勞而後富貴。

加會昌曲，三方會吉星亦可富貴、有名聲。無吉不利。
加會文昌，利學業。
加會煞刑忌，勞心勞力，易有驚險災厄。
加會四煞星，容易想不開、憂鬱症、自殘等。
同度火鈴，主奸詐。再逢煞忌刑虎，主勞碌、多是非、無情無義，易有手術或意外災禍。
加會羊陀，易有官非、外傷。
加會擎羊，易有牢獄之災。
守照擎羊，再逢刑虎貫索，主凶死、橫禍。
加會煞刑，主挫折、意外、事故。
逢煞忌，主大災，易有官非、血光。
廉貞化祿，可富貴，但多災傷、糾紛。
破軍化祿，野心大，事業亦大。
廉貞化忌，多糾紛是非。
破軍化權，事業奮進，有權柄。

廉貞星在辰戌宮，是廉貞天府雙主星。

廉貞天府，溫厚，口才好，世故，人緣好，勤儉，善理財，異性緣佳，有才幹，任勞任怨，獨斷，爭權，宜晚婚，易金屋藏嬌。

加會昌曲左右等吉星，官高位重，有聲望。

加會昌曲，利學業。

加會煞星，奸詐反覆。

同度空劫，主波折、損失。

加會煞星，防意外災傷。

同度擎羊，主是非爭鬥。

同度陀羅，則殘忍，易有刑災。

廉貞化祿，善理財，中年後發達。

廉貞化忌，成敗不一，糾紛、需更多容忍。

廉貞星在巳亥宮，是廉貞貪狼雙主星。

（見「貪狼星」所述內容之中的：貪狼廉貞。）

5、武曲星

武曲星在子午宮，是武曲天府雙主星。

武曲天府，堅強，正直，謹慎，企劃能力強，有領導才能，有勇有謀，急躁，獨斷。武曲生財有道，天府守財有度，逢祿存或者武曲化祿，主發財。不見煞星空劫，主善理財。

加會吉星，能創大業，不貴則富。

加會祿馬，經商發達。

加會魁鉞，掌財權善理財。

加會左右，主貴顯。

加會昌曲，主有才能才幹。

逢煞星，則孤剋、奸詐、破財。

吉凶混雜，表裡不一，兩面三刀。

逢武曲化權，有地位、有涵養。

逢武曲化祿，家底豐厚。

逢忌煞，有才能，但多災禍。

逢空劫，財物耗散，破祖敗家。

武曲星在丑未宮，是武曲貪狼雙主星。

（見「貪狼星」所述內容之中的：貪狼武曲。）

武曲星在寅申宮，是武曲天相雙主星。

武曲天相，有勇有謀，博學，有一技之長，反應敏捷但是處事謹慎，事業心強，野心大，善於經營、理財，愛面子，獨斷專行，好酒色。

加會昌曲，聰明，術業有專攻，可富貴。

加會祿存天馬，發財於遠鄉。

加會空劫，多破耗，難守業。

逢化祿，經過努力拼搏，可以名利雙收。

加會空劫、忌陀等星，破財、敗業、財物糾紛。

同度火鈴，主身體帶有殘障、財物糾紛。

加會羊陀，易有官司。

逢武曲化忌、羊陀相夾、火鈴相夾、刑忌相夾等，皆主官災、刑傷、殘疾。

逢武曲化權或化科，有聲譽，能掌實權。

武相女命，善良，有經營能力，善於理財。無煞主富貴；吉星守照，旺夫益子；加煞忌，神經質；同度羊陀，狡詐虛偽。

武曲星在卯酉宮，是武曲七殺雙主星。

武曲七殺，剛強坦率，頑固獨斷，話少，急躁好鬥，野心大，喜冒險，離祖動盪，辛勞破敗。

有六吉祿存、化祿守照，能富貴。

加四煞，主魯莽、暴躁、血光、傷殘、壽促。

加會火鈴，主因錢財而糾紛。

加會羊火或羊鈴，因財務而持刀打鬥，再加化忌白虎，有傷身或牢獄之苦。

加會擎羊並天刑，易有意外災傷。

逢武曲化祿，能力強，善於把握機遇而獲得權力。

逢武曲化權化科，能掙錢，競爭得利，愛講究排場。

逢武曲化忌，性情暴躁，易有意外傷災。

武曲星在辰戌宮，是單主星。

武曲星，主勇敢與財富。喜天府、祿存、左右鉞魁昌曲祿馬等星。

逢吉星助，則發財獲利。

逢凶星聚，則孤剋、受傷害等。

武曲加會化祿、祿存、天馬等星，有賺錢能力，善於開拓事業。

武曲無左輔、右弼，則財來財去，辛勞。

武曲加會文昌、文曲，主有才藝。

武曲加會天魁、天鉞，得貴人相助，賺錢機會多。

武曲化祿：善於賺錢，投資成功。

武曲化權：財源穩固，有實力。

武曲化科：易獲財利、名聲較大。

武曲化忌：固執，易破財，多是非。

武曲加會火星、鈴星、擎羊、陀羅、地空、地劫化忌，則不易聚財，身體易受傷，多有一技之長。

武曲星在巳亥宮，是武曲破軍雙主星。

武曲破軍，剛強，直率，勤奮，奔波，有才幹，易受挫折，破耗，暴躁，不合群，一意孤行，是非多，喜投機，欠思慮，易衝動，破祖離鄉，白手創業，漂泊勞碌，多有一技之長，難顯貴。

加會祿存左右等吉星、無煞忌有化祿，靠投機而有成就。

逢祿、馬，遠鄉發財，但多大膽風流。

會照魁鉞或者魁鉞夾，會管理，有財權。

加會左右，受人幫助，易集結成團夥。

加會昌曲，主聰明，清高寒酸，有一技之長。
加會煞刑忌，主奸詐、受挫折、財來財去。
同度火鈴，主勞碌、官訟、是非。
守照羊陀，主傷災。
加會陀羅，主虛偽、欺詐、身體不利、傷災。
逢武曲化忌，失敗破財。
逢空劫，貧困，容易有宗教緣。
加會煞忌，主意外傷、夭折。
武曲化祿，有能力，肯吃苦，有收穫。
破軍化祿，勞心勞力，有突破。
破軍化權，善運用錢財，野心大，與上司關係欠佳。
武曲化權，多變動，宜武職等。
武破女命，能幹，性剛，婚姻多不滿意；加煞，暴躁，離異等。

6、破軍星

破軍星在子午、寅申、辰戌宮，是單主星。

破軍星，主投機、變動、破壞、消耗、六親緣薄、朋友少。

破軍加會左輔、右弼，有貴人相助，可以做管理，可富貴。

破軍加會文昌、文曲，感情紛擾，因為感情而破費；易有水災。

破軍加會天魁、天鉞，有貴人相助，機遇多，易有突破。

破軍化祿：易得人助，多變動，收入多花費也多。

破軍化權、化祿，主改革或者突破而有所收穫，可以做管理。

破軍加會火星或鈴星，奔波勞碌、意氣用事，多是非，破耗錢財。

破軍加會擎羊陀羅，主蠻幹、沒有成效、破家敗業、疾病、殘疾或牢獄之災。

破軍加會擎羊、紅鸞，則有血光之災。

破軍加會空劫，則破財。

破軍加會諸煞星，主破財、殘障、破相等，但有一技之長。

破軍加會羊陀、火鈴、白虎、天刑等，易流入黑道。

破軍星在丑未宮，是破軍紫微雙主星。

（見「紫微星」所述內容之中的：紫微破軍。）

破軍星在卯酉宮，是破軍廉貞雙主星。

（見「廉貞星」所述內容之中的：廉貞破軍。）

破軍星在巳亥宮，是破軍武曲雙主星。

（見「武曲星」所述內容之中的：武曲破軍。）

7、七殺星

七殺星在子午、寅申、辰戌宮，是單主星。

七殺星，掌權柄與生死，性急，易怒，威嚴，謀略，情寄事業，朋友少，六親緣薄，

七殺星坐命難享高壽。

七殺加會左輔、右弼，得貴人助，有實權。

七殺加會文昌、文曲，能文能武，做事多猶豫。

七殺加會天魁、天鉞，有利事業，機遇多。

七殺加會科、權、祿，管理能力強，有外財。

七殺加會火星、鈴星，主做事衝動，容易有外傷，破耗錢財。

七殺加會擎羊、陀羅，事業多阻，暴躁衝突，容易有外傷或者疾患。

七殺星加會羊鈴，主官司牢獄、傷殘，交通意外等。

七殺加會煞忌，易生意外之災。

七殺會天姚，主感情糾紛。

七殺加會羊陀、火鈴、白虎、天刑，主與黑社會有關聯。

七殺星在丑未宮，是七殺廉貞雙主星。

（見「廉貞星」所述內容之中的：廉貞七殺。）

七殺星在卯酉宮，是七殺武曲雙主星。

（見「武曲星」所述內容之中的：武曲七殺。）

七殺星在巳亥宮，是七殺紫微雙主星。

（見「紫微星」所述內容之中的：紫微七殺。）

8、天相星

天相星在丑未、卯酉、巳亥宮，是單主星。

天相星，主衣食享受、文印文書、輔佐、協調、交際。具幕僚性質，受環境影響大，逢善則善，逢惡則惡，重視夾宮。

天相加會左輔、右弼，有權位，有官職，事業有成。
天相加會文昌、文曲，有文采，儒雅有禮。
天相加會天魁、天鉞，有貴人相助，結交上層人士。
天相加會科、權、祿，有實力，有作為。
同度祿存、天馬等，主富貴。
天相同度火鈴，主災傷、病痛或殘疾。
天相加會擎羊、陀羅，主感情多風波，破財。
逢火鈴夾、空劫夾，無吉星，主是非糾紛，挫折破敗。
逢羊陀夾、羊忌夾、梁忌夾，再見煞星，主刑獄。

天相星在子午宮，是天相廉貞雙主星。

（見「廉貞星」所述內容之中的：廉貞天相。）

天相星在寅申宮，是天相武曲雙主星。

（見「武曲星」所述內容之中的：武曲天相。）

天相星在辰戌宮，是天相紫微雙主星。

（見「紫微星」所述內容之中的：紫微天相。）

9、天同星

天同星在卯酉、辰戌、巳亥宮，是單主星。

天同星，主解厄、益壽、延年、圓融、享受。多才多藝，其才藝多為了自娛自樂，但是，當天同星加會昌曲或者六吉星，也會有名氣。

天同加會祿存、天馬，也會富有，喜愛享受，為人懶散。

天同加會左輔、右弼，人緣好，凡事多得助益。

天同加會文昌、文曲，有才藝，多情，易為情所困。

天同加會天魁、天鉞，有富貴，桃花重。

天同化祿，福氣好，生活富裕，在文娛上有收穫。

天同化權，有志向，有抱負和理想，積極進取。

天同化忌，不開心，操心煩心，身體多病。

天同加會火星、鈴星，有困擾，能積極進取，多挫折。

天同加會擎羊、陀羅，主受傷、開刀、患病、勞苦。

天同星在子午宮，是天同太陰雙主星。

天同太陰，清秀，安逸，聰明，熱情，感情豐富，敏感，文雅，有潔癖，穩重，異性緣佳，有藝術天賦，注重情趣，脆弱，好幻想。逢吉亦有富貴，無吉加煞，則體質差，有痼疾，事業不利，多感情困擾。

加會左右，多助力，有富貴。

加會昌曲，聰明、智慧，有藝術天份。

加會祿存，主名利雙收。

同度或加會擎羊，主身體會受傷害、殘疾等。

同度或加會陀羅，容易有目疾，破財，糾結。

守照火鈴，主狠毒、多凶災。

逢空劫化忌火鈴，多病痛，不利感情，女為偏房。

加會四煞，主刑剋、好色。

加會天刑，主嚴肅、自律。

天同化祿，好享受，多異性緣，生活富足。

天同化權太陰化祿，收入較好但暗耗多，多口舌，事業較順，多感情困擾。

太陰化權，主事業順遂，多變動，容易有名氣。

天同星在丑未宮，是天同巨門雙主星。

（見「巨門星」所述內容之中的：巨門天同。）

天同星在寅申宮，是天同天梁雙主星。

天同天梁，穩重，溫和善良，淡薄名利，愛養生，人緣好，有才藝，清高，固執，易有感情困擾，婚姻中口舌多。得長輩幫助，做事認真負責，先苦後甜，雖無大志亦能有福。

加會吉星，主福壽、有地位，易有宗教緣。

加會昌曲、左右魁鉞，主顯貴、入公門、名利雙收。

加會天馬，主離鄉背井或居無定所。

加會天馬、祿存化祿，則發達於外鄉。

無吉難顯貴。

無吉有煞，奸偽，虛名虛利。

同度陀羅，主目疾、偏激。

加會煞星，六親緣薄，精神苦悶。

加會煞星和桃花星，主淫慾，或為偏房。

吉凶混雜，先難後易，多辛勞費力。

天同化祿，穩步發展，終能成功。

天同化權，主婚姻不順，感情不和諧。
天梁化祿，財運不美，多施捨或捐贈他人。
天梁化權，事業穩定，財上多困擾。

10、天機星

天機星在子午、丑未、巳亥宮，是單主星。

天機星，主智慧、企劃、幕僚、聰明、善變、起伏變化多。鑽研學問可以成為專家學者。
天機加會左輔、右弼，主聰慧、能力強、得貴人助。
天機加會地空、地劫，主財來財去、有宗教緣。
天機加會文昌、文曲，文才高，有才幹，利升學。
天機加會天魁、天鉞，得貴人相助，機遇多，可富貴。
天機化祿，聰明，善經營，有成就，
天機化權，管理能力強，聰明，能幹。
天機化科，聰明，有才華，善於鑽研。
天機化忌：鑽牛角尖，神經疲憊。

天機逢煞忌，則坎坷不順，神經過敏，疑心重，心機重。

天機加會火星或鈴星，暴躁，有一技之長，易有傷災。

天機加會擎羊或陀羅，易有意外，小聰明，固執，輕信上當。

天機星在寅申宮，是天機太陰雙主星。

天機太陰，清秀，漂亮，文雅，機敏，整潔，善良，應變能力強，深謀遠慮，多才藝，自私貪財，鑽牛角尖，多慮，有口舌，奔波，離鄉背井，多情，容易桃花外遇，婚姻多不順。利於文職。

加會吉星，可富貴，多出外發展事業。

加會左右魁鉞，有地位，感情上插曲多。

逢桃花星，則風流好色。

加會祿存、左右等吉星，主富貴，易多幻想，感情複雜。

加會煞星和昌曲，主淫慾，為情婦或偏房，再加會桃花星更驗。

加會吉星和昌曲化科，能富貴。

同度昌曲，主聰明，但自私，感情複雜。

逢紫府夾，無煞有吉，則聰明而有策劃能力，得貴人賞識，可富貴。

加會煞刑，陰險奸詐，貧困，易有車禍、多婚或有情婦。
逢機或陰化忌，主自私、陰謀。
逢天機化忌太陰化權，易有虛名。
逢天機化祿太陰化忌，多波折，耍手段、施陰謀，求財壓力大。
逢天機化權天同化祿，有上進心，策劃能力強，可以富貴。
太陰化祿天機化科，白手興家，財資豐厚。

天機星在卯酉宮，是天機巨門雙主星。

（見「巨門星」所述內容之中的：巨門天機。）

天機星在辰戌宮，是天機天梁雙主星。

天機天梁，溫和，機智，清高，文雅，口才好，深謀遠慮，分析能力強，內向多慮，愛辯論，思想孤獨，有宗教緣份，不利婚姻，操心命。
加會六吉星，主清貴。
守照煞忌，主奸詐、孤獨、刑剋、偷情、私奔、人緣差。
加會火鈴，奸滑、狂傲。
加會擎羊，婚姻不吉，不利後代。

加會擎羊天刑，容易有血光、傷殘。

對照羊陀，主六親緣薄、刑剋。

加會空劫、空亡，則有深刻的宗教緣份。

加會天姚，好色，能言善道，婚前同居，或做偏房。

加會科、權、祿，主富貴，宜副職或幕僚。

天機化祿天梁化權，機遇雖多，阻力很大。

天梁化祿，容易因錢起官非。

天機化權天同化祿，具有策劃能力。

天機化忌，主反覆、波折。

天機化科，容易有聲譽，不利婚姻。

11、天梁星

天梁星在子午、丑未、巳亥宮，是單主星。

天梁星，主蔭福、紀律、司法、機謀、清秀、穩重、孤獨、六親緣薄。

天梁加會左輔、右弼，事業有成，樂於助人，人緣好。

天梁加會文昌、文曲，有學問，有藝術才華，文質彬彬。
天梁加會天魁、天鉞，貴人相助，能結交有地位的人群。
天梁化祿：主財運好，能言善道。
天梁逢四煞，主投機、好賭、貪便宜。
天梁同度陀羅，投機取巧，好賭、好色。
天梁加會羊陀，主血光、殘疾，防牢獄之災。
天梁守照會空劫，則破財，敗家。
天梁守照天馬，無吉加煞，奔波，離鄉背井。女命淫蕩。

天梁星在寅申宮，是天梁天同雙主星。

（見「天同星」所述內容之中的：天同天梁。）

天梁星在卯酉宮，是天梁太陽雙主星。

天梁太陽，正直，大度，敢說敢做，思想傳統，樂於助人，熱情真誠，聲譽高，愛面子，喜出風頭，多管閒事。
守照夾六吉星、無煞，主吉利富貴。能出人頭地。
加會昌曲文昌化科，利於學業、文章，榜上有名。

同度文昌祿存，主聰明、奪魁得勝、能富貴、成就高。
加會魁鉞，主貴、多機遇、貴人相助。
加會祿存三台八座，富貴，飛黃騰達。
逢天刑、無煞忌，主事業上多競爭。
逢天刑煞忌，則紛爭，刑訟。
逢煞忌，主孤剋、六親緣薄。
加會擎羊、火星，主刑傷、血光、開刀。
煞忌聚，則奔波，易有傷災、牢獄之苦。
加會煞忌刑耗，孤剋，婚姻不吉。
逢太陽化祿化權、天梁化科，主吉利、富貴。
天梁化祿權，有名利，但是孤剋不免。
太陽化祿，貴而多險。
天梁化祿，先有名譽地位後有財祿。
太陽化權，主清貴。

天梁星在辰戌宮，是天梁天機雙主星。

（見「天機星」所述內容之中的：天機天梁。）

12、天府星

天府星在丑未、卯酉、巳亥宮，是單主星。

天府星，主富裕、穩健、圓融、現實、善理財。

天府加會左輔、右弼，企劃能力強，掌大權，有貴人助。

天府加會文昌、文曲，有文采，才華橫溢，多才藝，儒雅。

天府加會天魁、天鉞，多得貴人相助，組織能力強，有權威。

若加會左右魁鉞，則主權貴。

天府加會科、權、祿，主運勢順利，收穫多。

天府加會火星或鈴星，多耗財、意外開支等。

天府逢祿又逢空劫，則財來財去。

天府同度四煞，則辛苦、艱辛、財務來路不正等。

天府女命，旺夫益子，盡職盡責。

天府星在子午宮，是天府武曲雙主星。

（見「武曲星」所述內容之中的：武曲天府。）

天府星在寅申宮，是天府紫微雙主星。

（見「紫微星」所述內容之中的：紫微天府。）

天府星在辰戌宮，是天府廉貞雙主星。

（見「廉貞星」所述內容之中的：廉貞天府。）

13、太陽星

太陽星在子午、辰戌、巳亥宮，是單主星。

太陽星，主權貴、男性、父親或是丈夫，可以用來看一個人學業、事業、成就的高低。代表顯貴、博愛。

太陽廟旺加會左輔、右弼，能說善辯，有權柄，組織能力強，有貴人助。

太陽失輝加會左輔、右弼，合群，助人，自謙。

太陽加會地空、地劫，財來財去，所求無成，白忙。

太陽加會文昌、文曲，主有文才、學術專家。

太陽加會天魁、天鉞，有貴人相助，管理能力強。

太陽廟旺加會科、權、祿，主能力強，人緣佳。
太陽失輝，有名無實。
太陽守照火星、鈴星，則一生多爭鬥。
太陽會照擎羊、陀羅，則眼睛易有傷，神經緊張，代溝。
太陽化祿，生意好，多進財，有職位，掌權利。
太陽化權，主剛強，頑固。
太陽化忌，脾氣暴躁，易得罪人、生氣，多口舌是非，事倍功半。

太陽星在丑未宮，是太陽太陰雙主星。

太陽太陰，情緒不穩，忽熱忽冷，感情困擾，勞碌奔波，成敗不一，能出國，或奔波在外，
加會吉星，財官雙美，出國運佳。
加會昌曲或者昌曲夾，主富貴、有才華、有官祿、出入近貴、有出國運。
三方吉眾，可富貴。
煞忌聚，奔波勞碌，人離財散，六親緣薄，破敗，淫邪，偏房，不得善終。
加吉不會煞，可以順遂，可有富貴，但是有桃花。
加會羊陀，主殘疾、破相、夭亡。

加會擎羊，則損六親。

逢日月之一化忌，不利父母，與父母緣薄。

加會空劫馬，漂泊無成。

逢化祿、權、科，有權柄。

太陽化權，利官近貴。

太陰化祿，主費心、能聚財。

太陰化權，則多感情衝突。

守會化科、化祿，有公職，容易獲得權力，能力強。

太陽星在寅申宮，是太陽巨門雙主星。

（見「巨門星」所述內容之中的：巨門太陽。）

太陽星在卯酉宮，是太陽天梁雙主星。

（見「天梁星」所述內容之中的：天梁太陽。）

14、太陰星

太陰星在卯酉、辰戌、巳亥宮，是單主星。

太陰星，掌田宅與不動產，代表母親、妻子與女兒。主錢財、田產、才華。陰謀，猜疑心重，易染桃花，感情不順。

太陰廟旺，代表富貴。善積錢財，喜置田產。

太陰失輝，則與母親緣薄或代溝。勤儉克苦。桃花旺、好色。

太陰廟旺加會左輔、右弼，有貴人助，掌財權。

太陰失輝加會左輔、右弼，主為人隨和，得人助，努力累積財富。

太陰逢昌曲，喜文墨、善於風花雪月。會有感情困擾。

太陰逢三台八座，利於聲譽、名譽。

太陰逢左右魁鉞，主有社會地位。

太陰逢煞忌，主被盜、遺失。

太陰同度羊陀，易有傷殘、刑剋。

太陰同度火鈴，陰險、奸詐、淫奔。

太陰星在子午宮，是太陰天同雙主星。

（見「天同星」所述內容之中的：天同太陰。）

太陰星在丑未宮，是太陰太陽雙主星。

（見「太陽星」所述內容之中的：太陽太陰。）

太陰星在寅申宮，是太陰天機雙主星。

（見「天機星」所述內容之中的：天機太陰。）

第六章 星情與宮位的疊加融合

第六章　星情與宮位的疊加融合

本章我們講述星情與十二宮的疊加融合。星情就是星曜的蘊意，指的是包含的所有意義。疊加與融合，並不是並列關係的處理兩者或者三者的意義，這裡面有取捨和變化，大家要仔細研究這個「變化」，慢慢摸索出規律並掌握得遊刃有餘。

十二宮，大致可以分為這麼幾類：

六親宮，包括父母宮、兄弟宮、夫妻宮、子女宮、交友宮（為了講述方便放在這裡）。

身體和疾病宮，包括命宮和疾厄宮。

興趣和愛好宮，包括命宮和福德宮。

工作宮，包括財帛宮、官祿宮。

變遷宮，包括遷移宮。

田宅宮，包括田宅宮。

當然，所有宮位的分析都離不開命宮，「命宮」相當於八字中的「日元」，離開它就無從論命。我們這裡只是按照日常生活進行的分類。

下面我們論述的星情與宮位的疊加融合，只是單宮表象，其信息比較片面，在實際預測的時候，必須進入三方四正的運算，運用三方四正以及四化來進行加減、修正和擴容，這樣「表象」才能成為「實象」。不過，單宮表象是我們必須掌握的，它是基礎，只有打好基礎，在進行三方四正運算的時候才能得心應手。

第一節　星情與六親宮的疊加融合

六親宮，指的是父母、兄弟、夫妻、兒女等。星曜與六親宮的蘊意疊加融合，其內容比較簡單，我們在這裡只做一個思路指引，不再展開細節。只要您能掌握之前章節中「核心星情」的內容，突破這一部分是很容易的。

一、六親宮蘊意有哪些內容？

該宮六親的形體相貌。

該宮六親的脾氣秉性。

該宮六親的富貴貧賤等情況。

以及您本人與該宮六親的相互對待關係。

二、星情與六親宮疊加的分析思路：

1、主星以及其他星的「廟、旺、得、利、平、不、陷」。

2、雙主星同宮時，其意義變化參閱「星曜與星曜的疊加融合」章節。

3、若加吉星。

4、若加煞星。

（1）旺、吉，主他或她事業有成、家世好、學識豐富、康健壽長。和睦、得助益、有情義、可以依靠。

「旺」，指的是主星廟旺，同宮的其他星曜之中廟旺狀態者居多數。

「吉」，指的是主星為紫府同日月相梁或者祿存及六吉星，再就是吉格、化三吉入照等。

（2）陷、凶，主他或她事業財運有阻或遭不幸、有紛爭、官司詞訟等。彼此關係不睦、自己受拖累、不同心，少情義、刑剋、分居、性格差異大、不和、感情破裂、感情冷淡、貌合神離。

「陷」，指的是主星和其他星大多數星曜其旺度處於得地之下（利平不陷）。

「凶」，指的是有武廉貪巨殺破機或六煞等，再就是凶格、化忌入照等。

（3）加六吉星，關係改善，變好，有助益。

（4）加六煞星，關係惡化，不利，亦主其多病災或性格暴躁等。

以上是我們分析單一六親宮的時候，進行星情與宮位疊加融合的主要分析思路，只要掌握這個思路，就能分析六親宮的基本內容了。至於每一個六親宮位、每一個星曜，在本節我們只對「星曜入夫妻宮」做一個具體闡述，其他宮仿此，不再贅述。

第二節　星情與夫妻宮的疊加融合

1、紫微星與夫妻宮的疊加融合

紫微星，主晚婚，配偶年長，擇偶要求高。男得賢妻，女得貴夫。

紫破，婚前多波折，配偶宜年長，相貌平庸，但有智慧，好熱鬧。

紫府，配偶剛強、高傲、多疑、富有，性情合不來，宜晚婚，年齡差距大，早婚會分離。

紫貪，婚姻多波折，配偶貌美健談，交際廣，性慾強，易有外遇，感情複雜。

紫相，多會早婚，配偶溫和，有才幹、相貌好，善理家務，但感情淡薄，同床異夢。兩人年齡差距大。

紫殺，配偶性格豪放，一見鍾情，但婚姻不和諧，配偶較兇，不受管束，不善理家，多爭吵，得不到助益，宜年長，早婚有刑剋。

加會吉星而無煞，主配偶形象好，氣質高雅，有才幹，自尊心強，易有桃花。

無吉星，則感情欠和諧。

逢四煞，則配偶霸道、蠻橫、家暴、口角。感情易有問題。

逢空劫，主夫妻感情冷淡，配偶不善持家，或在家時間少。

逢化權，配偶剛強，多出身權貴之家，工作能力強，男命懼內。

逢化科，配偶溫順，多出身書香之家，夫妻感情好。

2、貪狼星與夫妻宮的疊加融合

貪狼星，主多婚，易被已婚人追求，婚姻不佳，多波折，難白頭。配偶性慾強，風流好色，多有外遇，喜聽逢迎話。宜晚婚，早婚則離，宜年齡差距大些。

廟旺，主易離異。

失陷，主生離死別。若再加煞左右，三度婚姻。

無煞無吉，主生離，婚前多波折，婚後見異思遷。

加吉星吉化，主和美。婚前戀愛多。

加會桃花星並六吉單星，主婚後有外遇，但不主離異。

加會桃花星，水性楊花，先同居後辦證。雙方都易有外遇。

加會昌曲桃花，夫妻二人相貌都不錯，但是都多情、愛找刺激，多婚外感情。

加會魁鉞左右對星，主配偶富貴出眾，有外情，多感情困擾。

加會陀羅，防酒色事件，或者配偶身體欠佳。

加會四煞，多主刑剋，生離死別。

同度火鈴，一見鍾情，起初難捨難分、婚後冷淡。

同度羊陀，感情不和，常打架，容易離異。

加會虛耗孤寡、陰煞、破碎、解神，主被拋棄或婚後多病。

同度羊火或陀鈴，配偶病亡或者災禍而亡。

加會四煞並虛耗刑劫，主配偶死於意外或者被謀害。

加會天刑、空亡星，主感情不和但能自律。婚後事業不順。

加會天姚，有婚外的肉體關係。

加會天姚、天刑，用情不專，好管閒事。

加會羊陀忌或桃花星，有桃色事件。

化祿，夫妻和好，因酒色結緣，性慾強。

化權，交際廣，會越軌，會有非婚感情。

化忌，主離異，常吵架，二人不般配，為情所困。若再加桃花星或見六吉單星，主色情糾紛、三角戀愛等。

3、巨門星與夫妻宮的疊加融合

巨門星，婚前多波折，婚後爭吵，彼此固執己見，多衝突。宜年齡差距大些。

廟旺，加吉星吉化，婚姻和美，偕老。

失陷，若加魁鉞，能偕老。若加煞忌，離異或喪偶。

逢吉化或加會六吉祿存，則感情欠和，爭吵較多。

會照廟旺的太陽並吉化或逢魁鉞，雖多爭吵，能互助，中年後和美。

加會左右單星，主配偶能幹，但易有外情，有二婚之象。

加會昌曲並桃花，主多情多慾，緋聞不斷。

加會六煞，主其一有外遇，多糾紛、離異。

加會羊刑、羊火、孤寡，主生離。若再加化忌，主死別。

加會鈴陀，爭執多，各自都很苦惱。
加會刑姚，主配偶有外遇，再加煞星則離異。
加會煞忌，夫妻衝突頻繁，離婚或喪偶。
逢煞刑忌並桃花星者，主生離死別。
逢化祿，配偶的事業好，但多嘮叨。
逢化權，常有口角紛爭，但能偕老。
逢化忌，配偶愛罵人，夫妻同床異夢，分居或者離異。

4、廉貞星與夫妻宮的疊加融合

廉貞星，配偶脾氣暴躁，事業心強，感情一般，相貌較好，有風度，能持家。配偶易有外情。逢吉多則和美，煞多則多婚。
廉相，配偶有成就和權力，有交際能力，但同床異夢，無煞可偕老。
廉殺，主配偶剛強能幹，無情趣，易打架，多不和，分離或聚少離多，早婚易散。
廉破，配偶寡情薄義，常吵架無情趣，易有家暴。
廉府，有口舌，但感情很好，形影相隨，能偕老。
廉貪，男女雙方均風流、早戀、外遇，長相較好，愛說謊。

無煞忌而有吉星同度，配偶有成就，地位高。

有吉無煞無桃花星者，女命旺夫益子。

無吉無煞，主分居或者生離。

廉府或廉相加祿存化祿，戀愛較早，能和諧，相敬如賓，但夫妻感情平淡。

加會左右昌曲雙星，易有感情糾紛。

加會昌曲單星，主配偶多外情。

加會左右單星，易有第三者。

加會祿存，夫榮妻貴，但感情一般。

加會魁鉞，感情深，能互助。

加會空劫，婚姻品質較差，婚後貧困。

加會桃花星，配偶形象好，好色，宜老夫少妻。

加文曲天姚，先同居後結婚，或有桃色事件。

陷地加煞，多婚之兆，

加會煞星，生離死別。

加會煞忌，易有感情傷害，配偶會家暴。

加會煞刑忌，易有感情傷害，婚姻多波折，婚變或配偶牢獄，宜偏房或繼室。

同度火鈴，成婚倉促。

逢化祿，夫妻恩愛，本人桃花多、有豔遇。

逢化忌，感情易破，感情多糾葛，再加羊陀刑，易有婚姻糾紛或官司。

5、武曲星與夫妻宮的疊加融合

武曲星，配偶富裕，有才幹，身體好，內向急躁獨斷，感情一般，常獨守空房，少情趣，婚姻難美滿，大多晚婚，或者先同居後結婚。

武府，配偶健壯，感情一般，婚後財運好，可偕老。逢祿，夫妻和美。

武相，自身太剛強，對方需忍讓，男主得美妻，女主嫁老男。無煞有吉，可偕老。

武殺，配偶暴躁蠻橫，常打架，易合易散，晚年孤獨。

武破，配偶能幹，但頑固暴躁，人緣差，感情多周折，二婚不止，早婚易散，易有非法定的夫妻關係。

加吉星吉化，配偶精明能幹而富貴。

加會吉星，婚後發財。

加會昌曲，配偶有才華。

加會煞刑忌，常爭執，破財，生離死別。

加火星，成婚倉促。

同度火鈴，生離死別，後半生孤獨。

逢煞忌，主婚後破敗、離婚或死別。

加會羊陀，配偶不善持家，婚姻不和，生離或死別。

加會擎羊，有家暴，或配偶有殘疾。

加會煞刑忌，主再嫁或繼室偏房。

加煞忌火鈴及孤寡，生離死別。

加天姚，因感情破財。

逢化祿，結婚後發財，感情較好，先同居後結婚。

逢化權，配偶剛強多爭執。男娶女強人，女嫁有錢人。

逢化科，配偶有名氣，財運平順，可偕老。

逢化忌，配偶為二婚的或有病災，夫妻不和，婚後破財敗業。

6、破軍與夫妻宮的疊加融合

破軍星，配偶性格衝動固執，性情不合，婚姻多周折、多反覆，宜男娶大妻，宜女嫁小夫。先同居後結婚。不喜受現實婚姻之約束，抱獨身主義。

逢六吉單星，配偶有外情，易離異。

加會煞星，爭執不和，離異，多婚。

加會空劫，同床異夢。

逢左右空劫，與人共夫或共妻。

同度祿存，配偶富有，若再加煞，主與配偶家人不和。

加煞忌，多情，多婚，生離或死別。

同度或夾火鈴，婚姻易遭人破壞，或者配偶多災病。早婚不宜。

加會羊陀，主感情冷漠、婚變。

同度或夾空劫，主夫妻有緣無情。

逢化祿，婚前多波折，婚後感情變好。

逢化權，配偶主動，但比較獨斷。

7、七殺星與夫妻宮的疊加融合

七殺星，配偶剛烈，精明強悍，固執急躁。初戀難成，往往閃電式結婚，常與外地人結婚，夫妻年齡差距大。多同床異夢型，感情淡薄，多爭執或者聚少離多。宜晚婚。

加會吉星，中老年美滿。

加吉星吉化祿存，主配偶精明有作為。

逢昌曲，主一見鍾情。

加六吉單星，感情不專，有外情，再婚。

無煞有祿存，主和諧、配偶發財。

加會六煞，主離異或者喪偶。

會照火鈴或羊陀，主戀愛多波折，草率成婚後冷漠。

同度或夾空劫，主感情冷淡，婚後事業差。

同度擎羊並天刑天月病符天虛，主配偶多災病或離異。

加會羊鈴，則桃花多，二度婚姻。

加會貪狼化忌並煞星，主被人插足奪愛。

8、天相星與夫妻宮的疊加融合

天相星，配偶相貌好、有氣質，有才華，事業有成，顧家，愛打扮，年齡相差不大，或者配偶是同學、同事等，婚姻多吉利，夫榮妻貴等。

武梁或財蔭夾，主配偶內助。

刑忌夾或刑囚夾，配偶事業不吉，易惹官非。若再逢空劫陀，獨身主義。

同度火鈴，個性不合，離異。

逢六吉單星（不包括右弼），主有二婚。

加會桃花星，主有外遇。

加會天姚，易有情人。

加煞及左輔，主不和或離異

加會左輔單星，有插足者，易有二婚。

煞刑忌聚集，有獨身傾向。

加煞刑忌，主生離、配偶多災病。

加會廉貪武的化忌，主配偶貧困或災病。

9、天同星與夫妻宮的疊加融合

天同星，主配偶慈祥和藹，較豐滿，懶惰，感情複雜，易有桃花外遇。年齡相差較大。

先同居後結婚，婚前波折，早婚多是非爭吵，女命易離異。

同陰，配偶有才華，相貌好，脾氣溫和，有助益。

同巨，婚前感情糾結複雜，婚後口舌是非，都易有外遇，晚年好轉，宜晚婚，宜年齡大的。

同梁，配偶長相好，顧家，顯貴，年長。

廟旺，夫妻感情較好，加煞不和，煞星多則離異。

失陷，則不和睦，無煞不克。加煞，離異或病傷。

加吉星吉化，配偶相貌好而且和睦。

加會祿存，富貴和睦但多異地分居。

無煞，晚婚可偕老。

陷地或加煞，主婚前同居、婚後外遇等。

加會左右對星，主夫妻年齡差距大。

加會昌曲魁鉞，富貴幸福。配偶聰明清秀。

加會昌曲或桃花，主有外遇、易離異。

加會六吉星，配偶有才華隨和，但不善家務，能偕老。

加煞星，主感情冷淡、離異。

加會咸池天姚祿存，感情豐富，有外遇。

加會火鈴，易分居兩地。

加會羊陀，爭執不和或配偶多病，易離異。

加會陀羅，女命主離異。

加會煞刑忌，主異夢或分床，宜晚婚。

逢化祿，夫妻和諧，有助力，年齡差距大，配偶體型豐滿。
化權，婚姻美滿，配偶對藝術有較執著的愛好。
化忌，容易早婚，但感情上多糾紛，不和睦，嚴重的會分離。

10、天機星與夫妻宮的疊加融合

天機星，配偶年齡差距大，聰明好動，學有專長，多思慮、多計較，善理家。男女早婚，夫妻多口舌。
機陰，易有早戀，易有外遇。配偶善理家，博學，相貌好。
機巨，婚前有失戀經歷，婚後感情不和多是非口舌。配偶長相一般。
機梁，配偶年長，晚婚或婚前多波折，一般可偕老。
廟旺，夫妻關係一般。
失陷，配偶貧困，夫妻不睦甚則離婚。
同度祿存，婚後致富。
同度左右並守照六煞，為多婚之象，會分離。
同度昌曲魁鉞，主配偶事業有成，長相好。
逢左右昌曲及桃花星，主配偶有外遇。

同度六吉單星，主感情複雜，易有外情。

加煞刑忌，婚姻多不吉，或多婚。

逢羊陀，主刑剋。

逢火鈴，主離異，晚婚稍好。

同度火鈴左右忌等星，婚姻易變。聚少離多則可保持。

加會桃花星，多有外遇，易感情困擾。

逢化祿，配偶事業有成，感情幸福，老夫少妻。

逢化權，配偶能幹勤勉。

逢化科，配偶多才藝，鑽牛角尖，宜老夫少妻。

逢化忌，夫妻同床異夢，家庭爭吵糾紛，甚至離異。

11、天梁星與夫妻宮的疊加融合

天梁星，主初戀失敗，婚姻幸福，配偶年齡大一些，形象好，善於理家，穩重清高。天梁的婚變多為意外造成如車禍、戰爭、天災等。

同度天同或天機者，家庭幸福。

無煞或者加吉，有感情、恩愛，且有富貴。

加煞刑忌，主離異而且難復合。

加煞及左右單星，夫妻不和，煞多則婚變。

同度天馬，分居兩地或者離異。

加桃花星，主風流好色。

對宮化忌來沖，主與二婚人結婚，或受配偶拖累。

加空劫，會離婚。

加四煞天馬，主感情不和而離婚。

加煞忌，主分離或配偶多病災。

天梁化權祿，反易有感情風波，如在感情上充當了第三者。

化祿，穩重，有關愛，老少配。

化權，配偶能幹，事業好，能互助，老少配。

化科，配偶有才華，為人清高，能互助，老少配。

12、天府星與夫妻宮的疊加融合

天府星，婚姻美滿，夫妻感情好，配偶較豐滿，穩重世故，能幹顧家，善理財，善持家，事業有成，富貴，年齡差距較大。配偶為舊相識。

加會魁鉞對星，婚姻幸福和諧，配偶有才幹，事業有成，富貴。

加會祿存，感情好且能富貴。

加會昌曲，雙方都易有外情或命主多次戀愛。

見六吉單星，易有外情。

逢左右並化科，易有二婚。

逢桃花星，主配偶有外遇，或命主與已婚者有染。

逢四煞，主感情冷淡，有二心，易風波，爭吵不和，離異。

煞刑忌重，則主生離。

逢空劫，則結婚後破財敗業。

加羊陀，主配偶倔強固執，易有外遇。防意外事故。

加火鈴，主感情差，多爭吵，易分離。

逢府空露或被刑忌夾，主外遇、離異、破財。

逢廉貞化忌，主是非不和、離異。

13、太陽星與夫妻宮的疊加融合

太陽星，主和睦，配偶仁愛，性急，開朗，好動，家庭屬於傳統而溫暖的。以晚婚為宜。

太陰太陽，主早戀，而且戀愛多波折，婚後夫妻生活較好。

陽巨，主夫妻同床異夢，爭吵多，配偶為外地人，宜晚婚。

陽梁，婚前戀愛不順利，夫妻年齡差距大，賢慧有能力。

廟旺時，配偶能幹、賢明，事業心重，有助益，稍有點霸道，但是家庭是幸福的。加吉星配偶出身家世好。加六煞星，夫妻不和，糾紛口舌或離異。

失陷時，夫妻不和，翻臉無情，加煞忌，配偶多病或者不明事理，離異或者喪偶。同度六吉祿存，多桃花，易多婚。適宜晚婚或者異地分居。

加會吉星，男命，妻子健壯內助，妻家富貴，因妻得貴；女命，因夫貴而得榮。

同度左右單星，富貴，但易有第三者而不睦。

加會昌曲魁鉞祿，主家庭幸福，或配偶的家世富貴。

加會四煞化忌，主配偶早喪或生離。晚婚稍有改善。

同度六煞，主配偶多病，或者生死離別。

加會六煞，主家庭少安樂，夫妻失和，甚則離異。

同度火鈴，開始感情稍好，婚後變差。

同度羊陀化忌，主生離死別。

加會羊陀，主配偶體弱多病，夫妻不和睦。

同度空劫，主晚婚，感情冷淡。廟旺，尚能偕老。失陷，則生離死別。

加會天傷天使，主配偶多病或者失和。

加會巨門化忌，主是非口舌多，生離死別。

太陽化忌，夫婦吵架、打架，離異。

化祿，戀愛多波折，婚姻和諧，配偶事業順遂，女命主丈夫易有外遇。

化權，配偶能幹，地位高，男命主妻奪夫權。

化忌，婚前未必滿意，婚後亦主不和。事業不利，夫妻反目。加煞，配偶早夭，加吉，亦主生離。加天刑，有官司。

14、太陰星與夫妻宮的疊加融合

太陰星，配偶相貌好，溫和清秀，多才多藝，潔癖，較柔弱，持家有方，配偶是外地人，兩人相識時間長，婚姻和美。

廟旺，夫婦和睦體貼。加會六吉對星，主富貴、夫妻恩愛。同度昌曲，因妻致富或女嫁貴夫，夫貴妻榮。逢祿，因妻得財。加火鈴，夫妻聚少離多或不和。加羊陀空劫，離異或配偶有病災。加桃花星，命主一生有豔遇。

失陷，易失戀，婚姻不美。加吉，主平常。加煞，主婚後病災或破財，生離死別。逢火鈴，生離；逢羊陀空劫，配偶災病或破財，若再逢化忌主喪偶。加左右，易有第三者。加會擎羊，多爭吵，離異。加煞忌，主配偶早亡。

化祿，配偶財貌雙全，夫妻互助，早婚。

化權，配偶能幹，富貴，相貌好。

化科，配偶文靜，高雅，多才藝。

化忌，配偶軟弱，陰沉，有潔癖，體質差，或者配偶為二婚的。

15、祿存星與夫妻宮的疊加融合

祿存星，配偶體型豐滿，富有，善於理財，宜晚婚。

祿存獨守，主配偶吝嗇，一毛不拔，感情平淡。

加會六煞，主有波折、離異。

加會空星（截空、空劫、空亡），主孤獨、難結婚、離異。

加會左右，夫妻年齡差距不大，晚婚。

加會七殺、空劫，女命為填房命或偏房。

16、文昌星與夫妻宮的疊加融合

文昌星，主配偶聰明漂亮，有藝術愛好，夫妻感情好。

文昌和主星廟旺，婚姻幸福。

同度紫府相陰陽祿魁鉞左右曲，主配偶學歷高，有地位。

同度左右，命主易有外遇。

加會魁鉞祿，主家庭幸福、配偶富貴。

加空劫或陷地，感情不和或多婚再婚。

同度機梁，配偶漂亮，文藝氣息。

同宮主星陷地加煞，主刑剋配偶。

同度天機太陰，則配偶清秀。

逢化科，配偶學識淵博，妻少夫貴。

逢化忌，主和配偶難溝通，分居或有官非。

17、文曲星與夫妻宮的疊加融合

文曲星，主配偶聰明，幽默，善辯，漂亮，夫妻恩愛。

文曲和主星廟旺，婚姻較理想。

加會吉星，主婚姻美滿。

加會左右，主配偶清秀。

同度太陰，主男得賢妻。
同度貪狼，主有外遇。
同度武曲、太陽，主配偶剛強，易不睦。
加會魁鉞祿，主配偶富貴。
加會煞星，主配偶輕浮。
加會空劫，難偕老。
陷地加煞，容易離異。
逢化科，配偶多才藝，有名氣，但較風流。
逢化忌，主生離死別或有官非。
逢昌曲並命宮有桃花，雙方均易有外遇。
昌或曲獨守，或昌曲單星，夫妻其一有外遇，易再婚。
文曲、文昌雙星，感情比較複雜，情人不只一個。

18、左輔右弼星與夫妻宮的疊加融合

左輔右弼，主配偶形象好，婚前多波折，可偕老。男命有外遇。遇吉星則和美，逢惡煞主桃花。一般來說，左輔是公開的外情，右弼是單戀或私密情人。

只見單星，主有第三者介入。

二星獨守，二姻，或配偶先亡。

同度殺破貪武廉巨及煞忌，主離異。

加會火羊，主婚變或婚前失足。

左右同度或會照，夫妻偕老，配偶同心得力。

若無正星，主感情波折多。

左輔化科，配偶賢貴或美麗，但易有外遇。

右弼化科，配偶有才華或者貴氣，但易分居、離婚。

逢廉貞、梁同、機巨、日月、武曲等，婚姻多波折，難偕老，再加火鈴主生離。

同度或會照機陰，主本人有外遇，加煞主桃色事件。

同度太陰、太陽、巨門、天機、武曲、七殺，主分離。

加會四煞空劫、貪狼、廉貞，則配偶年長霸道。

19、天鉞天魁星與夫妻宮的疊加融合

天鉞天魁，主婚姻和諧，配偶家世優越。男天鉞女天魁，會喜歡老師、上司等。

加廟旺的主星，主配偶有助益，年齡比自己大等。

加會煞忌，主吵架、生離。

天魁同度紅喜、天姚、咸池，易有感情的困擾。

天鉞會右弼，女命感情不好。

若天鉞、天魁單星並煞星或者桃花星，主兩次婚姻。

20、火星鈴星與夫妻宮的疊加融合

火鈴二星，主戀愛不順、晚婚、閃婚、聚少離多、配偶剛爆、婚後爭吵多、婚姻突變等。

同度失陷的主星，必離。

加煞忌武廉巨殺破貪，生離死別。

加魁鉞，主不和睦。

逢煞多，主離異、刑剋。

逢空劫或羊陀夾，主刑剋、分離。

21、擎羊星陀羅星與夫妻宮的疊加融合

羊陀二星，主配偶脾氣差，多衝突，打架，離異。擎羊主吵鬧，陀羅主冷戰、拖延。

廟旺，感情時好時壞。

同度失陷的主星，聚少離多。

擎羊再加凶星，主喪偶。

陀羅再加凶星，主婚後多病。

同度武廉貪巨殺破火鈴忌空劫，主生離死別。

逢吉凶星混雜，主配偶體質較差。

22、天空地劫截空星與夫妻宮的疊加融合

天空地劫截空，主婚後感情冷淡、配偶破敗、分離、配偶先亡。天空婚後多波折或多婚。地劫婚前多波折或多婚。截空感情難溝通。

加凶星，配偶欺詐。

主星廟旺吉眾或加魁鉞，僅主不和睦。

同度殺破而無紅喜、天姚、咸池，主異性緣差。

同度空亡，知音難覓。

空劫夾，主聚少離多、離異等。

同度四煞廉貪殺破巨，主生離死別。

23、天馬星與夫妻宮的疊加融合

天馬星，配偶勤快，或為外地人。

同度機梁，配偶常出遠門，分居兩地等。
加會祿存或吉星，男命得妻助力，婚後發財。女命得貴夫，和諧快樂。
加空劫、截空、空亡、煞忌，則主孤寡、生離死別。
同度化忌，配偶與人私奔。

24、其他星與夫妻宮的疊加融合

咸池

夫妻性慾多，或者配偶有外心。

天姚

配偶風騷，夫妻均易偷情外遇。
再加化忌破軍左右，離婚。
再加煞星，主姘居。

紅鸞天喜

主配偶俊美，夫妻情濃，且宜早婚。
逢煞星主晚婚。

孤辰寡宿

夫妻不睦，分居或生離。

無吉加煞，只宜僧道。

加會凶煞，難成婚或晚成婚，早婚必主離婚。

天哭天虛

主夫妻常有不順、發愁之事。

破碎

夫妻感情不好，或婚姻有爭執。

三台八座

二星同守則白頭偕老。

單星而且同度凶煞，則主男女分離。配偶重名利。

華蓋

配偶聰明，但孤僻。

天刑

天刑星，主不和或晚婚，配偶剛強霸道。陷地或加煞忌，離異或聚少離多。

第三節　星情與疾厄宮的疊加融合

1、疾厄宮，其廣義的內容包括哪些？

身體、疾病、傷殘、死亡、婚後的生育能力、兒媳婦或女婿、兄弟的財帛、工作地點狀況、客廳佈局狀況等。

當然，「疾厄宮」最本質的意義，還是「身體」本身：先天體質強弱、體質特點、可能發生的疾病、哪方面的病、病根與健康發展趨勢、容易發生哪些兇險意外等。

2、星曜落入疾厄宮，怎麼進行解讀？

其實，疾厄宮的解讀是相對簡單的，可以這麼說：不管是哪個星，只要進入疾厄宮就表示某一類的疾病。

星曜旺度越高，疾病可能越嚴重，星曜旺度越低，疾病可能越輕。

星曜越多，疾病越複雜，星曜越少，疾病越單純。

星曜的星情越差，疾病可能越嚴重，星曜的星情越好，疾病可能越輕。

星曜的五行屬性，就是疾病的經絡所在。

其他的情況，比如：

天梁星一般會逢凶化吉，大病之時遇到良醫及時救治。

天空、旬空，一般會減輕病情。

天哭星和天虛星，一般會加重病情。

天官星和天福星、天德星，一般會減輕病情。

文昌星和文曲星，提示您減輕學習和工作的強度對疾病有好處，遠離女色對疾病有好處等。

擎羊、火星、白虎，提示您疾病的發展轉變會很迅速，要及時治療，同時，減少出行避免外傷，減少發怒能避免災難等。

紅鸞星和天姚星，提示您遠離女色，同時疾病可能會伴隨出血等。

總之，掌握以上的基本份析思路，解讀疾厄宮就比較容易了，具體每一個星曜所表示的疾病，見下面內容——

1、紫微星情與疾厄宮疊加融合：

所主病症有：脾胃病，頭痛病，嘔吐，泄瀉，胃脹，胃痛，胃酸，消化不良，胃寒濕，胃下垂，胃潰瘍，高血壓，富貴病。

紫相，主胃寒，反胃，腹瀉，泌尿系統病，水腫。

紫府，主脾胃病，失眠。

紫殺，主外傷，上呼吸系統病，大腸疾患。

紫破，主性病或暗疾，上呼吸系統病，血液血管病。

紫貪，主酒色致病，泌尿系統病，生殖系統病，腎虧，子宮病，糖尿病。

同度咸池、天姚等桃花星，主遺精，酒色縱慾致病，婦科暗疾。

同度紅鸞或天喜，主月經病，白帶及子宮暗疾。

同度羊陀，主有傷災，暗疾，手術開刀。

同度火鈴，主皮膚病，炎症，發燒症。

同度空劫，主胃脹，眼目病，精神病。

同度昌曲虛耗，主嘔吐，腹瀉。

同度左輔、右弼，主有胃病。

紫微化權，主頭部，腦病，無病呻吟。

紫微化科，主康復中，遇良醫。

2、貪狼星情與疾厄宮疊加融合：

所主病症有：肝膽病，腎病，生殖器官病，肝脾不和，性病，白帶，早洩，腰痛，尿頻，耳鳴，目暈，不孕症，肺結核，痔瘡，腳病，心臟病，神經痛，關節炎，驚悸，皮膚病，白癬瘋，疑難雜症，不易治癒的病。

加會煞忌，主腎病，肝炎，性病，出血症，頭痛，眩暈，痛經，子宮病，高血壓。

加會羊或陀，主性病。

同度火星，主痔瘡。

加會羊陀、巨殺，主酒色致病，外傷，手術等。

同度羊火，主痔漏，肝炎。

同度陀鈴，主膿血症。

同度火鈴，主膽病，眼疾。

加會桃花星，主淫色致病，陽痿早洩，子宮病。

同度文曲化忌，主眼疾。

加會四煞昌曲，主腎臟，泌尿系統病，神經痛。

加會四煞紅鸞，主月經不調或血崩。
加會昌曲、擎羊，主外傷。
貪狼廉貞，主遺精，陽痿，早洩，經血多，血崩。
貪狼紫微，主色慾強引起之疾患，子宮病，不孕症。
化祿，主肝膽，風濕，痔瘡，性病。
化權，主意外傷，肝膽，風濕，腎病，縱慾過度的腎虛等。
化忌，主難治之症，體質弱，多病災，腎虧，性病。

3、巨門星情與疾厄宮疊加融合：

所主病症有：消化系統病，脾胃不和，腸胃炎，胃痛，便祕，牙痛，口腔炎症，呼吸道疾病，咽喉炎，扁桃腺炎，氣管炎，哮喘，咳嗽，眼疾，陰虛症，皮膚病，瘦弱，膿血症，憂鬱症，飲酒過度致病等。

巨門太陽，主血壓高，目疾，頭昏，頭痛，虛火上升。
巨門天同　主坐骨神經痛，腰痛，膿血瘡等。
巨門天機　主肝胃不和，腸胃脹氣，肝氣鬱結症。
同度羊陀，主瘦弱，目疾，胃出血，殘疾。

加會火星，主急性腸胃炎，搔癢症，耳目疾病。

加會空劫鈴，主骨質增生，坐骨神經痛等，視力障礙。

同度陀羅，主心絞痛，動脈硬化，中風，半身不遂，胃病，眼病。

同度火鈴刑虛陰煞，主肺病，陰虛症，肺癌。

對照天機，主肝胃不和，反胃打噎等。

加會陀羅，主血壓、血栓等症，皮膚病。

逢空劫，主失眠，神經病，腎臟病，色盲，老花，近視。

逢空劫耗，主咽喉病，口腔病。

加會四煞昌曲，主腎臟病，眼病，憂鬱症。

加會煞忌刑，主胃癌，食管癌，甲狀腺腫瘤，鼻喉癌，耳聾。

加會羊陀天刑天虛天月陰煞，主胃癌，食道癌，鼻喉癌。

化祿，主眼病，耳病，消化系統病。

化權，主泌尿，循環系統病。

化忌，主有頑疾，暗疾，食道，鼻咽，氣管，肺經，口腔，生殖排泄系統病。

4、廉貞星情與疾厄宮疊加融合：

所主病症有：主血液病，外傷出血，心血管病，呼吸器官病，痔瘡，便血，咯血，暗疾，月經不調，氣短懶言，痰喘，感冒咳嗽，鼻炎，失眠多夢，驚悸，憂鬱，妄想症，頭痛，神經痛，麻痹症，瘡癤，口唇潰瘍，性病，疑難雜症。

廉相，主病災輕，泌尿系統病，糖尿病，結石，消化不良症，皮膚病。

廉殺，主感冒，咳嗽，鼻炎，肺病，支氣管，鼻竇炎。

廉府，主病災少，胃病，胃出血。再加吉星，主平安。

廉貪，主眼目疾，酒色過度，性器官疾病，婦女暗疾，男性婦科病。

廉破，主腎病，膀胱炎，結石，呼吸系統病，手足易受傷，意外傷。

加會煞忌，主遺精，月經不調，流產，肺癌，咳喘，喀血，肝癌，肝硬化，性病，膿瘡，胃癌，糖尿病，牙病，口唇潰瘍。

加會四煞陰煞，主有鼻衄。

逢擎羊，主破相。

逢火陀，主肺炎，肺結核，咯血。

逢火鈴，主皮膚病，重者為紅斑狼瘡。

逢空劫，主皮膚過敏，糖尿病，心氣虛症。

逢哭虛大耗，主心氣虛，肝膽陰虧，暗疾。

加會煞星昌曲，主患牙病，鼻唇疾病，肺病等。
同度昌曲與桃花星，主性病，淋病，白帶。
刑忌夾，主血管或者尿道疾病，骨病。
加會破軍羊陀，主膽結石，膽管梗塞。
同度煞刑忌，主血癌，肺癌。
廉貪火、陀守照，或廉貞化忌並煞，均主腎炎，急慢性腎炎。
廉貞化忌與武曲化忌沖會，容易有意外，血光之災。
化祿，主健康少病。
化忌，主多病，咯血，便血，痔瘡，瘡疾，意外，血光之災，暗疾。
化忌再逢煞刑虛耗，易患貧血，白血球過多症，癌症，疑難雜症。

5、武曲星情與疾厄宮疊加融合：

所主病症有：肺及呼吸系統病，喉嚨或氣管不適，沙啞失音，感冒，咳嗽，百日咳，哮喘，肺結核，鼻炎，鼻塞，鼻血，牙痛，便祕，骨骼病，手足頭部外傷，關節病。
武府，主病災少。再看同度星曜補充。
武殺，主外傷及出血症，鼻出血，腸胃出血，血液循環病症，小兒痲痹。

武貪，主病災輕，呼吸和泌尿生殖系統疾病。

武相，主皮膚病，筋骨痛，尿頻等。

武破，幼年多病，牙痛，目疾，陽痿，腹瀉，骨骼病。

廟旺，舊病痊癒，病輕；陷地，舊病復發，病重。

同度四煞天刑，主一生病災較多。

逢羊陀刑，主手腳頭部創傷，手術。

同度天馬火星，主咳嗽，吐血，肺病，氣喘等。

逢火鈴，主水燙傷，火燒傷，咳嗽，咯血，肺結核，急性支氣管炎。

同度哭虛或紅鈴大耗，主鼻衄。

逢空劫，主咳嗽，支氣管炎，氣管炎。

逢陀羅陰煞，主慢性支氣管炎，鼻咽部病症，鼻炎，傷災，氣管、扁桃腺炎，哮喘，大腸炎症。

加會文曲化忌，主鼻炎，肺積水，呼吸困難。

會照羊陀鈴，病輕；同度羊陀鈴，病重。羊陀鈴兩守一照，最嚴重，主癌症，腫瘤，破相，手足傷殘。

加會煞星及昌曲，大病小病不斷纏繞。

化祿，主肺病，鼻衄，咯血，聲音嘶啞。

化權，主肺病，胸痛，痔瘡，便祕，鼻衄，眼痛，刀傷，外傷。

化科，主健康改善，可得調養，鼻子、胸部的小毛病。

化忌，主體質差，多病災，牙痛，鼻炎，四肢痠痛，胸部疾患，腫瘤，殘障。

武曲化忌，加會廉貞化忌，再逢天刑天月陰煞匯聚，主肺氣腫。

武曲化忌同度文曲化忌，主肺氣腫，肺膿腫，痰多，哮喘等。

逢羊陀天刑陰煞聚集，主頭部重傷，肺癌，腸癌，鼻咽癌。

逢煞刑馬陰煞大耗天虛劫煞聚集，主肺癌，腸癌，氣管嚴重病變。

6、破軍星情與疾厄宮疊加融合：

所主病症有：腎、泌尿生殖系統疾病，消耗性疾病，內分泌失調，糖尿病，陰虛遺精，陽痿早洩，尿頻，腰痛，耳鳴，視力減退，水瀉，膿瘡，生殖器病，月經不調，性功能障礙，赤白帶下，崩漏，下腹痛，子宮卵巢方面的暗疾，皮膚病，腳病，關節痛，膿血，寒症，牙痛，水災，心臟，瘦弱症，駝背，外傷。

廟旺，病輕，加煞病重，面黃肌瘦。失陷，病較重，加煞刑忌更重或者先天疾病。

加會四煞，主多病傷，肢體傷殘。

同度擎羊，主手術，開刀，急性闌尾炎，結腸炎等。

同度陀羅，主牙病。

同度火鈴，主陰虛，腎虧，目疾；再逢虛耗刑，主陽痿，經痛。

加會廉或相，主皮膚病，糖尿病，內分泌失調，皮膚瘙癢症。

加會煞忌多，主骨折，外傷。

同度羊火刑耗，主炎症，白血球增高等。

加會武或廉化忌，並煞刑虛耗陰煞，主患腫瘤，癌症。

守會武曲化忌，主子宮腫瘤或子宮頸癌，又見火鈴夾及虛耗刑天月更嚴重。

破軍武曲，主牙痛，拔牙，目疾，陰虧，遺精，陽痿，泄瀉，經痛，赤白帶下。

加會火馬，主流行病，傳染病。

同度文曲化忌，主肺氣腫，痰多，哮喘，腹部脹痛，遺精，赤白帶下，腎虧陽痿，月經不調，流產，墮胎，胃腸病，心臟病。

化祿，主陰虛，陽痿，糖尿病，腳病，月經不調。

化權，主破相，手術。

7、七殺星情與疾厄宮疊加融合：

所主病症有：肺或肝病症，咳喘，氣管炎，肺炎，扁桃腺炎，肺結核，感冒，咯血，便血，大腸炎，痔瘡，肋骨痛，背痛，咽乾，肝炎，氣虛，陰虧，陽痿，跌打外傷，交通意外，幼年多病。

七殺廉貞，主肺結核，肺炎。加吉病輕。加煞病重。煞刑忌多逢主肺癌。

七殺武曲，加會煞刑天月陰煞等，主終身殘疾，或孤貧短壽。

七殺紫微，主內傷，腸胃不和。

加吉病較輕。加六煞，毛病常伴，骨骼外傷，殘疾。

加會廉貞鸞喜，主血光之災，開刀手術。

同度擎羊，主急性闌尾炎，便血，手足傷。

加會擎羊，主盲腸炎。

加會四煞空劫，主肢體傷殘。

同度火鈴，主眼疾。

同度龍池，主耳病，耳聾，陰虛。

同度鳳閣，主鼻病。

同度火星，主眼疾。

同度陀羅，主腎病，牙病，手足傷殘，再逢鈴星，主骨髓或筋骨受傷。

同度鈴星虛耗，主瘀血，腫痛。

同度蜚廉又逢虛耗天月陰煞，主傳染性肝炎，肝硬化。

8、天相星情與疾厄宮疊加融合：

所主病症有：膀胱病，泌尿系統病，糖尿病，尿頻，皮膚病，青春痘，過敏，濕疹，疥癬，黑痣，色斑，雀斑，足癬，疥瘡，蕁麻疹，黃疸，風濕，水腫，香港腳。

天相武曲或者天相破軍，主破相或臉部有疤。

天相紫微，主胸悶，瘡。

天相廉貞，主糖尿，膀胱或腎臟結石。

廟旺，少病病輕，加吉平安。失陷，泌尿系或皮膚疾，加煞病重或有殘疾。

逢四煞無吉，多疾病或者傷災，殘疾。

加會四煞昌曲，一般的泌尿、消化系統病。

加會煞星桃花星，主婦科男科，性病。

逢羊陀刑忌，或羊陀夾，主風濕病，關節病，癱瘓，麻木，胃病，心悸，心臟衰弱，外傷，開刀手術，心臟病，中風。

同度陀羅，主膀胱炎症，排尿困難等，再逢蜚廉，主膽道回蟲症。

同度火鈴或火鈴夾，主腎虛、皮膚病。

羊陀並天刑，主風濕，骨痛，手術，心臟衰弱，手足傷等。

同度天月，主慢性病或傳染病。

同度火鈴天月，主感冒，嘔吐等。

逢刑忌夾或煞刑忌重，主較重的高血壓，嚴重糖尿病，膀胱癌。

加會紅鸞咸池，主婦科男科疾病，如淋病、遺精、性病。

加會空劫天虛，主體弱，子宮下垂，身體虛虧，身體虛弱，面黃肌瘦，皮包骨等。

逢刑忌夾、火鈴夾、羊陀夾，主病情重，亦易有先天畸形。

9、天同星情與疾厄宮疊加融合：

所主病症有：排泄系統病，腸胃病，胃炎，胸腹疼痛，便祕，胃痛，胃下垂，胃酸過多，腸炎，消化不良，肥胖症，淋症，疝氣，膀胱病，尿道或子宮病，腎病，耳病，頭昏目眩，水腫，風濕，心理疾病，陰虛。

同陰，主氣虛，濕氣重，頭重身倦，水腫，胸悶，糖尿病，耳病，貧血。

同巨，主腎虛，食道，氣管，腸胃，耳病，神經痛，腰痛，膿瘡，心臟病。

同梁，較健康，或者腸胃小毛病。加吉平安。加煞昌曲，主虛弱，心率失常，肝胃病。

天同為福星，災病一般較少，最多有點腸胃小毛病。

天同廟旺，主災病少。加吉主平安。失陷，主泌尿系統毛病。加煞，病情較重。

逢擎羊，主痔瘡，便血等。

逢陀羅，主支氣管炎，氣管炎，肺炎。

逢火星空劫，主腎炎，膀胱炎，尿道炎，前列腺病。

逢桃花星，主夢遺，夜尿，腎虧。

逢天月天虛空劫，主腎虛，腎氣不足。

逢天馬，主氣虛，再逢煞，主虛弱。

加會陰煞破碎，主肛門疾病，經期不調等婦科症，腎結石，腎虧，中風，膀胱結石，疝氣。

加會煞忌昌曲，易患耳疾，肝腫大，泌尿系統或生殖系統疾病。

化權，體質較好，或者小毛病。

化忌，主泄瀉，氣喘，甲狀腺病變，失眠，眼病，呼吸系統病，後期恢復很慢，泌尿系統毛病，經期不調。

化祿，一般無大毛病，或者容易痊癒。

10、天機星情與疾厄宮疊加融合：

所主病症有：肝膽病，神經系統疾病，神經衰弱，失眠多夢，驚悸，神經過敏，肝腎陰虛，肝胃不和，慢性胃炎，腹脹，脅痛，胸悶，頭痛，頭暈，眼花，耳鳴，耳聾，麻痹，常感疲勞，食慾不振，傳染病，四肢手足受傷，手指足趾病，幼年體弱多病，幼年體質差。

機巨，主肝脾不和，消化不良，反胃，胸悶腹脹，頭暈，腸胃炎。

機梁，主便祕，痔瘡，心率失常，腸胃病。

機陰，主皮膚病，瘡疥，虛症，糖尿病，中風，神經系統病，內分泌失調。

加會文曲化忌，主四肢抽筋或萎縮，易疲勞，神經衰弱。

加會火鈴，主四肢病，目疾。

逢同巨馬，主流感。

逢陀羅，主四肢、骨節痠痛。

逢天馬擎羊，主血光之災。

逢羊刑大耗，主手術，開刀，羊癲風。

加會煞忌虛耗天月陰煞蜚廉，主肝病，肝炎。

煞星多，主肝硬化，肝腫大，內分泌失調，婦科病，肝膽病，肝硬化，肝胃不和。

加會桃花星，主男科婦科，子宮不正，月經不調，暗疾，生殖器毛病，性病。

加會空劫，主皮膚過敏，腎虛，陰虛，暗疾，不孕。

廟旺加煞，主肝膽病，眼病，失陷，神經過敏，頭暈失眠，疲勞。

加會四煞，主手足傷痛，頭部外傷，破相，體質弱。

逢空劫，主頭暈目眩。

同度火陀，再加會空劫，易患癔病，歇斯底里症。

四煞混雜又逢馬，當防車禍。

化祿，一般健康，思慮多，虛驚。

化權，主肝膽，神經過敏，神經衰弱，關節病。

化科，主皮膚過敏，神經痛，氣喘，支氣管炎，失眠，神經衰弱，近視。

化忌，主多病，病情惡化，骨病，頭部或眼睛疾病，精神異常，癲癇，腦炎等。

11、天梁星情與疾厄宮疊加融合：

所主病症有：脾胃病，肝病，肝胃不和，消化不良，胃痛，噎膈，反胃，腳氣，頭昏，失眠，眼痛，內分泌方面疾病，易疲勞，乳房疾病，腦病，用腦過度，腦瘤。

廟旺無煞，主健康長壽。加煞患病後較快痊癒。失陷加吉災病輕，加煞病重。

對照太陽，主心臟病，高血壓。

加會文昌化忌或文曲化忌，主腦病，用腦過度，腦瘤。

逢陀羅，主唇齒或頭部容易有傷。

加會擎羊，主急性闌尾炎。

加會羊刑，主手足外傷，舊傷，疼痛症。

加羊陀天刑，主肢體傷，筋骨傷，腰受傷，手術開刀。

加空劫，風濕，痲痹。

加會空劫天月，主風濕，痲痹，婦科神經痛，纏綿難癒。

加會天月陰煞，主流行病，感冒，傷風頭痛等。

會聚煞刑忌天虛天月陰煞大耗蜚廉，主中毒，誤診，病程綿延。

加會火鈴，主腫瘤，胃癌，乳癌，殘疾。

逢火鈴守會照，且命宮成刑忌夾印格局，主三叉神經痛，顏面神經痲痹。

加會空劫羊陀，主駝背。

加會空劫大耗，主風濕，痲痹，痠痛等。

加火鈴空劫，主殘疾。

加會地劫，主腳傷。

加會火馬，主傳染病，又逢天月天刑，主內分泌失調，神經痛。

同度火星，主乳腺炎，乳癌。

化祿，主少病災，或者鼻炎，腰瘦背痛，脾胃不和等小疾病。
化權，無大病，或者食慾不振，便祕等小疾病。
化科，主脾胃病，久病成醫。

12、天府星情與疾厄宮疊加融合：

所主病症有：胃病，消化不良，黃疸，口舌生瘡，口臭，反胃吐酸，膽病，體弱，心率失常，腳浮腫，腳氣，風濕，麻痺，少生病，易治癒，逢凶有救。

同度紫微，濕熱，下痢。
同度廉貞，主胃熱，胃出血。
同度陀羅，主咽喉病症。
同度鈴星，主膽病。
同度天月，主便血。
逢廉貞化忌，主胃神經痛。
逢廉貞煞忌，主中年後多病，胃炎，胃出血。
同度火星，主胃寒、胃下垂，胃炎。
逢天傷破碎陰煞，主胃寒，胃酸過多。

逢四煞空劫耗忌，主體弱多病，肢體有傷。

13、太陽星情與疾厄宮疊加融合：

所主病症有：心血管病，心臟病，血壓類病，高血壓，肛腸病，肺結核，眼睛疾患，結膜炎，近視，散光，斜視，頭眩，眼球外突，眼目昏花，痔瘡便血，耳鳴，流行病，心悸，神經系統病，神經衰弱，顏面抽動等。

陽梁，加煞易患循環系統疾病，內分泌失調，甲亢，高血壓，中風，腦血栓等。

日月，一般健康，加煞忌，易患目疾，頭腦病，心臟病，高血壓，精神病，內分泌失調。

陽巨，主口腔及食道疾患，眼睛疾病，心臟病，高血壓，低血壓，低血糖，口舌生瘡，手足冰冷等。

廟旺，輕症，或者高血壓；加吉安康，加煞，易患眼疾，頭腦病。

失陷，主眼疾，近視，生殖器病，偏頭痛，神經衰弱，心血管，高血壓，中風。加吉亦主平安或病輕。

太陽逢煞星，主結膜炎，眼疾手術。

逢羊陀，主頭部傷災疾病，中風，高血壓，目疾，兩眼昏花。

同度陀羅，主肺經呼吸系統病，右眼病。再逢天刑主半身不遂。

同度火星，左眼病。

同度擎羊，主顏面神經麻痹，大腸疾。

逢空劫，主過敏症。

煞忌重重又逢天刑天月空劫陰煞及化忌的昌曲等，主高血壓，失明。

化祿，主頭部，心血管病，眼病。

化權，主頭痛，高血壓，眼病，頸項問題。

化忌，主頭痛，頭暈，心血管，高血壓，精神不振，精神疲勞，眼疾。

逢權祿無煞，主高血壓。

化忌又逢羊刑天使等，主眼部手術。

化忌又逢羊陀，主眼目有傷，或近視散光、青光眼等症。

14、太陰星情與疾厄宮疊加融合：

所主病症有：腎病，生殖泌尿系統病，血液病，陰虛，腎陰虧，糖尿病，前列腺，疝氣，婦科病，赤白帶，耳鳴，眼睛昏花，視力衰退，瀉痢，風濕，腰痛，難言之癮症，四肢無力。

廟旺，主病少，加吉平安；加煞，主婦科病，肝病，眼病。

失陷，主病災多，勞傷，產厄；加煞病重，腎陰虧，目疾，肝病，神經弱，癆傷，婦科。

加會煞星並同度化忌的昌曲，主嚴重眼病，白內障等。
加會擎羊，主目疾，肝病，肝癌。
加會陀羅，主牙病，牙齒不好。
加空劫，主心理病，精神病等。
加會天虛龍池，主耳疾，耳聾。
逢煞並桃花星，主腎虛，不孕。
同度火陀，又逢空劫，主癔病，歇斯底里症。
會照天機，主神經衰弱或過敏。
化祿，陷地主有暗疾，性病，婦科病，四肢傷殘。
化權，陷地主糖尿病，水腫，風濕，月經不調。
化科，有病易得良醫，陷地，男主癆傷，女主婦科病。
化忌，憂鬱症，失眠，腎病，膀胱病，糖尿病，尿頻。

15、文昌星情與疾厄宮疊加融合：

所主病症有：大腸肺經，咳嗽，濕熱症，耳病，心理疾病，臉部多雀斑、黑痣，易得神經衰弱，失眠症。

廟旺，一般少病，加吉平安；加煞主感冒，肺病，腸炎。

陷地，加煞，主災病難免。

化科，病逢良醫。

化忌，神經系統病，高血壓，耳疾，眩暈，月經不調。

16、文曲星情與疾厄宮疊加融合：

所主病症有：膽病，臉部多雀斑、黑痣，精神欠佳，陰虛，經水不調等。

廟旺，災病少，加吉平安；加煞主感冒，膽囊炎。陷地加煞，難免傷病。

化科，病逢良醫。

化忌，神經系統病，眩暈，淋濁，月經不調，意外傷害。

17、火星星情與疾厄宮疊加融合：

所主病症有：痘痘，出血，牙病，臉部麻痹，炎症，發熱，皮膚病，目疾。

廟旺或吉眾，主病輕。陷地病重。

18、鈴星星情與疾厄宮疊加融合：

所主病症有：虛火症，聲音嘶啞，高血壓，心臟病，肝病，皮膚病，頭部疾病。

廟旺吉眾，主病輕。陷地病重且多傷損。

19、擎羊星情與疾厄宮疊加融合：

所主病症有：肛腸疾病，頭部疾患，腹瀉，口眼歪斜，癲癇，眼目昏花，瘡癤，剖腹產，痛風，外傷，手術，昆蟲動物傷害，破相。

廟旺加吉，主疲勞和小損傷。失陷，病重，外傷。

加會火鈴，主殘疾。

加會天刑，主有大手術。

加會空劫，主常有疾病。

同度殺破狼，主意外傷殘，急症，破相，手術。

20、陀羅星情與疾厄宮疊加融合：

所主病症有：肺病，吐血，濕氣，白癬瘋，結石，眼目昏花，神經衰弱，眩暈，骨病，跌打損傷，筋骨疼痛，腰腿傷，患慢性病，暗疾，幼年多病，唇齒頭部有傷。

廟旺加吉，主手足無力。陷地，病重。

加會空劫，主疾病常伴。

同度殺破狼，主意外傷殘、急症，破相，癌症。

21、祿存星情與疾厄宮疊加融合：

所主病症有：脾腎經疾病，小毛病，脾胃病，陰虛陽痿，結石，肥胖症，咳嗽等症。

加吉康健，逢病易痊愈。

加火鈴，主四肢傷殘。

22、天刑星情與疾厄宮疊加融合：

所主病症有：肝旺、肺、胃、心血管病，易有開刀手術或肢體損傷事。帶病者可免獄災，否則會有刑獄官司之災。

23、天空星情與疾厄宮疊加融合：

所主病症有：病輕或少病。亦主腹疾，精神障礙，頭暈目眩，失眠，氣血阻滯，發白，頭禿，腰痛。

24、地劫星情與疾厄宮疊加融合：

所主病症有：病輕或少。亦主手足腿疾，胃痛，腸炎，下痢，結腸炎，頭暈，癌症。

25、天魁星情與疾厄宮疊加融合：

所主病症有：加吉星平安。加煞星，病時遇到良醫及時救治。

26、天鉞星情與疾厄宮疊加融合：

所主病症有：加吉星病少，有病得良醫。加煞，肝膽病，脾胃不好，痰喘，暗疾。

27、左輔星情與疾厄宮疊加融合：

所主病症有：加吉星或化科，病少，平安。加煞，主脾胃病，脾胃不和，腿腳浮腫，扭傷，風濕。

28、右弼星情與疾厄宮疊加融合：

所主病症有：加吉星或化科，病少，平安。加煞，主陰虛，精神欠佳，月經病，體質較弱。

第四節　星情與福德宮的疊加融合

星情與福德宮的疊加融合，內容也不複雜，本節只做一個思路指引。只要您能掌握之前章節中「核心星情」的內容，福德宮這一節就會很容易掌握。

1、福德宮，其廣義的內容包括哪些？

飲食，娛樂，思想，思維，心態，嗜好，修養，興趣，品德，享受，享樂，壽命、祖蔭，福份，業障，內心世界，是否幸福，辛勞還是安逸，物質生活的優劣，消費方式，祖父，配偶的事業，兄弟的田宅，子女的交友，子公司，產品，左鄰右舍等等。

當然，福德宮最本質的內容還是思想、興趣、嗜好、才華、享受、享樂等。

2、星曜落入福德宮，怎麼進行解讀？

分析的原則：主星廟旺、吉眾，嗜好興趣向「良性」方向發展；主星失陷、煞多，興趣嗜好向「劣性」方面發展。福德宮有四煞者多狡猾奸詐。

福德宮吉，表示有正確積極的人生觀，樂觀向上。福德宮不吉，表示思慮多、操心煩惱，沒有很好的精神享受，即使富貴亦多愁苦，會有某些缺憾，比如身帶痼疾，六親不和睦，婚姻不美，嗜好不良，生活腐敗等。若福德宮有廉貪、天姚、紅鸞、咸池等桃花星，表示風流浪漫、吹牛貪杯、愛嫖嗜賭等。

福德宮——

逢紫府同相梁左右祿魁鉞昌曲等星，廟旺時，多福壽，多快樂，行正道。

逢機廉武殺，廟旺時，勞有所獲。

逢貪巨破殺及凶煞星，廟旺，亦多勞神費力，心存不安。

逢失陷的武破廉貪巨機殺等星，少福短壽，勞碌奔波。

逢巨破殺貪羊陀等惡曜，主多疑多變，難得安逸，少有快樂。
逢四煞，身心不安，勞心勞力，減福縮壽。
逢化忌，則心性不穩定，不愉快。
紫微：有涵養，勤奮積極，努力向上，追求高。
貪狼：慾望多，有口福，理智勝於感情。
巨門：勞心勞力，多嘴多舌，不耐寂寞。
廉貞：忙裡偷閒，任性，多變，好色。
武曲：固執急躁，勞心勞力，努力賺錢。
破軍：自尋煩惱，無事生非，蠻幹，揮霍。
七殺：操勞，多疑，敢闖敢幹，幹了再說。
天相：重物質享受，衣食很講究，愛美食。
天同：有口福，知進退，愛文藝。
天機：好奇心重，愛思考，多計謀，鑽牛角尖。
天梁：有信仰，老練，關愛他人，好養生，
天府：冷靜，穩重，愛管事，享用無缺。
太陽：處事積極樂觀，有點急躁。

太陰：優雅，有錢但不愛錢，思想浪漫，追求完美，愛好藝術。

祿存，守財，謹慎，自私。

文昌：快樂無憂，喜愛閱讀。

文曲：喜幻想，喜歡音樂並以此解憂。

魁鉞：一生多福，有人助力代勞。

左右：勞心不安，助人亦得人助。

擎羊：勞心勞力，好鬥，橫衝直撞。

陀羅：糾結，難有開心快樂。

火鈴：性急躁，多焦慮，善變化。

空劫：虛偽，欺詐，胡思亂想。

以上是我們分析單一福德宮的時候，進行星情與宮位疊加融合的主要分析思路，只要掌握這個思路，就能分析福德宮的基本內容了。

第五節 星情與財帛宮和官祿宮的疊加融合

包括：財帛宮和官祿宮。這是人後天努力的痕跡，是社會層面的活動之一，我們把它放在一節來講述。財運和事業的分析解讀並不僅僅侷限於財帛宮和官祿宮，注意這一點。

1、財帛宮能看人生的什麼內容？

財帛宮：一生財運大小、收入高低、財富觀、財運有無、求財順逆、理財能力、賺錢能力、投資、財產、花耗、債務、破財、營業狀態、在什麼行業做事、求財技巧和方法等、第二任配偶。

2、官祿宮能看人生的什麼內容？

官祿宮：學業讀書情況、擇業傾向、創業能力、工作態度、事業運旺衰、地位高低、官運有無、事業大小、職務、調動、下崗、退休、與上司的關係、資金的處置情形、錢財的消耗等。

3、哪些星曜與財富、金錢有關？

財運星：武曲、天府、祿存、太陰，以及其他星的化祿，還有當七殺、廉貞、貪狼分別加會祿存的時候。

財產星：祿存、天鉞、天魁、陀羅、天機、天相、廉貞、文昌文曲、紫微、武曲。

爆富星：貪狼、七殺或廉貞化祿或守照祿存。

耗財星：破軍、大耗、小耗、破碎星。

失財星：截空、天空、破軍、巨門、解神、破碎。

房產星：天府、風閣、天梁、巨門等。

4、哪些宮位與財富、金錢有關？

（1）財帛宮，主要是看人一生財運、求財的方式、賺錢的能力、富有程度。

（2）一生的財運，還要兼看大運的財帛宮來判斷。

（3）富貴的程度，還要兼看命宮、遷移宮、官祿宮、田宅宮等的具體星情。

（4）財富的享受與否，還要兼看福德宮的星情。

（5）花錢的態度、理財觀念，錢財的支出行為及習性，還要兼看命宮星情。

（6）積蓄存款多少，不動產的多少，住宅好壞，有無祖業，還要兼看田宅宮星情。

（7）現金的寬絀與否，手頭流動資金的多少，還要兼看兄弟宮星情。

（8）資金的處理或運用情形（投資置業、享受花耗，存銀行等），還要兼看事業宮星情。

（9）與朋友金錢往來情況的有無及損益等，還要兼看父母宮星情。

（10）配偶的財務狀況和經濟狀態，還要兼看遷移宮星情。

5、哪些星曜與職業、事業、官運有關係？

科甲星：龍池星、鳳閣星、台輔星、封誥星、三台星、八座星、恩光星、天貴星。

貴人星：天鉞、天魁、左輔、右弼。

官運星：紫微、太陽、廉貞、天相、七殺、祿存、天梁、巨門、左右、魁鉞。

遷移星：天機、巨門、天馬、歲驛、日月、機陰、輔弼、攀鞍、破軍、華蓋、殺破狼。

調動星：天馬、攀鞍、左輔、右弼、天使。

6、哪些宮位與職業、事業、官運有關？

（1）官祿宮，主要是看事業的有無、大小、盛衰等。

（2）事業體制或制度的好壞，家庭生活費用和開支的情況，還要兼看兄弟宮星情。

（3）事業的外在環境及事故或潛在的危機等，還要兼看夫妻宮星情。

（4）事業的營業狀況及損益，賺什麼行業的錢財等，還要兼看財錦宮星情。

（5）辦公室或工廠、店面等營業場所，工作地點的利弊情況，還要兼看疾厄宮星情。

（6）貨源、上游廠商，或上級單位；生活階層，員工及合作者，還要兼看交友宮星情。

（7）同級單位或同行、工作夥伴，買房賣房，租房建房，第二職業等，還要兼看田宅宮星情。

（8）有簽約或連鎖關係的商家，消費方式，錢財的去向等，還要兼看福德宮星情。

（9）下游廠商，子公司，產品或客戶，文化程度，社會背景等，還要兼看父母宮星情。

（10）才能，成就，能力，事業大小程度，還兼看命宮星情。

（11）調動、出國，向外發展，擴延業務，升職，轉業，本人的偏財等，還要兼看遷移宮星情。

7、財富、財運、金錢的內容怎麼進行分析？

看財帛宮的主星的有無、廟旺利陷、加煞還是加吉，以及三方四正的利害。

（1）當「財運星」在財帛宮的時候，看這些星的廟旺利陷，以及三方四正的利害。

（2）當「財運星」不在財帛宮的時候，看這些星所在宮的星情以及三方四正的利害。大運或流年的財帛宮駕臨的時候會應驗財富金錢的信息。

（3）看星與星、星與宮的組合以及吉凶，

（4）看財帛宮中現有的星，看其廟旺利陷以及三方四正的利害。

①財帛宮有財星，如天府、武曲、太陰、廉貞、天相、貪狼、祿存等星，廟旺則財運旺盛，會權祿左右祿存，定財源滾滾；上述的星即使與煞星同宮，煞星起守財庫的作用。

②財帛宮主星廟旺而無煞忌，一生不缺錢不欠債，經商有方。

③財帛宮主星失陷或又加空劫化忌，一生財來財去，聚散動盪，囊中羞澀，或做生意常虧本，損財破財，或者求財辛苦或有糾紛，不宜經商。

④財帛宮主星和副星吉凶混雜，則主財來財去，先發後破，聚散無常。

⑤無論何星進入財帛宮，在失陷時，財運都會欠佳。

⑥財帛宮坐七殺、破軍、貪狼、天機、巨門、天梁而同時加煞或照煞，尤其是同度空劫星，則耗財、傾財、破敗之人。

武曲為正財星，偏重於實業。太陰為正財星，偏重於理財。天府星，則偏重於積蓄錢財。廉貞貪狼亦為財星，但必須化祿，或與祿存同宮，或成火貪鈴貪格，且多為意外之財或投機得財。殺破狼廉廟旺有祿，有橫財運。

命宮主星陷落或無主星，而財田宮也不好時，主易破財，若此時田宅宮再不好，破財就會很嚴重。

8、職業、事業、官運的內容怎麼進行分析？

看官祿宮主星的有無、廟旺利陷、加煞還是加吉，以及三方四正的利害。

（1）當「官運星」在官祿宮的時候，看這些星的廟旺利陷，以及三方四正的利害。

（2）當「官運星」不在官祿宮的時候，看這些星所在宮的星情以及三方四正的利害。

大運或流年的官祿宮駕臨的時候會應驗事業、官運的信息。

（3）看星與星、星與宮的組合以及吉凶。

（4）看官祿宮中現有的星，看其廟旺利陷以及三方四正的利害。

①官祿宮有官運星，如紫微、太陽、廉貞、天相、七殺、祿存、左右、魁鉞、天梁、巨門等星，廟旺則事業運旺盛，事業順遂；會權祿左右祿存魁鉞，定能升學升職、獲得權柄；上述的星曜與煞星同宮，只會增加事業的艱辛和周折。能成貴格的會官高權重甚至名垂青史，例如破軍子午守命、天梁文曲守命、左輔右弼四庫地守命、紫微守命左右遇昌曲、武曲天相午宮守命、武曲辰戌守命加昌曲、火星貪狼或者鈴星貪狼守命、太陰居亥、巨門太陽守命、日月夾命或者日月丑未守命、巨門天機守命、左府守命或居官祿宮、太陽文昌守命或居官祿宮等等，更多貴格請參閱本人另一本書《紫微斗數解析思路與例題》第六章「格局新論」的內容。

②官祿宮主星廟旺而無煞忌，一生事業順遂，努力以後就能獲得自己理想的職位和事業等，能有權力，能掌權，能進入政府部門，能有公職，在單位是核心力量，在單位是中流砥柱。

③官祿宮主星失陷或又加會空劫化忌，一生平淡，沒有官運，只能上班或者打工，抑或自己創業、做技術性質工作、自由業等，或者起落無恆，事業多阻滯，多糾紛是非，甚至官非，不宜仕途、不宜從政。

④官祿宮主星和副星吉凶混雜，則主虛職、無實權、官職小、奔波辛勞，某段時間從事管理工作、多是非、多小人、事業不穩定、運過則無。

⑤無論何星進入官祿宮，在失陷時，事業運低落、難有官運，辛勞波折，成就不大。

⑥官祿宮坐七殺、破軍、貪狼、天機、巨門而同時加煞或照煞，尤其是同度擎羊、火陀羅、鈴星、天刑等星，則爲是非之人，會有刑訟，勞碌多災。

看具體職業，以官祿宮的星情為主，一生大的工作變動，以官祿宮為主。大體上，事業宮宮氣旺，多適合領薪工作，宮氣弱時就不適合薪水階層。職業具體情況，還要結合大限來看，尤其是第三大限。

事業宮有紫陽梁同相昌曲左右魁鉞化科化權化祿等星，適合朝公務、機關、國營單位發展。事業宮有武廉府陰貪殺破，適合朝商界發展。事業宮有天機擎羊火星貪狼空劫，適合朝技術性工作、競爭性大的工作發展。

9、人生的層次

看命運，首先看命宮及其三方四正的星情吉凶，第二看官祿宮及其三方四正的星情吉凶，第三看大限的命宮和官祿宮及其三方四正的性情吉凶。這樣三步下來就能基本確定命主的富貴貧賤的層次。

（1）命宮和官祿宮吉且強，則為上等命。

命宮和官祿宮主星得到落宮地支生，落宮又臨長生、冠帶、臨官、帝旺，同時具有下面三者之一，則富貴，為上等命。

命宮構成富貴格局，或者命宮主星廟旺，無煞星沖，有科權祿守照，

命宮及三方吉星（紫府日月相同梁左右魁鉞科權祿等星曜）眾多，煞星少，

官祿宮、財帛宮、遷移宮星情吉利，中晚年運限亦吉。

（2）命宮和官祿宮，其一屬於弱卻吉或者旺卻凶，則為中等命。

命宮和官祿宮其一，主星廟旺，同宮一兩個煞星但煞星陷落，有眾吉星夾照會或者同宮有化祿化權化科，則為中等之命。

命宮和官祿宮其一，主星廟旺，無煞有吉，但有惡煞夾照會者（意即三方四正吉凶混雜），則亦為中等之命。

命宮和官祿宮其一，主星較弱（得地或平勢等），但有吉無煞（「吉」指的是有科權祿曲昌左右魁鉞），又有眾吉星夾會照者，則為中等之命。

命宮無正星，但無煞有吉（「吉」指的是曲昌左右魁鉞），且有眾吉星拱照，為中等之命。

（3）命宮遇到吉凶混雜，則為平常之命。

命宮主星廟旺但吉凶星混雜，星曜受到落宮地支剋，但是落宮臨長生、冠帶、臨官、帝旺。

或者星曜受到落宮地支生，但是落宮臨沐浴衰絕，則為平常之命。

命宮主星失陷（不得地、失陷等）無吉無煞，但三方吉凶混雜，星曜與落宮地支五行相同，落宮又臨為胎、養，則為平常之命。

（4）命宮弱而凶，則為貧窮貧夭之命，

星曜受落宮地支剋，且落宮又臨衰絕死，同時再有下面三者之一，則為貧賤夭折之命。

命宮，凶星坐守，或主星失陷，或無正曜。

福德宮、財帛宮、事業宮、遷移宮，這其中有3—4個宮也屬於如上的情形。

命宮的三方四正吉凶混雜，尤其是命宮同度空劫羊陀耗等星，或空劫夾命、火鈴夾命等。

總之，掌握以上的基本份析思路，解讀財帛宮、官祿宮就比較容易了，具體每一個星曜，見下面內容——

星情與財帛宮的疊加融合

1、紫微星情與財帛宮的疊加融合

紫微星，不善理財，愛面子講究多，財運平平，但不缺錢財。

紫破，主早年艱辛操勞，晚年能發，但會有大破耗。

紫相，主累積致富。加吉星，主財運豐足。
紫貪，主技能之財，中晚年富有，有橫發機運。
紫府，主能聚財，不缺錢。加祿，能賺大錢。
紫殺，投資取財，財運波折，起倒無恆。
有百官朝拱時，主財運豐足。加會煞刑耗，主揮霍浪費，財來財去。加會昌曲魁鉞左右祿存等吉星，主財路亨通，財運好。
同度左右，主財源廣，財路多。
同度昌曲，主先有名，後有利。
同度魁鉞，主機遇眷顧，掙錢的機遇多。
祿馬交馳，主適宜經商，能大富。
加會四煞，主先易後難，發而不久，起伏不定，加會空劫大耗，主財運差，破耗多，財來財去。
逢化權，主得公門之財、長輩之財。
逢化科，主得聲譽之財、獎金、中獎等。偏財運好，用錢有度。

2、貪狼情星與財帛宮的疊加融合

貪狼星，擅長理財，求財目的明確，並不擇手段的去得到，但在無祿和火鈴的時候不能大富。愛錢，愛享受，用於交際應酬的花費很多。

失陷，財運一般，若加吉星，稍有積蓄。加煞星，主貧困。

廟旺，財運好，有橫財；若加吉星，主富有。若加煞星，主挫折辛勞。

逢化祿祿存，主財運很好，容易暴富。

加會火鈴，主投機致富，發橫財，容易橫發橫破。

加會祿存（或化祿）火星（或鈴星），主中年後名利雙收。

加會羊陀空劫耗，主多破敗、多挫折，或因投機破敗。

加會咸池、天姚、廉貞化忌，主因女人破財，再加煞星因色起禍害。

同度昌曲，主為女人一擲千金。

加會左右魁鉞，主輕鬆得財。

逢化祿，若廟旺，則意外橫發，闊綽奢侈。再會火鈴，有意外之財。若失陷得小財，再加煞，主破財、是非。

逢化權，若廟旺，投機橫發。若失陷，財來財去。

逢化忌，若廟旺，損失不大。若失陷，因不良嗜好、因色、因貪污等而破財招災。

3、巨門星情與財帛宮的疊加融合

巨門星，白手起家，競爭獲利，口才掙錢，略有積蓄。但太高調而易被算計。外地求財有利。晚年較順。巨門之財一般難以傳承繼承。

廟旺時，晚年可有積蓄。若加會吉星，主晚年富有。若逢祿存或化權祿，主大富。若加煞星，主破財糾紛。

失陷時，艱辛，勉強生活，多是非糾紛。若加吉化吉，晚年小康。若加煞忌，主貧困、意外損失、是非官非等。

加吉化吉，主先難後易，中晚年富有。

加會火鈴空劫耗，主因意外而破敗。

加羊陀刑，主財物糾紛，殘酷競爭。

見桃花星，主演藝行業得財。

逢化祿，主以口才求財，空手套白狼等。若廟旺，競爭獲財，外地得財。若失陷則平常，或得財數目不大。

逢化權，主辛苦、競爭得財，白手起家。若廟旺，口才求財；若失陷，競爭慘烈。

逢化忌，主口舌是非，財物糾紛。若廟旺，多是非，多煩惱。若失陷，主破財是非，或因財惹是非。再加煞刑忌，主破財官非。

4、廉貞星情與財帛宮的疊加融合

廉貞星，為次財星，財來財去，易得易失，帶有偏財性、投機性、競爭性，交際應酬破耗很多，易有官司糾紛，宜見好就收。善於把握掙錢的時機。

廉相，善交際，可富足。若逢財蔭夾或加吉化吉可大富。

廉破，膽大肯吃苦，冒險求財，橫發橫破。加吉星，可小富。

廉殺，不善理財，靠技藝求財，多起伏。

廉府，善理財，善守財，易有財務糾紛，衣食無憂。

廉貪，慾望大，財運起落反覆，易橫發橫破。

廟旺，競爭並有收穫。再加煞，主先難後易。

失陷，多敗少成，財來財去，若加煞，主破敗，若加刑耗化忌，需防官司刑獄。

加會六吉星和祿存化祿，主發財，進公家之財或貿易對方為國家單位。

見祿馬交馳，可遠鄉發鉅財。

加會羊火，主橫發橫破，求財艱苦波折。

加會陀鈴，主艱辛無利益。

加會空劫，不聚財，浪費，糾紛，空耗。

加會空劫大耗羊陀刑忌，主艱辛，破財官非。

加會煞又見空劫大耗，主遭遇盜竊。

加會昌曲或吉凶混雜，主有名無實。

加會昌曲化忌和大耗陰煞，主合同契約的糾紛，文字之失，被盜，被騙。

逢化祿，主富，賺公家機構的錢。若廟旺，則財旺，再加祿存，主大發。若失陷則焦慮疲憊，欠帳難回，掙錢艱難。

逢化忌，主破財，錢財糾紛，受人拖累，再加空劫，主糾紛，官司，破產。

5、武曲星情與財帛宮的疊加融合

武曲星，為正財星，主財運好，善理財，忙碌開創，辛勞致富，善於投資，白手興家。

武府，主積財致富，善理財，善守財。

武破，財來財去，破耗浪費，難成富有，晚年稍好。

武相，財運好，易得貴人資助，善於打理事業。

武殺，辛勞求財，財來財去，白手起家。

武貪，交際之財，中年後發達。

廟旺時，可富，財源廣進。有吉化吉，能大富。加會祿存天馬，主鉅富。加煞星，辛勞、勞碌得財。

失陷時，財運不旺，或者時好時壞。加吉星可富，加煞星辛勞且財來財去。加空劫，主破產負債。祿馬交馳，去外地發財。逢羊陀及火鈴，主破產倒閉。

無煞加吉，主必富。

加會空劫，主破敗，宜技術。

加會煞星，主競爭大辛勞多。

加會擎羊，主辛勞和奸詐。

加會陀羅，主破耗。

加會羊陀，因財惹禍。

加會火鈴，主惡性競爭，橫發橫破。

拱照火貪鈴貪，無煞忌，有橫發機遇。

加會煞忌，主破敗，財來財去。

逢化祿，廟旺，暴發，財資雄厚，經商獲鉅利。陷地，財利較差。

逢化權，廟旺，財力雄厚，財旺，掌財權。失陷，主小富，競爭大，財利不穩定。

逢化科，廟旺，富足，求財有道。失陷，難聚財，但衣食無憂。

逢化忌，主破財，易有財務糾紛，易收入中斷，不宜投機。再加空劫虛耗，主破產或失業。陷地加煞，主辛勞、破大財。

6、破軍星情與財帛宮的疊加融合

破軍星，努力開創求財，冒險求財，財來財去，不善理財，白手起家，早年艱辛，中年後好轉。

廟旺，先敗後成。加吉化吉，可發財。加煞星，主貧困，破敗。失陷，不聚財，加吉星，勉強生活。加煞星，主貧困，破敗。

加會吉星，主求財多風波。

逢祿存無煞，主財源穩定但財來財去，若再加吉星吉化，主暴發。

無吉加煞，破敗，貧困。

加會火鈴，主開創求財，宜技術。

加會羊陀，主破敗，多是非糾紛。

加會空劫刑耗，貧困，失敗。

加會昌曲，主表面風光，先得名後獲利。

加會煞星及昌曲，破敗後隱退江湖。

逢化祿，有兼職或者第二職業，廟旺，主有意外之財。失陷，主勞力謀生。

逢化權，貪大厭小，先破後成。廟旺，努力後獲利。失陷，主勞而無功。

逢化忌，耗財，困難，多爭鬥官非。

7、七殺星情與財帛宮的疊加融合

七殺星，能掌財權，善於投資，善於擴張事業，披荊斬棘前行，愛競爭愛冒險，帶偏財橫財性質，容易爆發爆敗。

加會吉星，一番破敗後東山再起。

加會祿或吉星吉化，可大富。

逢祿馬，主能幹，賺錢多，可鉅富。

加會煞忌，主求財辛苦，生活普通，破耗多端。

逢空劫耗，主破敗，招賊。

逢擎羊，主多競爭。

逢陀羅，主多糾紛。

無煞星，必有發達機會，但要經歷艱辛。

加會煞星，不宜投機。

8、天相星情與財帛宮的疊加融合

天相星，善理財，財路廣，有起伏。

廟旺，收入高，平穩，富裕，近貴。加吉星，主大富。同度祿存化祿，主官高祿厚。加煞，辛勞。煞多，貧困。逢火鈴無他煞，富而不耐久。

失陷，求財費心，白手成家。加吉星，衣食無缺。加煞，貧困，破財。

逢相看府，天府同度祿存或化祿而無煞，主富。天府同度煞星或空劫星，不富。

財蔭夾印，主富裕。

刑忌夾印或煞星多，主財運不穩或受人拖累。若再逢刑耗忌陰煞等，主受賄被查。

同度陀羅，因財糾結，求財艱難，若再逢火鈴，主離祖。

9、天同星情與財帛宮的疊加融合

天同星，主福氣，重享受，輕財知足，收入穩定或不勞而獲。

同陰，主發財於外鄉，賺錢機會多，有意外之財。

同巨，財運多阻，中年後才較順。

同梁，無祖業，輕錢財，但可得貴人幫助，財運穩定。

廟旺，一生財運較平穩，晚年能富有。

失陷，早年貧困，中年有小康。加吉星，收入平穩。逢祿存，能小富。加四煞，多辛勞，宜技藝謀生。

獨守時，主早年艱辛，白手起家。

逢祿存化祿，會有意外財運。

加會祿存化祿同時吉星多，可大富。

加會昌曲，主得字畫文物類財運，收入平穩。

加會左右魁鉞，求財輕鬆，有助力。

加會煞忌，主財來財去。

加會陀羅，主辛勞，積蓄少。

加會火鈴，主破祖，自謀事業。

加會空劫，主破敗。

逢祿馬交馳，主發財於遠鄉。

逢化祿，廟旺，財源廣進；失陷，白手起家，晚年可富。

逢化權，廟旺，得意外之財；失陷，錢財平穩，

逢化忌，廟旺，破財但數量不大；失陷，大破敗。若加空劫煞虛耗等，主大破敗。若加天刑，財物官司。羊陀夾忌，破財，因財招災。火鈴夾忌，破財，受人拖累。

10、天機星情與財帛宮的疊加融合

天機星，主財來財去，不聚財，開支多，無橫財。求財心態很積極，求財方式多變化，多以機巧智謀或手藝賺錢。

機巨，財路多，競爭大，勞碌奔波，磨嘴費舌，但可有積蓄。

機梁，衣食無憂，憑智謀學問技藝求財。

機陰，可富，白手起家，先難後易，有兼職。

廟旺，財源較多，白手成家，晚年有積蓄。加會吉星，財運旺，可富有。加會煞星，積蓄少，財運平平。

失陷，財運小，變動大，掙扎在溫飽線。加會吉星，稍有積蓄。加會煞星，生活拮据，入不敷出。

加會祿存化祿，可富裕。

祿馬交馳，主發財於他鄉。

加會昌曲，主先得名後得利。

加會左右魁鉞，主得貴人幫助而發財。

加會六煞大耗，主財運差或浪費多，有官非。

加會煞星，主競爭奔波，多是非，少利益。

加會空劫，主破財、計畫失敗等。

逢化祿，財運好，運籌得當。若有吉星和祿存同宮，可橫發。吉凶混雜，求財坎坷。廟旺，財運大；失陷，財來財去。

逢化權，財運較穩定。廟旺，財運旺。若遇吉星，可得財。失陷，貸款負債。

逢化科，以智慧求財。廟旺，善於管理。失陷，財來財去。

逢化忌，估算失誤，資金匱乏，要借貸過日子。廟旺損失小，失陷損失大。

11、天梁星情與財帛宮的疊加融合

天梁星，重視名譽，不在乎金錢，但財運較好，容易得到遺產或長輩資助。有積蓄。天梁星易得股票之財，亦宜做慈善散財。

廟旺，富貴命，易得長輩資助。加吉星，主大富貴。加煞星，財運平常，求財勞苦。

失陷，先難後易，辛勞積財。加吉星，能達小康。加煞星，東成西敗，過普通的生活。

對宮化忌沖照，因財生是非。

加會昌曲，適宜文藝、技術求財。

加會左右魁鉞，容易得到官貴資助。

加會煞星，破財，捐款。

化祿或加祿存，廟旺，易得投機之財如股票等，不勞而獲。失陷，破財，多波折。

逢化權，廟旺，利投機之財如股票等，較費心。失陷，利益小。

逢化科，廟旺，易得名譽、身份、名份之財，如獎學金等。易得投機之財如股票等。失陷，主老而無果。

12、天府星情與財帛宮的疊加融合

天府星，主財源穩定，有積蓄，財富充盈，擅長理財、積財、守財，不擅生財。掌財權。計畫性開支，吝嗇小氣，喜歡儲存錢或置產。為財庫。

逢府看相，財蔭夾印，增強天府的聚財能力。刑忌夾印，則增加聚財的阻力。

加會祿存化祿，能生財，大富。

加會六吉星，主富貴，名利雙收。

逢祿存，主存錢儲蓄，保守吝嗇。若又逢空劫大耗，則先得財後破敗。

加四煞，則奔波挫折，奢侈浪費，因財起糾紛。

加空劫空亡大耗，主多敗少成，不聚財。

不逢祿存化祿為虛庫，有財也不多；

逢空星為空庫，無財。

逢煞為露庫，破財。

逢空露庫，又不見祿及其他財星，主困頓，不宜創業。

逢化祿，能生財亦能聚財。若又逢空劫，主錢財大進大出。

逢化忌沖，多挫折，若又加煞，主破敗。

13、太陽星情與財帛宮的疊加融合

太陽星，有經營才華，白手成家，先有名後得利，取財有道，重名輕財，多耗散，開銷大，樂善好施，出手大方。

陽梁，可以繼承財產，勞心費力，一般為上班求財，或者特殊技能之財。

陽巨，白手起家，多以口才求財，多異鄉求財，中晚年能富。

太陰太陽，可做兼職，中年後財運漸好。

廟旺，無凶煞，富貴，地位高，財運好。若加吉星，事業有成。若加昌曲，有聲名，富貴。若加左右魁鉞，富貴，得貴人幫助。逢祿存，富且貴。加煞忌，辛勞且有紛爭，支出大。加空劫，財來財去，宜技術性求財。

失陷，求財勞碌奔波，競爭多，財來財去，支出大。加吉星化權祿，辛勞致富。逢祿馬，勤儉致富。加煞忌，求財艱辛，多是非，貧困。加空劫，貧困，破敗。

加會空星，無經濟觀念，浪費。

加會截空地空地劫，各種破費浪費，入不敷出。

逢煞刑忌聚集，易遭誣陷，名譽損失，甚至官非牢獄。

加會祿存和其他星的化祿，或者祿馬交馳，主財運大，發財多。若再逢空劫陀羅，主財來財去。

逢化祿，主先有名後得利，如獎金等。

逢化權，可富。升職，漲工資等。

逢化忌，主財務糾紛，六親拖累，耗財。

14、太陰星情與財帛宮的疊加融合

太陰星，為正財星，擅長理財，易外地求財，晚年發富。

廟旺，主富足，多積蓄或者喜購置田宅。加吉星，大富，再逢化吉，主鉅富。加煞星，則辛勞，多破耗。

失陷，求財艱難，財運差，難聚財。加吉星吉化或祿存，主節儉致富。無吉加煞，則勞碌艱難。

逢祿存或化祿，可富。
逢左輔右弼，主進財路子多，可大富。
加會左右魁鉞，財運長久，受貴人幫助。
加會昌曲，主學術技藝之財，富且有名氣。若逢昌曲化忌，有文書合同的麻煩。
逢六吉星會聚，主富貴，先富後貴。
加會煞星，勞碌，破耗，易有糾紛。
加會空劫大耗，難聚財，易被盜。
逢化祿，大富，廟旺獲利大，失陷獲利小。易得遠方之財，易得女人之財。
逢化權，廟旺可富貴，失陷多浪費。善於理財。
逢化科，廟旺富足，失陷有虛名。善理財，先得名後得利。
逢化忌，主投資失敗，或因女人破財，多是非或家務糾紛。

15、祿存和天馬星與財帛宮的疊加融合

祿存星和天馬星，兩星同時守照財帛宮時，祿馬交馳，主發財迅速，財運較大。
加會左右魁鉞，求財順利。
加會空劫，囊中羞澀。

加會四煞，辛勞，多周折。

單逢祿存，僅主能聚財，為人節儉，善理財。

單逢天馬，僅在遇財星時能生財。

16、文昌和文曲星情與財帛宮的疊加融合

昌曲二星，為聲譽、名譽之財，先有名後又財。如文藝界、學術界、演藝界等，但不主爆發，要靠個人奮鬥，取得名聲後才能獲利，或者文具、金石、書畫之類財運。

廟旺，富貴。加吉星，可大富；加煞星，多艱辛，財來財去。

失陷，虛名虛利，破耗多端。加吉星，普通生活。加煞星，窮學者，辛苦勞碌。

逢化科，文藝技術求財，廟旺財多，失陷利少。

加會煞星，多辛勞。

文昌化忌，主呆帳、空頭支票、求財失敗等。

文曲化忌，主受騙。若再逢空劫，主受騙、被盜、遺失等。

17、天魁和天鉞星情與財帛宮的疊加融合

魁鉞二星，是受貴人重用而後得財（幫助的一般是長輩），或者趕上好的制度政策而獲得發財機會。

加左右，受人幫助，輕鬆收穫。

加空劫，虛名虛利。

18、左輔和右弼星情與財帛宮的疊加融合

輔弼二星，是受到別人幫助而獲得財運。求財是順利的。財源較好，財運不斷，或者有第二職業兼職等。

加會吉星，財運平穩，財源久長。

加會煞星，財運平平，多周折起伏。

化科，主獲得救濟款、撫恤金、獎金、稿酬等。

19、火星和鈴星與財帛宮的疊加融合

火鈴二星，與貪狼守照主財運，其他情況主求財艱辛，不善理財。

加吉星，橫發橫破。可有普通生活。

加煞星，則貧困，艱難度日。

20、擎羊和陀羅星情與財帛宮的疊加融合

羊陀二星，主破財，浪費，不善理財，財來財去。

加吉星，中年後可聚點財。

加煞星，則貧困，多口舌是非，多競爭。

同度空劫刑耗，主破財，是非多。

21、天空和地劫星情與財帛宮的疊加融合

空劫二星，破耗大，往往突然破財，不聚財。

加會天馬星，主貧困，財來財去。

22、其他星與財帛宮的疊加融合

天刑星，主因財致禍，或者求財涉及到法律。

天月星，主因病破財，或者病中得到救助金。

紅鸞、天喜二星，主收紅包，或因為喜慶之事而進財等。

星情與官祿宮的疊加融合

1、紫微星情與官祿宮的疊加融合

紫微星，主工作能力強，事業平穩，發展順遂，可擔任管理職務等。

紫府，若無吉加會，只是小官或一般工作人員。
紫貪，有野心，多投機，好冒險。
紫破，事業多變，工作狂，適宜開創性工作。
紫相，清貴，能擔重任，宜幕僚和實業副職。
紫殺，擅長管理，身心勞累，事業多變，宜武職、商業、民企等。
加會昌曲，多為文職。
加會左右，事業上受人幫助。
加會魁鉞，主貴人提攜。
逢祿馬交馳，可掌財權。經商鉅富。
無祿無吉，平常人，只是有些才幹。
加會煞忌星，事業挫折多。
加會的煞星多，主平常，有向上的心但是坎坷多。
逢空劫，主事業破敗，宜創作性工作或技術人員。
吉凶混雜，主辛勞，需要更多努力。
逢化權，有威望有才華，易得貴人提撥，利升遷。廟旺並加會六吉星，主掌權，為一把手。
若無左右吉星加會則平常。

逢化科，有獨到的建樹，如文化和學術研究；利於聲名、聲譽，如考試。廟旺並加會左右等吉星，主位高權重。失陷，則平平碌碌，再加會左右等吉星，主虛名虛銜。

2、貪狼星情與官祿宮的疊加融合

貪狼星，擅長交際應酬，有關係網，在事業上有野心有謀略，貪心重，喜投機，中年後始平穩。事業多變，宜自己創業。宜演藝業和投機性職業。

廟旺，多意外的機遇而成功。若再加吉星吉化，富貴掌權。若再加會火鈴，能爆發。加會煞星，平常人，宜從商或技藝。

失陷，無吉星，事業平常，辛勞自私。若再加會吉星，宜經商或工薪層。加會火鈴，主易成易敗。加會羊陀空劫忌，主貧困，有官司。

加會火鈴，主突然發達，宜開創性事業。

同度昌曲，宜公關或文娛工作，若昌曲化忌，防口舌官非。

加會桃花星，適宜娛樂業。

加會煞星，會因酒色招禍，宜服務業或娛樂業。

加會空劫忌，事業難遂，只宜技藝。

加會羊陀，宜娛樂、食品、醫療等事業。

加會左右，主有成就。

加會天刑，宜司法事業。

加會陀羅廉貞化忌，有官非牢獄。

逢化祿，廟旺成就大，失陷則難有成就。宜教師、演藝、公關等。

逢化權，廟旺機遇多，可橫發。失陷平常人，宜競技、公關、外交等。

逢化忌，事業不理想，多競爭，多是非，宜競爭性大的事業。

3、巨門星情與官祿宮的疊加融合

巨門星，多變動，較辛苦，口舌是非多，事業不順，宜動口的工作如教師、律師等。

廟旺，可獲成功，宜武職、策劃、餐飲等事業。若吉星守照，主富貴，名利雙收。逢祿馬，經商可發。加會煞星，職業多變。吉凶混雜，多敗少成。逢四煞天馬，奔波勞碌。

失陷，奔波勞碌，多競爭，職業多變，事業艱難。宜飲食、仲介、商業等。加吉星，平常人。加煞星，辛勞貧困，多是非糾紛，易觸犯法律。

加會火鈴，事業不穩定，突發性質的離職。

加會羊陀，事業多挫折，多是非，易有刑訟。

加會昌曲，宜文娛、演藝事業。

加會刑忌，又逢煞耗，有官非，多為江湖之人。

逢化祿，口才事業。廟旺，宜武職、教師等。失陷，辛勞有成。

逢化權，主貴，有才華，廟旺，宜司法、傳播、醫學、學術等。

逢化忌，事業破敗，與人不和，口舌多。廟旺，不務正業，坎坷費力，多是非。失陷，坎坷辛勞，是非多。再加煞星，主官司牢獄。

4、廉貞星情與官祿宮的疊加融合

廉貞星，能掌權，也能經商，具統率指揮能力，有毅力，有熱情，有計畫。宜商貿、自創業、投機性的事業、司法、外交、設計等職業。

廉相，事業順遂，有富貴。宜武職、財稅、商業、策劃、電器等職業。

廉破，平凡勞碌，事業波折，宜武職。加吉化吉，經拼搏可富貴。

廉殺，有威權，宜軍警、工程、機械、採礦業。

廉府，很有才能，有職位，有實權，收入高。宜財經、金融行業。

廉貪，擅長交際應酬，可有兼職，宜推銷、外交、娛樂、私營業主。

廟旺，有權威，可武貴，有地位，經商發富。加吉星吉化，富貴雙全。逢昌曲桃花，宜演藝及創作。加煞忌，職業不穩定，宜技術業。加會火鈴，晚年可發達。

失陷，平常人。加吉星吉化，稍好些。加會煞忌白虎，職業多變，多波折，易有官司牢獄，宜醫療工作。

加會吉星，主富貴雙全。

加會煞星，平常人，主勞碌是非，糾紛波折，官司。宜軍警外科醫生等職業。

逢空劫，主破敗多端，辛勞無成。宜藝術、表演。

加會昌曲，宜文化、文藝、出版等工作。

逢羊刑忌，易有牢獄之災，易有血光之災。

加會陀羅，易為酒吧女。

逢祿存或化祿，事業成就較大。宜金融財務工作。

加會左右，有地位，高級主管，宜政界、金融界、商界。

逢化祿，事業順遂，廟旺加會吉星，主大富大貴，經商大富；失陷，華而不實。

逢化忌，難出頭，宜加工業、醫療業。廟旺，主懷才不遇。失陷，主失業，官司等。

5、武曲星情與官祿宮的疊加融合

武曲星，事業運好，收入較高，晚年有成。工作踏實，不畏艱難。宜武職、金融、技術、商貿等，職業變化較多。

武府，擅長管理，事業心強。宜財稅、企業、武職等。

武破，事業波折多變，有蠻幹的傾向。宜武職、工業技術、外科醫生、投機冒險行業。

武殺，事業不穩，外地發展有成。宜武職、重工，以及冒險性的事業。

武相，善理財，事業穩定，宜從政、司法、演藝等，多有兼職。

武貪，事業多變，或官或商都是跟著感覺走。

廟旺，主事業順遂。同度六吉星，可有地位、權力。逢科權祿，實業家，經商鉅富。

失陷，事業平常，宜技術、醫療等職業，逢昌曲，技藝高。加會吉星，稍有發展。加煞忌，辛勞貧困，防災傷。

逢昌曲左右魁鉞，主高官厚祿。

逢火鈴，主事業不順，職業多變。

加會廉貞化祿，主事業輝煌，收入高。

同度祿存，事業收入好，但是辛苦勞碌。

同度天喜，宜服務業。

加會煞耗，主辛勞，是非糾紛，宜工程、技術等。

加會左右魁鉞，宜從政，事業順遂。

加會空劫，事業起倒無恆，多破敗。

逢化祿，白手起家，中年後有成就，宜金融、五金、工業、技術服務等。

逢化權，主權貴。廟旺，宜軍警、財稅、金融、重工業等。

逢化科，事業聲譽好。廟旺，宜軍警、財經、信貸業。失陷，有名無實。

逢化忌，事業不順，經營辛苦，宜五金、技藝等事業。再加煞星，事業上多是非糾紛。

6、破軍星情與官祿宮的疊加融合

破軍星，事業動變大，艱辛，多兼職，揮金如土，難聚財。宜軍警、運動員、安保、工程、技術、食品、海鮮、餐廳、垃圾處理，以及其他冒險性的工作。

失陷，若不見煞忌，宜武職、私企、醫生、工程、技術。無吉星難顯貴。若加左右魁鉞祿存或吉化，富貴雙全，有權力、地位。逢羊陀，多艱辛，事業難成。

廟旺，辛勞貧困，無大成就。加吉星，成就稍高，富貴不大。加煞星，辛勞，失業。

同度左右或左右夾，主受人幫助和協助，較輕鬆。可有地位。

同度魁鉞或魁鉞夾，主機遇多，受人提攜。

同度昌曲，則難以安心工作。若再加煞，主辛勞，宜工程、技藝。

同度火鈴或火鈴夾，主奔波、勞碌、挫折，事業難成。

同度羊陀或羊陀夾，困苦無為。

同度空劫或空劫夾，主破敗無成。宜技藝性工作。

逢化祿，多為兼職，宜武職、工業、技藝。失陷主高升；廟旺多是非。

化權，無煞或加吉，宜武職、工業。逢煞星，宜技藝、加工業、攤販。

7、七殺星情與官祿宮的疊加融合

七殺星，事業心很強，管理能力強，白手興家。不怕困難，離鄉發展。宜開創性事業，投機冒險性事業，競爭力大的事業，如軍警、運動員、工程技術、醫護、私企、設計、安保、業務開發、探險、屠宰、金屬加工業等工作。

與吉星守照，主富貴和地位。

逢眾吉守照，入格無煞，主官高權大，經商大富。

同度昌曲，宜策劃、設計性工作。

逢祿存，宜公職。

加會左右魁鉞祿存，主事業發達，職高權重。

同度煞星，主難有成就，阻滯多，防災傷。

同度火鈴，武職榮顯但多反覆，經商橫發橫破。宜冶金、廚師等。

同度羊陀，主工作多變，宜雕刻、金屬加工、外科醫生、屠宰等。

同度空劫，主有創見，多幻想，宜學術、藝術。

加會武曲化祿，宜武職或企業。

加貪狼化祿，宜商貿、技藝第。

加會破軍化祿，主事業多變，宜開發性工作，或者商業。

加會廉貞化祿或者破軍化權，加吉星，主有權力，成大器，加煞星，主富有。

加會貪狼化忌，多空想、多酒色。宜技術、服務業、餐飲業。

加會武曲化忌，多變動，宜工業、技術。

加會廉貞化忌，易有血光和牢獄之災，宜技術、醫療、屠宰工作等。

8、天相星情與官祿宮的疊加融合

天相星，事業順遂，有才華，有成就。宜公職、政界、人事、服務、醫生醫藥、外交、高級餐旅、攝影、司儀等行業。具體職位宜副職、祕書。

逢天府庫實，則工作收入高，事業穩固。若是天府空露，則破敗無成。

廟旺，財運好，利官近貴。加會吉星，得上司器重，成就大，能掌大權，經商大富。加會煞星，事業多阻，宜商業、技藝工作。

失陷，事業阻力大。加吉星，可小成。加煞星，多挫折。宜工業、技藝、服務業。

逢煞星，主事業上阻力多，易受人排擠、攻擊。
逢祿馬，能致富發達，宜離鄉發展。
加會紫微化權科，事業上有成就，名大於利。
加會四煞或受四煞夾，主事業阻滯，多是非糾紛。宜競爭性小的工作。
加會空劫，事業多變，宜創意性工作、空手套白狼屬性的。
逢財蔭夾，主獲得祖業或現成事業。
逢刑忌夾，主阻滯、辛勞。

9、天同星情與官祿宮的疊加融合

天同星，缺乏競爭力，不熱衷名利，創業能力差，喜清閒，愛享受，無大的發展前景。
同陰，事業多變，出外做事較好。適宜財稅、金融、服務等工作。
同巨，事業多坎坷變化，中晚年較順利。若無吉星吉化，成就不大。宜教育、傳媒、飲食、醫藥等工作。
同梁，職業多變換或出差多。宜公職、司法、福利、宗教、醫療等工作。
廟旺，宜政界、公務、文教、娛樂等工作。加吉星吉化，事業較佳，有富貴。加昌曲，名利雙收。加祿馬，可富。加煞星，多阻滯，平常之人。

失陷，宜文娛、企業或機關的辦事員等。加吉星，有較大的成就。加煞星，辛勞坎坷。

逢空劫，一事無成

廟旺加吉，成好格局者，能大富大貴。

無吉無煞，平常之人，工作比較踏實，宜文化、餐飲、藝術、裝飾、娛樂等工作。

逢煞忌，事業不順，多坎坷。

同度擎羊，主事業競爭很激烈，多糾紛。

同度陀羅，事業不佳，懷才不遇，歸隱山林。

同度火鈴，主逆境多，壓力大，操心焦慮。

加煞並化忌，事業波折重重。

加桃花星，有文采，宜藝術工作。

加會空劫，事業多艱難，宜藝術創作。

同度昌曲或者龍池鳳閣，宜音樂、文藝工作。

加會左右魁鉞，有貴人幫助，宜機關單位任職。

加祿馬，主白手創業，發財於遠鄉。

逢化祿，能力較強，工作收入高。宜金融、文娛等工作。

逢化權，事業有成，比較辛苦，易招口舌。宜文娛、藝術、財務、電腦等工作。

逢化忌，沒有好的發展，工作上勞心費神而且沒有多大成就。

10、天機星情與官祿宮的疊加融合

天機星，能力強，善策劃，愛動腦，有成功的機遇，可富貴。宜教師、設計師、祕書、運輸、宗教、出版等工作。

機陰，常變換工作，可以富裕，外地工作較順，宜公職、工程、技術、電腦、編程、運輸等。天機化祿太陰化忌，投機破財。

機巨，事業多變，離祖創業，宜公職、人事、廣告、律師、推銷等。逢巨門化祿或祿存，可從政，能富貴。

機梁，事業運好，多有兼職。宜福利事業、醫藥、文教、行政、法律等。廟旺，事業順利。加左右，有地位。加昌曲，有名氣。加魁鉞，有貴人提攜。失陷，職業不穩定，常換工作。加吉星，有一技之長。加煞星，無固定工作，貧困。加會昌曲，主聰明，智慧，宜文化、文祕、藝術、策劃等，有較高的成就。加會左右，有權力，善策劃，身兼數職。加會魁鉞，主貴人提攜，多升遷機遇。加會煞星，主常換職業，勞碌，事業難遂，多是非。宜工業、技藝、宗教等工作。

加會煞忌，常失業、無業人員，貧困。

加會火鈴，主動盪不安，漂泊辛苦。

加空劫大耗，事業無成。

逢祿馬，主發達於遠方。

逢化祿化權，多元化經營，兼職兼業，投機性強。廟旺，事業順遂。失陷，宜零售業。

逢化科，宜策劃、設計、管理等職業。廟旺，職稱高，無煞有名氣；失陷，加煞名氣小，多是非。

逢化忌，多變動、多糾紛，宜仲介、經紀、代理等行業。廟旺，計畫失誤，常換工作。失陷，失業降職等。

11、天梁星情與官祿宮的疊加融合

天梁星，有才華，有領導能力，負重任，受擁戴，事業穩定，有成就。宜公務、紀律、監察、人事、司法、律師、醫療、保險業、福利機構、宗教界、教育、傳播、股市等工作。

廟旺，事業穩定，出人頭地，易升遷，能富裕。加吉星，官高權重，經商大富。加魁鉞權祿，位高權重。加煞星，辛勞阻滯多，但可出人頭地。

失陷，事業運平常，辛勞，宜自由業。加吉星，可有富貴。加煞星，諸事難遂。

加會天刑，宜司法、監察。
加會天月，宜醫藥。
加會昌曲，宜文藝、傳媒。
加祿馬，宜財務審計、經商致富。
加空劫，宜創作、宗教等。
加會天機太陽太陰化忌，易招是非。宜零售商。
加會巨門化祿，主以口才求財。
加會巨門化忌，事業多是非、多危險。
逢化祿，宜財務審計，醫藥、文物、歷史等。廟旺富貴，失陷勞碌。
逢化權，宜法律、監察、審計、評委等。廟旺可掌大權，失陷成就不大。
逢化科，宜藝術、哲學、歷史學、醫學等工作。廟旺享有聲譽；失陷虛名虛利。

12、天府星情與官祿宮的疊加融合

天府星，工作穩固，收入較好。無煞在事業上易獲成功，宜公務、教育、金融、加工業、房地產業、礦業、畜牧業等行業。

兼看天相星，若逢武梁夾相，這對天府星也是吉利的，宜經商、從政。若逢天刑與化忌夾相，則對於天府星不利，只宜工業、技藝等。

廟旺，有權柄，會成為單位核心人物。失陷，過度謹慎保守而失去發展機遇。

同度天姚及文曲化忌，易受騙。

無煞加吉，主功名顯達，名利雙收。

見六吉星，主富貴，宜行政、財經、文教、私企主管等。

不逢祿和財星，主華而不實。

加會祿存，有吉無煞，亦主富貴。

加會煞星，職業平凡，多波折起伏，事業易遭小人暗算。

煞重，主貧困，宜工業、工程、技術等。

逢火鈴，主周折。

逢羊陀，主糾紛波折。

逢空劫，多空想，破敗。

13、太陽星情與官祿宮的疊加融合

太陽星，事業心強，事業順利，成就較大，易掌權，喜競爭，喜創業。宜商貿、政界、律師、外交、能源、旅遊業、服務業、接待洽談、窗口前臺等。

陽梁，多變動，利求名。宜從政、醫藥、福利、服務、監察等工作。

太陽太陰，事業變化多，發展一般，財運尚好。

陽巨，一般會遠鄉立業。宜教師、外交、演藝等工作。利求名。

廟旺，事業前途大。加六吉星及祿存和吉化，官高祿重，宜從政。加煞忌，勞碌艱辛，只宜技藝、教師，私企等。

失陷，事業發展一般，難有大的富貴，忙碌。加吉星及祿存和吉化，有些貴氣，宜私企。加煞，奔波勞碌，難富貴。逢空劫，事業破敗。宜創作性的事業如寫作等。

加會昌曲，主事業與文藝有關，但貴氣不大。

同度文昌，利考试，利仕途，再加會吉星，榜上有名，大富大貴。

加會左右魁鉞，有貴人幫助，多升遷機會，宜從政。

加會煞星，職業多變，是非多。

同度天刑，宜軍隊警員等工作。

逢化祿，主名氣、名譽，宜政治、電力、傳媒、演藝。廟旺可掌權，有聲譽。失陷，則競爭大，辛勞少成。

逢化權，外出發展有前途。宜政治、宣傳、社工等工作。廟旺有權貴，失陷，虛名虛利。

逢化忌，多是非、多競爭。廟旺，多變動、辛勞。失陷，事業多變，多破敗，若再加煞，防官司牢獄。

14、太陰星情與官祿宮的疊加融合

太陰星，善理財，有才華，財源廣，事業多變動，主富。如文祕、內勤、財務、演藝、仲介、清潔用品、化妝品、廚具、飯店等工作。

廟旺，事業平穩。加吉星吉化，主有權貴。加會六吉星，宜仕途。逢祿馬，宜經商。加煞，職業多變，辛苦。

失陷，事業變動大，難聚財，脫離實際，難顯達，宜早到外地發展。宜文藝、娛樂、商業。加吉星，平常。逢祿馬，宜經商。加煞，則貧困，宜技藝等。

逢昌曲，宜教育、文化、行政內務等事業；若再逢桃花星，宜表演藝術等工作。逢空劫大耗，事業難遂，宜寫作、技藝等。

加火鈴，急躁虛偽，宜技藝。

會巨門化忌，主事業費口舌，難遂願。

逢化祿，宜商業、理財。廟旺，主事業名利雙收。失陷，主不持久。

逢化權，辦事能力強，宜市場管理、財務管理等。廟旺，可富可貴。失陷，需要更多努力。

逢化科，宜文藝、繪畫、音樂、模特兒等。廟旺，善理財，聲譽好。失陷，虛名。

逢化忌，事業多變、多阻，宜律師、教師、技術、攤販。廟旺，先順後逆。失陷，變動大，事業難遂。

15、文昌星情與官祿宮的疊加融合

文昌星，學問之星，宜研究、寫作、文員等工作。學術文化享盛名，廟旺，學歷高。加吉星，可有較高的名譽和地位。失陷，平常。

同度文曲，才思敏捷，文筆優秀。

同度天府文曲，富貴雙全，職位高。

逢化科，廟旺，有名氣聲望，利研究利學業。失陷，勞碌，懷才不遇。

逢化忌，文件易有失誤，不利讀書，聲望有損。

16、文曲星情與官祿宮的疊加融合

文曲星，表達能力強，有藝術愛好，有口才。廟旺，有成就，工作穩定。

同度廟旺的太陽天機，主有權貴、有地位。

加會左右紫府，有一定地位。

同度紫府，主將相之材。

同度機陰，可為主管。

加會左右，官高權重。

加會魁鉞權祿，掌握大權。

加會天馬，外地工作易有成就。

同度文昌，有要職。

加會煞星，主懷才不遇。加吉星，可為公務員。失陷，一般職員。

逢化科，主有名聲、名譽，宜藝術、傳媒、學術研究等，易成名。失陷則執拗。

逢化忌，廟旺，辛勞，成就小；失陷，白費心機，口舌，因文件、考試等招惹是非。

17、左輔右弼星情與官祿宮的疊加融合

輔弼二星，事業順遂，受人信服，善於管理。宜在私營企業工作。

加煞星，主虛名虛利。

加空劫，事業虛花，易被責難免職。

逢化科，主受人幫助，文上有喜。廟旺，事業發達；失陷，一般常人。

18、天魁天鉞星情與官祿宮的疊加融合

魁鉞二星，逢凶化吉，易得上司提拔，有地位。宜從政、文教等工作。

眾吉星守照，主富貴。

加煞星，主艱辛，磨難。

加空劫刑忌，多是非，防傷災。

19、祿存星情與官祿宮的疊加融合

祿存星，擅長理財，求財辛苦。

獨守，適宜財稅、商業、金融。

加會吉星，財官雙美，收入高。

加會四煞星，主艱難，辛勞，多競爭。

加會空劫旬空，多破敗，有名無實。

20、火星與官祿宮的疊加融合

火星，易爆發爆敗。

獨守，易失業退職。

同度紫府貪，失陷加吉則事業發達。廟旺加煞則勞碌多災。宜商貿、化工、焊接、裝修、廚師、電子、計算機等工作。

21、鈴星與官祿宮的疊加融合

鈴星，宜工業、鋼鐵工業等。獨守時，失陷加吉，主有虛名虛利。廟旺加煞，奔波勞碌，多兇險。

同度廉貞，易有官司。

加會喪門白虎，易有官非，傷害。

同度紫府貪，事業發達有成。

22、擎羊星情與官祿宮的疊加融合

擎羊星，辛勞坎坷，糾紛，事故，與人衝突。宜武職、工程、技術、屠宰、外科醫師、律師、軍警、機械、裁剪縫紉、刺繡、針灸等工作。

失陷，宜武職、冒險性質工作、體力工作等。再加吉星，可有權貴、地位。

廟旺，奔波無成。再加煞星，辛勞貧困，事故傷殘等。

23、陀羅星情與官祿宮的疊加融合

陀羅星，主發展緩慢。宜磨坊、牙科、研究性質工作。

獨守，易失業下崗。

失陷加吉，主研究學術、科研等。

廟旺加煞，主事業掙扎困頓後失敗等，防車禍。

同度貪狼，宜藝術、精工科技等。

24、天空地劫星情與官祿宮的疊加融合

空劫二星，主事業多變、丟官降職、坎坷不順、挫折失利等。

天空星地劫星，宜司機、空乘、宗教、公益、科研、網絡、鑽探等性質的工作。

空劫二星同宮或會照，最凶，大敗而終。加吉星也於事無補。

天空或地劫，單星，在主星廟旺或吉眾時，凶力較小，仍有望富貴。

第六節　星情與遷移宮和田宅宮的疊加融合

本節包括遷移宮和田宅宮。遷移宮是地點的變動，田宅宮是地點的固定。一動一靜之間反映了人的生活範圍、進退策略、吉凶等。

星曜與遷移宮和田宅宮的疊加融合，其內容並不複雜，我們在這裡只做一個思路指引。熟練掌握之前章節中「核心星情」，再看這一節就能上手。

1、遷移宮，其廣義的內容包括哪些？

遷移宮：人際關係、社會活動能力、社會影響、出行、遠行、出國、向外發展、出外的

際遇、職業變化、轉業跳槽、機遇、適應環境的能力，出外旅遊、遷動、搬遷、離鄉、出外有貴人或小人的情況、本人偏財、父母壽元、能否移居、遷動後的好壞、是否適合跑外勤、是否會有車禍和意外等。

2、星曜落入遷移宮，怎麼進行解讀？

（1）看遷移宮的原則：

①逢紫、府、機、同、陽、陰、梁等星，並且廟旺，再加會六吉星，則遷移宮吉，出外遇貴，遷動有利，出外順遂，易成功，易升遷。

逢殺、破、貪、廉、巨、武等星，並且主星失陷，再加會煞刑忌，則遷移宮凶，則出門不利，懷才不遇，遷後多災，遇是非挫折，難有升遷升職的機遇，甚至在外有意外和傷亡。

②看遷移宮，要兼看命宮。命宮和遷移宮相互影響和補泄。

③看遷移宮，要兼看原盤和運限盤。

一生是否會（離鄉背井）出外、出國，要看原盤為主；能否遷動以及吉凶，要看運限為主。

（2）哪些星曜和組合與「遷動」有關係

①遷移星：

天機、巨門、天馬、歲驛、太陽太陰、天梁、同梁、天梁天機、天機太陰、左輔右弼、攀鞍、破軍、華蓋、殺破狼格局等。

②出行有關的組合：

命宮在四馬之地。

命宮有天馬星。

命宮有天馬同時田宅有天機。

命宮有太陰，或命有太陰同時田宅有馬。

命宮有天馬遷移宮有機陰。

命宮有天馬遷移宮有機陰，忌又入子田。

命宮遷移宮逢殺破狼組合。

命宮有七殺天馬。

命宮在四馬之地有七殺。

命宮有同梁加馬。

命宮有七殺、子女宮化忌。

命宮在四馬地同時疾厄宮化忌，多跑動。

命宮有天馬星，宮干化祿、化忌入遷移宮。

田宅宮有機陰。

田宅宮、子女宮有天府對七殺。

田宮有天馬，四馬之地坐七殺。

田宅宮、子女宮有同梁天馬。

疾宮化忌多跑動。

3、田宅宮，其廣義的內容包括哪些？

田宅宮：有無祖業、住房、搬房、房產有無、置業能力、買房賣房、家居環境的好壞、裝修、駐地周圍的環境、工作場所好壞、家中裝潢、第二職業，存款、固定資產多寡、家宅是否安寧、家庭興衰、家人安危、鄰居的好壞、中年夫妻感情、女性的桃花情況、父和母的相互感情等。

4、星曜落入田宅宮，怎麼進行解讀？

（1）看遷移宮的原則：

①逢紫、府、廉、武、同、相、陰、梁、祿存、輔弼星等，並且廟旺，再加會吉星，則田宅宮吉，主能聚財，有祖業，順利置業，家庭和睦，居室精雅舒適，與近鄰關係好，富貴有源等。

逢機、殺、破、巨、貪，並且失陷，再加會煞忌刑，則田宅宮凶，主財散難聚，無祖業或破祖業，置業艱難，家境落破衰敗，家庭及鄰居不睦，家裡凌亂，家宅不安，買賣房屋上當被騙，經營房地產而損失，常搬遷等。

②看田宅宮，要兼看命宮。

命宮富貴格局成，若田宅宮吉則錦上添花；若田宅宮凶則僅主難得祖業和置業艱難，但是仍為富貴結果。

命宮凶格或貧賤格局成，田宅宮吉僅主努力後稍微改善；若田宅宮也凶則貧敗、夭亡等。

③看遷移宮，要兼看原盤和運限盤。

原盤的命田宅宮，為一生的結局和結果，限運田宅宮主某階段的發展和變化情況。

（2）哪些星曜和組合與「田宅宮」有關係

①與田宅有關的星：

天府、寡宿、官府、龍池、風閣、巨門、天梁、祿存、文昌等星。

②買房有關係的組合：

流年財帛宮化科入本命田宅宮表示買房子。

流年財帛宮化權入流年田宅宮表示買房子。

流年財帛宮化忌入本命田宅宮表示購屋必成。

流年財帛宮化忌入大限田宅宮表示可能購屋。

以上是我們分析單一遷移宮和田宅宮的時候，進行星情與宮位疊加融合的主要分析思路，只要掌握這個思路，就能分析遷移宮和田宅宮的基本內容了。具體的星曜坐守遷移宮和田宅宮的意蘊變化見下面——

星曜與遷移宮的疊加融合

紫微：氣質談吐高雅。出外易遇貴人，可得長輩提拔，易躋身上流社會。在外事業獨立操持而辛勞難免。

貪狼：尋刺激，喜新奇。喜歡在外跑。在外異性緣好，外出能增長知識，獲得新的客源等。防貪玩浪費時光，防桃花。

巨門：一定會外出，但在外易得罪人，多事非。有口福，宜結交公門中人，能有跳躍式成功。防小人口舌，防官非。

廉貞：善交際，宜離鄉發展，勞碌執著，愛冒險。有外財，出外多奇遇，宜往都市發展，宜防是非。

武曲：主行動、競爭，愛出外做事。宜外地求財，但是勞心又勞力。宜商業或企業，中年後可富。

破軍：奔波在外，忙碌蠻幹，破費多。居子午地能成名，防意外、防小人傷害。不宜遷移。

七殺：在外事業壓力比較大，結交的人比較雜，能異地馳名，防血光之災。

天相：愛管閒事。易有貴人相助。在外適應力強，能隨遇而安，人緣好，能增進事業。

天同：喜愛旅遊，人緣好。個性不好動，但出外有口福，在外愉悅，有出國運，經過努力能小有收穫。

天機：個性好動，不會久居出生地，宜往遠地發展。喜交友。在外地會做那些動用智慧或者跑腿的事業，事業不穩定，成敗不一。

天梁：學識廣，做事得體。在外有年長貴人幫助，能獲得名譽。利於事業進展。能出國。

天府：能踏實的累積致富。個性本不喜歡外出，外出是希望結交有實力的人，能平穩地發展。

太陽：宜離鄉發展，宜出外求學、求職、求名。太陽廟旺，出外遇貴，出手大方，朋友多，易名播四海。太陽失輝，主外出心情煩悶，發展空間小。

太陰：易搬家外出。出外得女性幫助。在外有財運。

祿存：經商多遂意，較辛苦。出外會有財運，但是不宜過度招搖。容易定居到外地。

文昌：出外有貴人相助，活躍於文化圈能成功。適宜外出求學。能揚名異鄉。易受到他人責難攻擊。

文曲：在外能遇知音或貴人，能增長見識，能揚名。防口舌，防禍從口出。

魁鉞：在外遇貴人，會結交有身份的人。對事業幫助大。事業順遂。

左右：在外遇貴人，能增長知識，對事業有幫助。事業順利。

擎羊：在外奔波勞碌，費力氣，多驚險糾紛，事業破費多競爭激烈。防意外或傷害等。

陀羅：本不愛外出，出外進步不大，舉步維艱，事業進展緩慢，還易招惹是非。防被騙。

火鈴：突然外出，沒有很多出行經驗。容易遇到外傷、驚恐。身心不安，孤獨，動盪。鬧中求財。

空劫：主出行遇到挫折，破財受劫，兩手空空，名譽受損，防車禍。

星曜與田宅宮的疊加融合

紫微：善理財，家境好。有祖業，亦喜歡自置房產。居住高樓、高檔寓所，駐地靠近機關單位、古董店、銀行等。

貪狼：無祖業或祖業難守。住宅外表華麗，主人常出門，不善打理家務、家中凌亂。或者駐地附近有餐館、大樹、廟宇、派出所、商場、公共場所等。

巨門：祖業難守。離鄉背井。努力自置房產，生活普通，鄰里不和睦。或者駐地附近有車站、碼頭、道路，窗外就是馬路等。當防盜賊。

廉貞：破祖業，自置家業。置業時易有糾紛。鄰里不和睦。家中電器多，家裡裝飾很用心。家人易惹官司。駐地附近有電線、電器店，或者環境嘈雜、地形複雜。

武曲：有錢人，家產較多，有祖業。住宅為高層或舊房二手屋。駐地附近有金融機構、寺塔、商業區、礦區、超市市場等。

破軍：無祖業，無穩定住所，住宅空間狹小、零亂，駐地附近有河道、市場、破舊建築等。

七殺：無祖業，常搬家，鄰里有是非之人。爆發後自置家業。或者駐地附近有司法機關、軍營、醫院等。

天相：有祖業，亦可自置產業。家裡裝飾很講究。房權文書易變更。或者駐地附近多為寫字樓、學校、服務機構、商場等。

天同：有祖業，普通住宅。隨遇而安，不喜歡購置田產。鄰居關係好，或者駐地附近有醫院、幼稚園、娛樂場所等。

天機：財來財去。無祖業，常搬家，易離鄉背井。自創家業，產業少。家裡電器多，鄰里關係一般。駐地靠近馬路或者窗外是馬路。

天梁：繼承祖業。與老人同住，住宅為老房子，或者駐地附近有高樓、橋樑、寺廟、法院等。

天府：家境富足，有祖業。住宅和工作安定，有收藏嗜好。住宅為高檔社區，或者駐地靠近鄉野、金融機構等。

太陽：廟旺，有祖業但是難守業，也能自置產業。太陽失輝，無祖業。居住為高層樓房。或者駐地附近有機關單位、鬧市、高樓高塔之類建築。當防火災。

太陰：有錢人，有祖業。家裡裝飾素潔文氣。有熬夜習慣，主人愛整理家務。家中或鄰居有出國的人，或者駐地附近地勢較低、臨近有水流等。

祿存：有錢人，家財萬貫。能繼承祖產，鄰里來往少但是都比較富裕。較新的高檔社區，駐地附近有金融機構、藥店等。

文昌：有祖業，亦能自置，分期付款購置，或者成名後買房。家裡有藏書文物等。駐地附近有書店、學校、報社等文化單位。防產權糾紛。

文曲：有祖業。家裡裝飾較好。主人房屋位於社區中部，或者駐地附近有古董店、文具店、樂器店、報館、水池、法院等。

魁鉞：有祖業。住宅裝飾華麗，家裡常常高朋滿座，或者駐地附近有政府機關、公園、大廈。

左右：有祖業，房產不只一處。鄰里和睦，駐地附近有山地、服務性機構、商業大樓等。

擎羊：無祖業。家人不和，鄰里有惡人。家中雜亂沒有人打理。住宅為舊房子，駐地附近有叉路口、五金商行、鋼鐵廠或建築形煞。

陀羅：無祖業，辛勞度日，家裡有病人或者鄰里不過問。駐地附近有斷垣殘壁、修車行等。

火鈴：無祖業或敗祖業。居家不寧，易有盜賊出沒。家中環境差，房屋老舊，駐地附近有廟宇、冶煉廠、加油站等。

空劫：無祖業或敗祖業。名下無房產。駐地附近有空地、墳塋等。

第七章 星曜與四化的疊加融合

第七章　星曜與四化的疊加融合

本章主要講述「星曜與四化」疊加時的蘊意變化，暫時沒有考慮宮位、同宮的其他星曜、星曜廟陷等因素，這裡只是給大家一個啟發，我們要用心揣摩星情與四化融合時的蘊意是怎樣變化的。當然，以下所羅列的內容，並非全部，您可以根據自己的理解和實踐進行無限的擴展，只要不脫離「星情與四化」的本質就可以。

紫微　乙化科；壬化權。

紫微化科

紫微化科，主很有面子，有知名度，名譽很高，名揚四海，受歡迎，事業順利，升職升遷，受到支援和欣賞，才藝出眾，技術獲得突破，技壓群雄，真才實學，實至名歸，權威，專家，好面子，自大，自私，偏激等。

紫微化權

紫微化權，主權威，鑑定師，編委會，古董行家，銀行行長，霸道，獨斷，剛愎自用，一意孤行，孤獨，偏差，失誤等。

貪狼　戊化祿；已化權；癸化忌。

貪狼化祿

貪狼化祿，主有藝術天賦，才藝出眾，一技之長，真才實學，客源滋生速度快，憑技藝掙到錢，偏財橫財，影視藝術圈成名的人，科學家，光鮮亮麗，注重外表，交際廣，應酬多，孤芳自賞，感情困擾，離鄉背井，酒色財氣，桃花運等。

貪狼化權

貪狼化權，主佔有慾強，霸道，野心勃勃，事業心重，憑藉技術獲得名譽和地位，冒險投資，顧客至上，財源穩固，工商部門，出版社，警局，技術標兵，高檔娛樂場所，私人會館，教師，醫生，算命先生等。

貪狼化忌

貪狼化忌，主計畫失敗而損失，揮霍無度，狂醉豪賭，雕蟲小技，二次婚姻，感情紛擾，桃花事件，學無長進，惹是非，女命落風塵，自創業，換職業，被炒魷魚，菸酒、樂器，舞女，賭徒，道士，夜總會，沙漠不毛地等。

巨門　丁化忌；辛化祿；癸化權。

巨門化忌

巨門化忌：主口舌官非，是非糾紛，出口傷人，遇小人，受詐欺，被反叛，耗損，後遺症，下水道，痔瘡，偷窺偷拍者，藥物，墳墓，隧道、溶洞、黑市，啞巴等

巨門化祿

巨門化祿，主擅長辭令，講話有條理，言語有煽惑性，以嘴巴掙錢取財，出外創業成功，經營食品店而發財，培訓學員生財，廣告產生效應，人緣廣，名利雙收，評論家，律師，銷售人員，感情糾紛，競爭得財，有口福，視窗，車站，網管等。

巨門化權

巨門化權，主努力拓展業務，權威性，話語權，法院，交通局，民意代表，公路收費站，艱辛波折，爭強出頭，伶牙俐齒，狡辯，話語服眾，廟宇，機場，風水師，感情困擾等。

廉貞　甲化祿；丙化忌。

廉貞化祿

廉貞化祿，主事業順利，地位升遷，權威，掌權，盛氣凌人，求財路子野，競爭奪財，手腕靈活，人際關係好，異性緣好，得利得助于女人，富麗堂皇，有喜慶之事，感情困擾，沉溺酒色，婚姻波折或破裂。

廉貞化忌

廉貞化忌，主是非糾紛，煩擾多，事業多阻，司法困擾，制度苛刻，金錢糾葛，桃花官司，因色犯刑，電擊傷害，不修邊幅，神經衰弱等。

武曲　甲化科；己化祿；庚化權；壬化忌。

武曲化科

武曲化科，主神氣風光，知名度增大，名聲顯赫，事業有所成就，對於財經金融有心得，可學習金融專業，在股市證券有收穫，會計證，生財有道，商業信息，商業計畫書等。

武曲化祿

武曲化祿，主財源滾滾，經商獲利，對於商界有心得，利潤多，利息大，投資成功，五金之財，人緣佳，企業之財。

武曲化權

武曲化權，主掌實權，幹勁十足，做事有魄力，實踐家，武職崢嶸，武師保鑣，軍警人員，開創擴展，做會計出納，掙錢的慾望強烈，剛毅，霸道條款，孤獨。

武曲化忌

武曲化忌，主求財不順，辛苦勞碌，錢財耗損，經商難成，奮鬥過程艱辛，投資失敗，資金困擾，因財而惹是非，人際關係差，不善言談，僧道，利器傷害等。

破軍　甲化權；癸化祿。

破軍化權

破軍化權，主多變遷，環境變動，勞碌奔波，奮發圖強，掌握權柄，變化改良，建立功勳，開創拓展，偏財運，財來財去，整理修繕，失職，糾紛，警務人員，市場管理員，屠宰業，軍火商，導遊，獵槍，農藥等。

破軍化祿

破軍化祿，主天資聰穎，身心愉快，事業穩定，科研獲得成果，努力收到回報，新的思路見到成效，拓展新管道成功，兼業兼職，榮升，橫發橫破，超市，礦產，紡織廠，儲物倉，奢侈品商場，沈迷酒色，因色破財等。

天同　丙化祿；丁化權；庚化忌。

天同化祿

天同化祿，主生活較好，無憂無慮，有福氣，人際關係和諧，面貌姣好，技藝超群，在遊樂中獲利，對於旅遊飲食有心得，得長輩照顧，感情順利，愛心大使，有保險有安全。

天同化權

天同化權，主與世無爭，研究學問，學術上嶄露頭角，升主管，有好的轉機，有點固執，猴子稱霸王，知識產權，外事辦理單位，大使館。

天同化忌

天同化忌，主悶悶不樂，猶豫糾結，感情困擾，不思飲食，技術差，人際關係差，閉關鎖國，勞碌辛苦，孤芳自賞，憂鬱症，被江湖人騙，情婦，病人等。

天機　乙化祿；丙化權；丁化科；戊化忌。

天機化祿

天機化祿，主計畫如願實現，事業順利開展，工作順利調動，學術或者技術獲得認可，獲得獎勵，學習進步很大，新車，汽車裝飾行業，賣情報賺錢，思想家，IT工程師，感情多波折、算命先生等。

天機化權

天機化權，主外出創業，謀略進展順利，有交際能力，有才華才能，調動成功，調令到手，積極開拓業務，學術或技術進展很大，研究成果獲得認可，辛勤辛勞，評委會，感情不利，買車，信息發佈會等。

天機化科

天機化科，主頭腦靈光，有奇思妙想，聲名遠播，計畫獲得進展，受人欣賞和支持，理想實現，載譽而歸，投資獲利，技術進步，新設備，理論家，評論家等。

天機化忌

天機化忌，主計畫難以施展，事業上有挫折阻力，工作難以開展，心神不寧，懷才不遇，喜鑽牛角尖，凡事想不開，家務糾紛，身體病痛，迷路，出行不順，設備故障，機器故障，狗頭軍師，會做出糊塗事，神經衰弱，悲觀失眠等。

天梁　乙化權；己化科；壬化祿。

天梁化權

天梁化權，主資歷豐富，一貫作風，老練世故，紳士風度，清貴，苛刻，霸道，孤芳自賞，懷才不遇，孤獨，醫生，醫療器材，養老院，軍事單位等。

天梁化科

天梁化科，主事業遂願，名譽好，口碑好，文史方面有成就，理論過硬，遠近馳名，學術有成，新著作，新法規，財運好，教師，作家，法官，學校，圖書館，博物館等。

天梁化祿

天梁化祿，主做老闆的慾望強，投資經商，投資創業，意外之財，運輸得財，勞碌，善根佛性，廟宇，教堂，古董，公務員，工商管理局，築路工，信徒，企業管理專業，股票，保險業等。

太陽　甲化忌；庚化祿；辛化權。

太陽化忌

太陽化忌，主奔波艱辛，勞碌坎坷，不利男性親屬，魯莽，是非麻煩，眼疾，固執己見，缺乏耐性，車輛出毛病，被罰款，受批評，戴眼鏡，失業，下崗，火災等。

太陽化祿

太陽化祿，主顯貴榮耀，事業不錯，名利雙收，有威嚴，有名譽，升官加爵，升職升遷，考中公務員，升學，慷慨捐贈，部分損耗等。

太陽化權

太陽化權，主有實權、有威望，有作為，調動成功，自行創業，努力爭取，有雄心，機械師，受人擁護支持，獲得授權，剛愎自用等。

太陰　乙化忌；庚化科；丁化祿；戊化權；癸化科。

太陰化忌

太陰化忌，主猜疑心重，精神苦悶，精神衰弱，感情困擾，陰謀權術，投資失敗，薪金縮水，花酒，女性親人不吉，娛樂場從業者，清潔用品，腿腳有病的人。

太陰化科

太陰化科，才華橫溢，聰明智慧，功名，名氣，有風度，有內涵，有真才實學，文采出眾，博學，聲譽佳，學術研究獲得成果，知名藝人，幼稚園，高檔化妝品，利潤大利息多，投資獲得成功，溪流，相貌嬌美，十八歲少女等。

太陰化祿

太陰化祿，主財祿，財源茂盛，家財萬貫，收入多，對外貿易，利潤豐厚，著作，科研成果收穫利益，受女性親人照顧，滿月，著名作家，財務總監，高檔轎車，宗教領袖，愉快，樂觀等。

太陰化權

太陰化權，主奮發進取，經過努力獲得財富的成功，財稅部門，掙錢的慾望強並且奔波努力，會計師，密室，密碼，碼頭港口，廣電局，影視中心，自由職業者等。

文昌　丙化科；辛化忌。

文昌化科

文昌化科，主聰慧，多才多藝，聲名顯赫，功名，真才實學，學者，作家，文化工作者，面貌清秀，懷才不遇，支票，股票，房產證，文書，學校等。

文昌化忌

文昌化忌，主消耗，法律訴狀，診斷書，判決書，紛爭官非，求學受阻，學業中斷，考試挫敗，輟學，落榜，通告，文房四寶，神經衰弱，血光之災等。

文曲　己化忌；辛化科。

文曲化忌

文曲化忌，主名聲臭，耗損，是非，官非，交通被罰金，名譽有損，是非爭執，欺騙，禍從口出，文書錯誤，狡辯，神經質，神經衰弱，虛假合同，藥物處方，破損的書籍刊物，舊的音樂器材，下水道等。

文曲化科

文曲化科，主異路功名，藝術才華，文學天賦，出類拔萃，口才不錯，新聞工作者，文娛工作者，文具，金石書畫，風流才子，豔遇，浪得虛名，歌舞，酒色等。

左輔　壬化科。

左輔化科

左輔化科，主貴人，聰穎，才華卓越，受提拔，受到幫助，字畫，助力，顧問。

右弼　戊化科。

右弼化科

右弼化科，主智慧高，得貴人幫助，珠寶，保安，崇拜，暗戀，是非糾紛，桃花。

第八章

宮位、星曜、四化的疊加融合

第八章　宮位、星曜、四化的疊加融合

本章主要講述「宮位與星曜四化」疊加時的蘊意變化，暫時沒有考慮同宮的其他星曜、星曜廟陷等因素，大家在理解和使用這些內容的時候，注意使用方法：

1、遇到雙主星時，若另一個主星爲吉星，疊加它的「吉利」蘊意；若另一個主星爲凶星，疊加它的「不利」蘊意。

2、遇到同度會照六吉星時，對其內容的屬性往吉利的方向延展；遇到六凶星時，對其內容的屬性往兇險的方向延展。

3、在遇到四化主星廟旺的時候，對其內容進行加深程度的演變；而對於四化主星陷落的，要進行減小程度的演變。

這樣就可以接近事實真相了。不要生搬硬套，要根據不同的星曜組合進行變通。另外，化祿、化權、化科，三者是力量上的層次不同，其意義接近；但是「化忌」是在屬性上與前三者不同，是量變引發的質變。我們重點闡述化祿和化忌。

我們要用心揣摩「宮位與星曜四化」融合時的蘊意是怎樣變化的。當然，以下所羅列的內容，只是給大家一個啟發，並非全部，您可以根據自己的理解和實踐進行無限的擴展，只要不脫離宮位與星曜四化的「本質」就可以。

第一節　12宮與星曜化祿的疊加融合

命宮與星曜化祿的疊加融合

廉貞化祿：

有責任心，具領導能力，事業順利，收穫財富，喜慶，桃花糾纏。

天機化祿：

思維敏銳，興趣廣泛，能言善辯，憑智慧取財，生活穩定，人際關係好。

天同化祿：

才藝高超，名利雙收，人緣好，鋪張，有口福，有保障，知足常樂。

太陰化祿：

有才華，博學，富有，財源廣，有桃花。

貪狼化祿：

聰明，應變力強，幽默圓滑，有偏財，多才藝，桃花多。

武曲化祿：

務實穩重，善理財，財運滾滾，人緣好，有魄力，身體健壯。

太陽化祿：

開朗，能幹，公務人員，名譽，權威，名利雙收，掌權，奔波勞碌。

巨門化祿：

博學多聞，人脈廣，常出門，愛說，話語具有感染力，由口取財，有口舌。

天梁化祿：

受尊長偏愛，樂善好施，勤奮，成熟，公私分明，預感能力強，善養生。

破軍化祿：

勇敢，有魄力，有偏財，善於打破常規，多變換，創新創業有成，防傷害。

兄弟宮與星曜化祿的疊加融合

廉貞化祿：

兄弟之間感情和睦。兄弟來往較多，兄弟長相有氣質，兄弟有上進心，兄弟善於應酬，兄弟有貴氣，兄弟有偏財運，兄弟有桃花運等。

天機化祿：

兄弟之間感情較好。兄弟不多，兄弟聰明好學，兄弟與命主聚少離多，兄弟口才好，兄弟對於機械電子有偏愛，兄弟能出謀劃策。

天同化祿：

兄弟之間感情好但是各忙各的。兄弟脾氣好，兄弟很有才華，兄弟是一個知足常樂的人，兄弟生活比較鋪張。

太陰化祿：

命主與姐妹之間感情深，來往多。兄弟之間經濟上有互助，兄弟很有才華，兄弟比較富有，兄弟愛經商，兄弟虛榮心很重，兄弟有桃花。

貪狼化祿：

兄弟之間貌合神離，但是生活上來往較多。兄弟有才華，兄弟有偏財，兄弟愛吹牛，兄弟愛吃喝玩樂，兄弟交朋友多，兄弟技術好。

武曲化祿：

兄弟之間關係欠和睦或者關係一般，但是經濟上有互助。兄弟富有，兄弟穩重話少剛強義氣，兄弟愛經商，兄弟體質壯實，兄弟財運好。

太陽化祿：

兄弟之間感情好，能互相理解，但是聚少離多。兄弟性格開朗，兄弟人緣好，兄弟有成就，兄弟有公職，兄弟戴眼鏡，兄弟很忙碌。

巨門化祿：

兄弟之間聚少離多但是常通電話等，感情一般或者欠和睦有口舌。兄弟巧言話語，兄弟經濟上較好，兄弟是非多，兄弟愛鑽研，兄弟有貴氣，兄弟由口取財，兄弟出門在外。

天梁化祿：

兄弟之間感情好，能互相理解，兄弟少。兄弟成熟老練固執，兄弟有貴氣，兄弟有成就，兄弟人品好，兄弟有信仰，兄弟被父母偏愛，兄弟不愛財。

破軍化祿：

兄弟之間感情較淡，兄弟分居兩地，兄弟之間幫助不大。兄弟膽大性格暴躁，兄弟有偏財，兄弟歷經坎坷後獲得財富，兄弟愛冒險投機，兄弟思想很另類，兄弟愛創業創新但是難穩定。

夫妻宮與星曜化祿的疊加融合

廉貞化祿：

夫妻感情一般或者較好。配偶異性緣好，配偶交際應酬多，配偶事業心很重有野心，配偶很能幹也很執著，配偶注重儀表愛打扮，配偶和命主年齡差距較大，配偶膽大心細，配偶容易失眠容易多疑等。

天機化祿：

夫妻感情較好或者時好時壞。配偶聰明能幹足智多謀，配偶有一技之長，配偶事業不穩定，配偶出行多，配偶思慮多有點神經質，配偶和命主年齡差距較大，配偶興趣廣泛博學。

天同化祿：

夫妻感情好，先同居後結婚的。配偶有才華才藝，配偶清秀溫和，配偶沒有很大的抱負凡事想得開，配偶身材較胖，配偶對飲食很講究，配偶有愛心。

太陰化祿：

夫妻感情好，幸福，有桃花。配偶經濟條件好，配偶有文藝天賦或愛好，配偶形象好文青，配偶溫柔多情，配偶顧家有潔癖，配偶是外地人，配偶有商業頭腦，配偶對衣飾很講究。

貪狼化祿：

夫妻感情一般或較差，年齡差距大，先同居後結婚，有桃花，婚姻易有波折。配偶形象好，配偶性格外向，配偶善於交際，配偶聰明好學，配偶追求浪漫完美，配偶愛孩子照顧孩子，配偶愛美容愛美食，配偶有偏財，配偶多才多藝，配偶有異性緣，配偶財運較好喜歡投資。

武曲化祿：

夫妻感情一般或較差，晚婚，先同居後結婚，結婚以後發財。配偶家境好，配偶沉默寡言，配偶剛強務實，配偶有商業敏感，配偶善理財，配偶體質健壯，配偶愛運動，配偶固執易怒。

太陽化祿：

夫妻感情好，晚婚或者配偶小。配偶外向開朗，配偶富貴或有公職，配偶能幹顧家，配偶出門機會多，配偶事業穩定收入好，配偶有文化明事理，配偶脾氣急躁。

巨門化祿：

夫妻感情一般，口舌多。配偶能言善道，配偶家世好，配偶年齡大，配偶知識面廣，配偶常常出門，配偶由口取財，配偶有工作，配偶有信仰，配偶愛鑽研，配偶挑剔刻薄。

天梁化祿：

夫妻感情好，受對方照顧。配偶老練清高，配偶有公職，配偶會養生，配偶固執，配偶形象好，配偶年齡大，配偶信仰，配偶被長輩偏愛，配偶有異性緣，配偶公私分明。

破軍化祿：

夫妻感情不好，分居或者家庭不寧，先同居後結婚。配偶極端暴躁情緒化，配偶膽大好投機，配偶感情複雜或為二婚的，配偶交往三教九流很複雜，配偶有技術。

子女宮與星曜化祿的疊加融合

廉貞化祿：

和孩子感情深，但孩子少。子女聰明活潑，子女有鴻鵠之志，子女會來事善於表現，子女固執責任心強，子女有貴氣，子女愛交朋友，子女有桃花運，子女愛投機遊走在法律邊緣。

天機化錄：

和孩子感情一般或者聚少離多，孩子少。子女聰明機靈，子女好奇心強興趣廣，子女口才好有同情心，子女好動少靜，子女愛研究機械電子，子女心靈手巧，子女愛出謀劃策。

天同化祿：

和孩子感情好，疼愛孩子。子女眉清目秀，子女乖巧可愛，子女小時候毛病較多，子女膽小隨和，子女多才多藝，子女貪玩懶散，子女坐享天成，子女有福氣，子女賢孝。

太陰化祿：

和孩子感情好，孩子賢孝。子女眉清目秀，子女文質彬彬，子女有才華，子女愛乾淨，子女能出國，子女財運好，子女會理財，子女有商業頭腦，子女虛榮心重。

貪狼化祿：

和孩子感情好，但是孩子不太聽話。子女聰明富有創造性，子女貪玩，子女有才華，子女朋友多愛交往，子女學業有成，子女有外財，子女感情豐富有桃花。

武曲化祿：

和孩子感情一般或較差，孩子少。子女倔強剛強耿直，子女勇武果決，子女愛運動，子女體格健壯，子女財運好，子女理財，子女有商業頭腦，子女投資成功。

太陽化祿：

和孩子感情好，生貴子。子女性格活潑開朗，子女健壯好動，子女學業有成，子女有公職，子女事業運好，子女能幹上進，子女朋友多，子女戴眼鏡，子女虛榮心強。

巨門化祿：

和孩子感情差，多口舌。子女能言善道，子女學業有成，子女興趣廣泛博學，子女由口取財，子女出門在外，子女愛鑽研，子女財路廣。

天梁化祿：

和孩子感情深，互相關愛，孩子少。子女穩重大方勤奮，子女學業有成，子女有公職或名譽，子女有信仰，子女責任心強公私分明，子女霸道清高，子女愛管閒事。

破軍化祿：

和孩子感情差，子女少，頭胎不順利。子女個性叛逆不服管，子女不繼承父業，子女出外打拼，子女勇敢有魄力，子女有一技之長，子女經歷坎坷以後能成功，子女能白手起家，子女善於創新。

財帛宮與星曜化祿的疊加融合

廉貞化祿：

賺錢順利，賺公家的錢，有偏財，財源穩定，因桃花耗財，求財過程多競爭，防因財起官非。

天機化祿：

工作多變，白手起家，財來財去，利用機械、車輛、智慧等賺錢，出外賺錢。

天同化祿：

賺錢輕鬆容易，做保健品、幼稚園等事業賺錢，掙錢的心態很好，保險公司，福利院，憑技術掙錢。

太陰化祿：

錢財來自遠方，財源滾滾，大富，用錢生錢靠股金分紅賺錢，有很好的理財計畫，由女人說明獲得財富，作品出版獲得回報。

貪狼化祿：

發財的慾望強烈，為掙錢會有應酬，有偏財，做文娛業餐飲業或靠技術掙錢，投機性質的事業獲得成功，財源廣，能爆發，發橫財。

武曲化祿：

富有，善理財，做金融或實業企業賺錢，善於把握商機果斷投資，資金雄厚，大富，財源穩固，踏實做事不注重名份。

太陽化祿：

富貴，有錢有權，不善於存錢，出外求財，先有名譽後有錢，做事業勤奮努力，白手起家，愛散財施捨。

巨門化祿：

用嘴巴賺錢，能賺公家的錢，出外求財，白手起家，做交通運輸、食品、藥品等賺錢，來財的數量大，財源廣，求財中免不了競爭和口舌，可以有兼職。

天梁化祿：

富貴，不愛財但是不缺錢，能得到祖產之財，利用職務之便賺錢，會做一些公益之事，出外求財，會買保險，只掙那些靠譜有把握的錢。

破軍化祿：

不善理財，沒有很好求財計畫，能橫發橫破，創業成功，新技術獲得市場認可收到效益，有外財，可以有兼職，求財過程很辛苦。

疾厄宮與星曜化祿的疊加融合

廉貞化祿：

比較健康，疾病少或者小。神經衰弱、噩夢、出血性小毛病、性慾強造成的小毛病等。

天機化錄：

比較健康，疾病少或者小。神經衰弱、失眠、食慾不好等。

天同化祿：

很健康，沒有毛病。防發胖或者傳染性小毛病，一般容易痊癒。

太陰化祿：

健康少病，有一些容易緩解的小毛病，比如腰痠腿痛、近視老花、婦科等。

貪狼化祿：

健康，一般無病，防男科婦科、消化科的小毛病。

武曲化祿：

健康壯碩，很少有病，容光煥發，精神抖擻。

太陽化祿：

健康無病，防操勞過度引起的小毛病，血液、血壓、眼睛等小毛病。容易痊癒。

巨門化祿：

比較健康，疾病少或者小。肛腸、口腔、呼吸道等毛病，容易痊癒。

天梁化祿：

身體健康，會養生。沒有大病。鼻子、脾胃、腰背部位等小毛病，不藥而癒。

破軍化祿：

男科、婦科、關節、牙齒等方面的小毛病。

遷移宮與星曜化祿的疊加融合

廉貞化祿：

出外獲得機遇，宜往都市發展，出外有成就，出外有異性幫助，有外遇，出外經歷坎坷，出外經歷複雜等。

天機化祿：

離鄉背井求發展，出外謀事，地點常變換，變動以後獲得成功，司機或者經常出行的工種，在外發現新機遇新思路，在外求學等。

天同化祿：

豪華旅遊，在外順心如願，在外遇知音，喜歡自由自在，一起出行，在外受人幫助，在外生活有保障。

太陰化祿：

在外發財發福，在外獲得成就和發展，在外受到異性幫助，出國求學有成，在外獲得名譽和財富，旅途有收穫，在外完成創作，在外獲得財運等。

貪狼化祿：

在外多應酬，在外朋友多，在外求學順利，在外環境較好，在外開拓業務順利，在外有桃花，在外發財等。

武曲化祿：

在外發財收穫豐厚，在外奔波但有收穫，在外要帳順利，在外事業順遂，換工作以後收入增加，資金騰挪成功等。

太陽化祿：

升遷成功，在外獲得更好機遇，在外事業成功出成就，在外奔波以後如願，在外名聲、聲譽很好，買了新車，在外受到長輩幫助，在外求學順利，前途在外等。

巨門化祿：

出遠門獲得成功，在外地聲譽好、口碑好，在外地有口福，在外多口舌，在外求學獲得學位，在外落戶，在外奔波努力後如願，出遠門等。

天梁化祿：

在外受到尊長幫助，在外有殊榮，在外事業順利，到外地就任，調動成功，遷動後獲得好運，出國順利，有出國的關係和門路等。

破軍化祿：

出外創業成功，獲得進步獎，喜歡在外流浪，換工作以後獲得機遇和靈感，在外奔波勞碌以後有成果，在外環境很差，在外忙於生計，在外經歷坎坷是非多等。

交友宮與星曜化祿的疊加融合

廉貞化祿：

能獲得朋友幫助但是也會有一些麻煩和拖累。交際廣並能受到幫助，朋友常一起聚餐，和朋友在一起很開心但是大多是酒肉朋友，異性朋友多，有一些能喝酒、能吹大話的朋友，對朋友很不錯等，交友比較複雜各個階層都有。

天機化錄：

能從朋友那裡獲得一些有用的資訊或者知識。有一些有技術專長的朋友，朋友很足智多謀，朋友大多不在同一個城市或者聚少離多，朋友都很忙碌，朋友聰明能幹也有心機，總是有機緣認識談得來的朋友，朋友能給你出謀劃策，對於交朋友命主是隨緣的不是刻意。

天同化祿：

和朋友感情很深，有知己朋友並獲得真誠的幫助。朋友圈子主要是靠愛好興趣建立，有一些精通文藝的朋友，朋友脾氣好，朋友中有的年齡差距很大，異性朋友中有的會發展成為情人，有的朋友出國了並混得不錯。

太陰化祿：

和朋友感情很深，並且獲得經濟上的幫助。朋友很有錢，朋友漂亮，朋友的層次較高情趣高雅，朋友中有不少是商場或者金融行業的，朋友中異性的朋友佔很大比例，獲得異性朋友幫助，朋友中會有成名的藝術人。

貪狼化祿：

能從朋友那裡獲得財源和感情的慰藉。異性朋友多能發展成情人，交朋友很雜三教九流都有，朋友大多很激進和新潮，朋友在一起吃吃喝喝很快樂，朋友交往情況比較複雜，有的是因為興趣，有的是因為生意，朋友中不乏技術上的高手，朋友相處融洽但是會有緋聞。

武曲化祿：

真心的朋友很少，但是能獲得經濟上的援助。朋友之間大多是因為事業和生意走到一起的，朋友圈子不固定來去匆匆，有朋友很勇武暴躁，朋友大多有錢富有，朋友不會巧言話語，命主的朋友觀點是實用和有用，會有真誠的好用的朋友，也有斷交的朋友。

太陽化祿：

有富貴的朋友並獲得幫助。交友廣泛幾句話就很熱絡，朋友大方開朗，朋友有不少是公職人員，對朋友付出真心但是不一定有回報，朋友有虛榮心很強攀比很重，朋友中不乏戴眼鏡的，朋友都很忙碌，有的朋友出國了。

巨門化祿：

在事業上能獲得朋友的幫助，朋友之間多是非。朋友大多是外地人，朋友有出國的，朋友能言善辯愛吹牛，朋友在外地事業順利，朋友中有心眼小刻薄的人，朋友知心的少，朋友聯絡較多一起吃飯聊天。

天梁化祿：

朋友有愛心，能獲得幫助，但朋友少。朋友之間年齡差距較大，朋友熱心公益，朋友老練清高，朋友有貴氣成就，朋友長相一般，朋友有宗教信仰，朋友比較孤獨自私，朋友間多精神鼓舞少物質來往。

破軍化祿：

朋友少而且交往多不深，泛泛之交。朋友中有軍人、員警等，朋友比較複雜三教九流都有，朋友技術上有創新有能力，朋友膽大桀驁不馴，朋友脾氣暴躁是非多會有拖累，會從朋友那裡獲得一些靈感和新知，會有背信棄義的朋友等。

官祿宮與星曜化祿的疊加融合

廉貞化祿：

事業順利，能掌權。敬業專一。事業上多競爭坎坷波折。可從事商貿、軍警、司法、文娛、餐飲、加工、設計等行業。

天機化祿：

智慧獲得效用，有一技之長。事業多變換。可從事顧問祕書、智囊、策劃、機械、設計、運輸、工程等行業。

天同化祿：

不善於創業，進取心弱因此發展受到侷限。可從事醫藥、食品、文娛、幼兒、保險、旅遊等行業。

太陰化祿：

善於經營，財運好事業順，富貴。可從事藝術、金融、商務、財務、財稅、保密、化學工業等行業。

貪狼化祿：

善於應酬，有才華有野心，善於冒險投機，中年能發大財。可從事文娛、餐飲、食品、嬰幼兒、科技、商貿、仲介等行業。

武曲化祿：

事業發達順利，對事業踏實而認真，中年後有成就。可從事金融、企業、武職、商貿、財稅、技術、體育等行業。

太陽化祿：

富貴，先有名譽後有財富，工作熱情高，能獲得權柄。可從事政府公務，能源、演藝、教育、文化、運輸、電力、法律等行業。

巨門化祿：

出外做事，有兼職，能出國，事業之路比較坎坷多是非。可以從事運輸、法律、演藝、主持、傳媒、教師、科研、網路、廣告、食品銷售等行業。

天梁化祿：

可以繼承父業，能出國工作，會有富貴。可以從事保險、醫藥、法律、政務、信訪、教育、宗教等行業。

破軍化祿：

多換職業，事業過程坎坷，中年後才穩定，特立獨行不喜歡傳統職業，自創業。可從事軍警、保安、外科醫生、海員、體育、費體力的、冒險的事業等行業。

田宅宮與星曜化祿的疊加融合

廉貞化祿：

不繼承祖業、房產上會有糾紛但會獲利、房屋裝飾豪華、家中多宴樂之聲、有外財、金屋藏嬌等。

天機化祿：

無祖業、出門在外發財、換工作、買新車、換房子、買新房、計畫性購房、炒作房子、能獲得最新的房產資訊、做司機或運輸工作等。

天同化祿：

有祖業或者繼承父業、白手興家、鄰里關係和睦、做培訓或幼稚園發財、家宅中書房很寬敞、後代長勢良好、愛宅在家裡自娛自樂、大眾化社區但是維護很好等。

太陰化祿：

豪宅、有錢人家、家財萬貫、別墅區、主人愛乾淨、靠近郊區的房子、靠近河流的房子、女主人比較胖、藝術之家、家中有人出國發展、家中養水族物等。

貪狼化祿：

不繼承父業、房子大、房子裝修豪華、家中養有寵物、金屋藏嬌、社區附近有熱鬧場所、喜歡在家裡吃早餐、富有之家、房子會變換或者裝修等。

武曲化祿：

富裕之家、有錢人家、家裡人愛運動、家裡有很多保險櫃、房子不是新房、社區附近有商業區或銀行、黃金地段的房子、社區保安盡職守。

太陽化祿：

有祖業、富貴人家、政府家屬院、教職員工宿舍、社區所處地段地勢高、男主人收入高、社區文明繁榮、社區附近有學校或政府機關、家裡男性小朋友長勢良好、房子比較新等。

巨門化祿：

不繼承祖業、社區附近有大的交叉路口、社區業主身份複雜、社區在市外、家中常有朋友來吃喝聊天、家中有出國或到外地工作的人、鄰里不和、社區靠近橋樑或鐵道等。

天梁化祿：

能繼承祖業、房子是老舊或者二手的、房子比較寬敞、家中老人有地位身份、家中有所供奉、社區附近有橋樑或機關單位、家人安康等。

破軍化祿：

無祖業、鄰里關係不和、社區保安盡職責、社區所處大環境嘈雜、常搬家換房子、老舊房子但是維護較好、家中主人脾氣暴躁、宅中有軍人員警身份的人、社區靠近工廠或市場。

福德宮與星曜化祿的疊加融合

廉貞化祿：

興趣在事業，有抱負有野心，為人幽默，善於應酬，有異性緣，多慮。

天機化錄：

興趣在技術和學習。有一技之長，善於研究和思考，會開車，善辯，有謀略。

天同化祿：

興趣在林泉。無特別的追求，隨遇而安，只求問心無愧，有個人文娛愛好，人緣好。

太陰化祿：

興趣在金錢和名譽。善於理財，有藝術愛好，物質享受豐富，思想浪漫追求完美。

貪狼化祿：

興趣在酒色享受和技術。善於應酬，有桃花，有外財，多才多藝而無專長，誇誇其談，好高騖遠。

武曲化祿：

興趣在事業和錢財。勤勞踏實，愛崗敬業，實現財富理想，業內有威名。

太陽化祿：

興趣在地位和公益。重視名譽，工作勤奮，有愛心，熱心公益，忠誠博愛。

巨門化祿：

興趣是名聲。把自己的思想傳達給別人。坎坷努力以後能獲得話語權，多糾紛口舌，離鄉背井，有口福，有外財等。

天梁化祿：

興趣是秩序和信仰。天生成熟，尊重秩序維護法律，繼承傳統，熱心公益，有宗教信仰和心靈皈依。

破軍化祿：

興趣是創新和突破秩序。少享受多苦悶，勞心勞力，力圖創新和突破，易有刑災和傷害，經過奮鬥以後有成就。

父母宮與星曜化祿的疊加融合

廉貞化祿：

和父母感情一般或較差。父母事業有成但很忙碌，父母善於應酬和周旋，父母有暗桃花，父母能幹做事力求完美，父母事業多糾紛、父母有外財。

天機化祿：

和父母感情較好或一般。父母聰明文化高，父母善於言教做思想工作，父母有技術專長，父母樂善好施，父母常出門，父母購置新車，父母和命主不在一起居住。

天同化祿：

和父母感情深，受父母恩惠多。父母樂觀大度，父母脾氣好溫和謙恭，父母有很好的保險和福利，父母多才藝自娛自樂，父母有保健計畫，父母疼愛孩子對孩子教育寬鬆。

太陰化祿：

和父母感情好，經濟上受到父母關照多。父母富有，父母文靜愛清靜，父母相貌好能力強，父母會理財，父母有暗桃花，父母博學興趣廣泛，命主遺傳母親的因素多一些。

貪狼化祿：

和父母感情一般，性格多不合。父母有才華多才多藝，父母是學有所成之人，父母有外財，父母應酬多，父母有暗桃花，父母富有，父母幽默圓滑，父母能喝酒等。

武曲化祿：

和父母感情一般，父母教育苛刻命主多有叛逆而不和睦。父母有錢富有，父母事業有成，父母做事踏實，父母善於理財，父母體壯暴躁脾氣，父母不全，父母愛運動。

太陽化祿：

和父母感情好，尊重父母。父母有公職，父母有成就，父母開朗熱情，父母常出門，父母勤奮忙碌，父母戴眼鏡，父母愛面子，父母的教育寬鬆。命主遺傳父親的因素多一些。

巨門化祿：

和父母感情不好，聚少離多。父母出門在外，父母有成就，父母不全，父母和命主之間口舌多，父母博學，父母精明能幹，父母口才好但挑剔，父母有外財。

天梁化祿：

和父母感情深，受到父母照顧多或繼承父業。父母有公職，父母慈善厚道之人，父母有宗教信仰，父母有很好的保險和福利，父母傳統固執，父母養生有道。

破軍化祿：

和父母感情差，或者父母有殘缺。父母脾氣古怪暴躁，父母一生坎坷多是非，父母努力拼搏以後有成就，父母好賭，父母的教育多打罵，父母給後代的溫暖少。

太陽化忌：

主發脾氣、鬱悶、眼睛痛、口舌是非、不利男性親人、失業下崗、名譽受損、耗散浪費等

太陰化忌：

主破財吃虧、隱痛之事、不利女性親人、雜亂骯髒、陰謀、懶散愛享受、沒有靈感、庸才、丟失、被騙、被罰款等。

廉貞化忌：

主冒險、叛逆、狡詐、血光之災、神經衰弱等、毫無原則和底線、刑訟官非、爛桃花，桃花是非、牢獄、被處罰、賭博輸錢、荒蠻之地。

巨門化忌：

主刻薄、狹隘、吹牛、詞不達意、張嘴就得罪人、出口傷人、口舌是非、麻煩纏身、心靈陰影、管閒事牽扯麻煩，不利父母、出行不安全、車禍、假藥、無牌經營等。

天機化忌：

主黔驢技窮、才思枯竭、狡辯、不踏實、心機重、鑽牛角尖、神經衰弱、感冒頭痛、弄巧成拙、聰明反被聰明誤、破機器、車禍。

文曲化忌：

主說話難聽，狡辯、文筆差、徒有虛名、感情困擾、口舌是非、神經衰弱、支票契約出問題、常搬家、舊書報、贗品等。

天同化忌：

主損福折壽、好吃懶惰、自相矛盾、情婦二奶、垃圾食品、演技差、無保險無福利、鋪張浪費、委曲求全、不愉快、精神苦悶等。

文昌化忌：

主典章制度嚴厲苛刻、不明事理、無理取鬧、沉溺歌舞、目不識丁、失學、失業、病危通知書、罰單、逮捕證、假證、謬論、文件合同出紕漏、記憶力差、孤僻、無學識、虛名、沽名釣譽等。

武曲化忌：

主好鬥、易怒、固執、入空門、看透紅塵、破財、財務糾紛、投資失敗、資金周轉不靈、利器所傷、體質差、安保人員不得力、打架鬥毆、破廟、寡婦等。

貪狼化忌：

主善空想、心比天高、妒忌、狡詐、桀驁不馴、桃花是非、遁世出家、冷門技術、性慾強、婚姻感情不利、淫蕩、酒色財氣、賭徒、官非。

兄弟宮與星曜化忌的疊加融合

太陽化忌：

兄弟關係不好、感情不和。兄弟有折損或者數量少、兄弟無長期工作、兄弟無助、兄弟無成就、兄弟高傲瞧不起人、兄弟有官非、被兄弟拖累、兄弟聚少離多。

太陰化忌：

兄弟之間關係差，來往少。姐妹有折損或者數量少、兄弟經濟上窘迫、兄弟破財或感情不和、兄弟投資失敗、兄弟疑心很重，兄弟有桃花、兄弟無涵養、兄弟有不良嗜好等。

廉貞化忌：

兄弟之間感情不好，多是非糾紛。兄弟狡詐猖狂、兄弟有桃花、兄弟愛賭博、兄弟有官非官司、兄弟交際多而雜、兄弟有血光之災，兄弟神經衰弱、兄弟婚姻不好等。

巨門化忌：

兄弟之間感情不和，多口舌矛盾。兄弟出門在外、兄弟無法溝通或不過問、兄弟巧言話語但隔心、兄弟挑唆家庭關係或者受其拖累、兄弟刻薄寡恩口是心非、兄弟有官非是非、兄弟有車禍等。

天機化忌：

兄弟之間關係一般或者忽冷忽熱。兄弟少或者聚少離多，兄弟出門在外、兄弟智力有問題、兄弟喜歡阿諛逢迎那一套、兄弟優柔寡斷、兄弟運氣不好，兄弟有車禍、兄弟心機重等。

文曲化忌：

兄弟不和睦，多口舌。兄弟拖累命主、兄弟虛偽孤僻、兄弟有桃花、兄弟文化低，兄弟有官非、兄弟無助益等。

天同化忌：

兄弟之間感情較好，但是各自獨立來往少。兄弟身體不好、兄弟懦弱無為、兄弟好吃懶惰不上進、兄弟有不良嗜好、兄弟有桃花、兄弟出門在外等。

文昌化忌：

和兄弟之間感情很差，甚至對簿公堂。兄弟沒有涵養、兄弟文化低、兄弟有官非、兄弟被騙、兄弟有嚴重的疾病、兄弟為異母所生、兄弟的智力有問題等。

武曲化忌：

兄弟之間感情很差，甚至打架，或者兄弟少。兄弟破財、兄弟運氣很差、兄弟間出現經濟糾紛、兄弟脾氣暴躁、兄弟投資失敗、兄弟被利器所傷、兄弟體質很差、兄弟無情等。

貪狼化忌：

兄弟之間關係差，被兄弟拖累。兄弟不學無術、兄弟有桃花、兄弟吃喝嫖賭、兄弟聚少離多、兄弟被騙、兄弟愛吹牛、兄弟技術很差、兄弟遭遇是非等。

夫妻宮與星曜化忌的疊加融合

太陽化忌：

夫妻之間感情變差，或者生離死別。配偶事業不濟、配偶年齡大、配偶急躁不善交際、配偶奔波在外、配偶沒有穩定工作、配偶惹是非、配偶禿頭或者頭髮少、配偶戴眼鏡等。

太陰化忌：

夫妻之間感情差，生離死別。配偶貧困、配偶財運很差、配偶投資破財、配偶多愁善感懶散、配偶有男科暗疾、配偶和命主母親不和睦、配偶愛享受花錢沒有計畫、配偶不解風情、配偶不愛看書、配偶長相一般、配偶為二婚等。

廉貞化忌：

夫妻感情較差，多糾紛矛盾或者分離。配偶有桃花或者欠人情債、配偶善於狡辯、配偶好賭好冒險、配偶惹官非、配偶出身較差、配偶有血光之災、配偶出入燈紅酒綠、配偶以公謀私等。

巨門化忌：

夫妻感情較差，多口舌口角。配偶出門在外、配偶愛吹牛愛嘮叨、配偶愛罵人愛詛咒人、配偶歪腦筋多壞點子多、配偶比命主年齡大、配偶惹是非、配偶名譽不好人緣差、配偶交往很雜三教九流、配偶有異姓手足等。

天機化忌：

夫妻感情一般或較差，多爭吵。配偶失眠焦慮、配偶有車禍、配偶死腦筋固執鑽牛角尖、配偶愚笨或木訥、配偶一生機遇不好沒有很好的發展、配偶多疑奸猾、配偶常出門、配偶為二婚或年齡小等。

文曲化忌：

夫妻之間感情一般，多口舌。與配偶個性合不來、配偶狡辯強詞奪理、配偶文化不高、配偶有桃花、配偶和命主先同居後結婚、配偶和命主沒有進行結婚登記、配偶水性楊花、配偶有文娛愛好等。

天同化忌：

夫妻感情較差，興趣不同性格迥異。配偶懶惰不上進、配偶對吃穿很挑剔、配偶思慮多精神苦悶、配偶娃娃臉、配偶小心眼、配偶鋪張浪費、配偶有不良嗜好、配偶出門在外、配偶為二婚或者二奶扶正等。

文昌化忌：

夫妻感情差，或者生離死別。配偶文化低、配偶和命主先同居後結婚、配偶失業下崗、配偶有官司是非、配偶和命主在學識修為上差距大無法溝通、配偶有外遇或者桃花、配偶長相一般等。

武曲化忌：

夫妻感情差，分居或者離異。配偶運氣差破財、配偶體質差、配偶投資失敗、配偶不善理財耗財、配偶脾氣剛烈暴躁、配偶孤僻人緣差、配偶靠勞力生活等。

貪狼化忌：

夫妻感情較差，離異。配偶吃喝嫖賭不務正業、配偶巧言話語騙人、配偶性慾太強、配偶有桃花、配偶惹色情糾紛、配偶和命主先同居後結婚、配偶不學無術空手套白狼、配偶對衣食挑剔、配偶做事三分鐘熱度等。

子女宮與星曜化忌的疊加融合

太陽化忌：

和孩子感情差，尤其是兒子，或者子女折損、子女少等。子女有近視眼、子女有流產、子女難養疾病多、子女事業不濟、子女事業不穩定、子女學業差、子女固執急躁不善理財、子女常出門、子女有官非等。

太陰化忌：

和孩子感情不睦，尤其是女兒，有折損或者子女少等。子女經濟貧困、子女財運差、子女愛享受、子女有暗疾、子女投資失敗、子女不善理財、子女出國、子女被女人拖累等。

廉貞化忌：

和孩子感情差，有糾紛矛盾或者子女少。子女狡詐有野心浮躁、子女體質差、子女有桃花糾紛、子女有官非、子女事業上出問題、子女應酬多交際雜，子女有血光之災等。

巨門化忌：

和孩子感情差，多口舌。子女出門在外、子女頭胎難養、子女口是心非愛吹牛、子女被限制出境、子女有是非、子女常搬家、子女口腔或牙齒有損、子女患有痔瘡、子女禍從口出是非多、子女事業無進展、子女事業不利下崗等。

天機化忌：

和孩子感情較差，或者孩子少。子女愚笨或者木訥、子女懶惰不喜歡運動、子女狡辯伶牙俐齒、子女有流產、子女不上進不愛學習、子女固執鑽牛角尖、子女在外事業不順利、子女不喜歡聽別人的建議心機重、子女有車禍等。

文曲化忌：

和孩子感情差，多口舌或者子女少。子女學業不好、子女有感情糾紛、子女沉溺酒色、子女孤僻不愛說話、子女文化低、子女失業、子女為私生子、子女惹口舌是非等。

天同化忌：

和孩子感情差，有代溝、性格迥異等。子女出門在外、子女不上進得過且過、子女思想苦悶內向、子女有不良嗜好、子女愛吃垃圾食品、子女孤僻不善交流、子女玩物喪志、子女沉溺網路等。

文昌化忌：

和孩子感情差，或者子女折損、多糾紛等。子女文化低、子女不愛學習、子女為私生子、子女有桃花、子女體質差、子女神經衰弱、子女有血光之災、子女戀愛不順利等。

武曲化忌：

和孩子感情不好，冷漠、來往少或者孩子少。子女財運差、子女破財、子女投資失敗、子女脾氣不好暴躁固執、子女好打架或者受傷害、子女流產、子女體質差、子女孤獨沉默等。

貪狼化忌：

和孩子感情不好，或者孩子多病。子女來得遲、子女不愛學習成績差、子女有桃花、子女沉迷酒色、子女應酬多、子女有外遇、子女好賭、子女有桃花糾紛、子女投資失利、子女事業低迷等。

財帛宮與星曜化忌的疊加融合

太陽化忌：

事業不穩定、失業下崗、財務糾紛、六親拖累、在裝潢和宣傳上投資太多資金吃緊、出外投資失利、丈夫破財、暗損、私下交易、破財並名譽損失、經濟官司、白手起家等。

太陰化忌：

破財、不善理財、投資失敗被套牢、被女人騙錢、桃花破財、財源斷絕或者增長勢頭被遏制、和女人合夥做生意而失敗、被女人設計、非法管道的錢、妻子有病花錢、密碼洩露而破財等。

廉貞化忌：

財務糾紛、賭債、桃花破財、應酬多開銷大、為裝潢撐場面而花錢、被罰款、被執行財產、不義之財、貪污受賄之財、血光之災破財、刀尖上的錢、退回的贓款、受人勒索糾紛等。

巨門化忌：

經濟官司、口頭協定投資、出外創業破財、買車花錢、路費、罰款、丟失、被盜、口腔疾病花錢、假藥過期食品而破財、被電信詐騙破財、過路費過橋費、搬家花錢等。

天機化忌：

陰錯陽差錯失機遇破財、買機器設備花錢、補課家教費用、諮詢費用、憂鬱症花錢治療、財來財去、跳槽換工作而損失錢財、購買彩券破財、計畫失策而破財等。

文曲化忌：

壞帳呆帳、證書過期而破財、票據無法兌現而破財、因為感情女人而破財、電影票劇場入場券、口舌之財、風口浪尖的錢、被騙、忘記密碼無法取錢、藝術類學習班的費用等。

天同化忌：

為孩子花錢破財、為了個人興趣愛好而花錢、捐款、第二職業兼職的錢沒有收回或者沒有找到兼職、被誘惑而花的冤枉錢、買了贋品而破財、保險費、分手費、旅遊費、酒店消費等。

文昌化忌：

財務糾紛破費、財務資料出錯、官司被罰、被執行的財產、出版費、購書費、親子鑑定費、購買文物、偷稅漏稅、私開增值稅發票、聘禮、公開道歉的退費等。

武曲化忌：

事業不順利、事業遇到阻力麻煩、財務糾紛、破財、倒閉、體質差、財產被沒收、財產被執行、被騙錢、捐款、置業花耗、財務人員做假帳、魯莽急躁造成損失等。

貪狼化忌：

被騙錢、賭債、消費花耗、因桃花事件而破財、因為娛樂花費、受賄的錢、貪污的錢、學技術的學費、娛樂場所的入場費用、印刷費、捐款等。

疾厄宮與星曜化忌的疊加融合

太陽化忌：

主頭痛頭暈、腦溢血、心血管、高血壓、精神萎靡、神經系統病等。

太陰化忌：

主腎病、生殖泌尿系統病、前列腺、疝氣、婦科病、風濕、眼疾、憂鬱症，失眠等。

廉貞化忌：

主體弱多病、疑難雜症、暗症、不孕症、白癜風、癌症、車禍、跌傷、因酒色引起的疾病、腎病、生殖器官病、目暈、心臟病、神經痛等。

巨門化忌：

主消化系統病、牙痛、口腔呼吸道疾病、憂鬱症、飲酒或者飲食不當致病、神鬼引起的疾病等。

天機化忌：

主手足受傷、頭痛、頭暈、肝膽系統的病、神經系統的病、眼花、精神異常等。

文曲化忌：

主神經系統病、眩暈、眼疾、婦科疾病、淋濁、月經不調、意外傷害等。

天同化忌：

主失眠、頭昏目眩、泌尿系統毛病、子宮病、水腫風濕、眼病、心理疾病等。

文昌化忌：

主神經系統病、失眠症、眩暈、大腸和肺經病、咳嗽、臉有斑痣等。

武曲化忌：

主金屬利器所傷、手足頭部外傷、體質差、呼吸系統病、鼻炎、牙痛、殘障、關節病等。

貪狼化忌：

主性病、肝膽病、生殖器官病、耳鳴目暈、不孕症、神經痛、關節炎、皮膚病、疑難雜症等。

遷移宮與星曜化忌的疊加融合

太陽化忌：

在外奔波忙碌而收穫少、出行不安全、車禍、半路掉鏈子車子壞掉了、在外遇到是非官非、丈夫在外不安全、臭名遠揚、在外名譽受損、在外創業受阻、傳染病等。

太陰化忌：

在外破財、在外丟失被盜、出行遇到暗算或陰謀、輪船出事故、路怒症患者、在外被女人欺騙、過氣藝人、被擱淺的投資專案、流了產的融資計畫、泥濘的道路、八千里路雲和月、星夜兼程等。

廉貞化忌：

車禍事故、交通違章、桃花糾紛、夜店打烊了、外遇、路上的劫匪、車上的偷拍者、坎坎坷坷的山路、尾隨盯哨者、鐵路道監獄、巡夜員警或保安、郊野的小路、獻血車屋、路上的電子眼等。

巨門化忌：

出門在外遇到是非口舌、門口罵街的人、路上遇到鬼、車禍、蹲坑的人、蹲守的警員、公共廁所的拉稀者、路怒症、關卡、海關、搬家受阻、在外被欺詐、黑快遞、劫道的人、查酒駕、黑市、黑計程車、假藥運輸線等。

天機化忌：

交通事故、撞車、不成熟的思路、在外奔波無果、路邊的養老院、路邊的教堂、修車鋪、海員、行銷者、迷路者、夢遊症患者、路邊的枯樹昏鴉、沒有成行的計畫等。

文曲化忌：

在外遇到傷感的事情、在外遇到口舌是非、遊蕩的醉鬼、遊蕩的神經病人、旅遊簽證過期、臭名遠揚、被遺失的駕駛證、街上的「牛皮癬」廣告、廢棄的書報亭等。

天同化忌：

在外遇到不順心的事、走失的兒童、查封的棋牌室、倒閉的咖啡店、旅遊公司宰客、車輛保險、路邊的孤兒院、職業乞討者等。

文昌化忌：

交通違章罰單、假的駕駛證、在外丟失證件、過期的旅遊簽證、在外遇到官非是非、無證駕駛、臭名遠揚、出殯者、在外遇到惡意攻擊、交通事故裁定書等。

武曲化忌：

在外事業不順利、在外身體瘦弱、在外破財、在外遇到丟失被盜、在外流浪多是非、劫道的人、路霸、受傷的押運人員、廢棄的寺廟、銀行舊址、路上的打架鬥毆者等。

貪狼化忌：

在外學業不長進、在外有桃花是非、在外尋歡作樂、在外遇到被騙、忍辱負重的交通指揮員、昏黃的路燈、吹牛的行銷者、在外鬼混等。

交友宮與星曜化忌的疊加融合

太陽化忌：

和朋友感情不好斷交或者前男友。朋友失業、朋友遇到是非官非、朋友少、朋友的冷嘲熱諷、朋友無義、朋友創業失敗、朋友遇到火災、朋友名譽受損、朋友有眼睛疾病等。

太陰化忌：

和朋友感情不和，被朋友算計或者傷害。因為朋友而破財、因為女人破財、外遇而花錢、女朋友鬧分手、朋友的投資計畫失敗、朋友憂鬱症、有女人傷害了命主的朋友、朋友遇到丟失或者被盜。

廉貞化忌：

和朋友感情差，多糾紛或者是非。朋友遇到官非、朋友遭遇火災、朋友被員警帶走、朋友遇到血光之災、朋友遇到色情糾紛、朋友被麻煩糾纏、朋友素質差嫉妒心很強、朋友交際於三教九流等。

巨門化忌：

和朋友感情差，多有口舌不和。朋友愛說謊、朋友惹麻煩、朋友出車禍、朋友遇到是非小人、朋友口碑很差、朋友欺騙或者拖累命主、朋友不得力或者斷交、朋友口是心非出口傷人、朋友食物中毒、朋友走失等。

天機化忌：

和朋友感情差，對方有心機算計人。朋友心機很重、朋友暗算命主、朋友愚笨或木訥、朋友出門在外學業事業不順利、朋友的出國計畫沒有實現、朋友多泛泛之交一面之緣等。

文曲化忌：

和朋友之間感情差，多有口舌不和。朋友遇到是非口舌小人、朋友文化不高、朋友陽奉陰違口是心非、朋友性格孤僻、朋友失學失業、朋友和命主的合作協定出問題或者終止等。

天同化忌：

和朋友感情差，會發生不愉快。朋友很幼稚、朋友去世、朋友好吃懶惰、朋友被騙了、朋友職業不穩定、朋友身體弱、朋友無助、朋友無愛心冷漠等。

文昌化忌：

和朋友的感情很差，會有爭執矛盾甚至是官司。朋友文化不高、朋友與你的合作終止、朋友背叛、朋友拖累、朋友沽名釣譽、朋友心浮氣躁、朋友記憶力差、朋友身體有某種疾患、朋友惹官司等。

武曲化忌：

和朋友感情差，受朋友拖累甚至打架。朋友財運很差、朋友破財、朋友投資失敗了、朋友脾氣差急躁好鬥、朋友少深交的更少、朋友陷害命主、朋友身體不好等。

貪狼化忌：

和朋友關係較差，朋友雜、三教九流都有但是深交的少。朋友多而雜、朋友素質較差、朋友好色放蕩、朋友有桃花是非、朋友沒有助益、朋友不靠譜好賭好吹牛、朋友技術差等。

官祿宮與星曜化忌的疊加融合

太陽化忌：

事業壓力大、失業或者換工作、領導不重用、創業失利失敗、工作奔波勞碌、事業不穩定、事業前途黯淡、官非官司、單位信譽口碑差等。

太陰化忌：

工作中女人早麻煩、工作薪水低、因為工作而破財、事業上有很多隱患、單位不景氣、單位小、投資失敗、工作中有女人做梗、單位財務危機等。

廉貞化忌：

官司官非、事業上有麻煩是非、事業上有糾紛和糾纏、事業上競爭大破費多、單位不氣派、單位沒有保安、單位出現火災、交際應酬多的工作、工作中受到處罰等。

巨門化忌：

事業上多口舌是非、工作是投訴處理和售後類型的、在外地工作、單位很破敗、無牌無證的單位、黑市生意、走私性質的工作、因工作惹官司等。

天機化忌：

失算失策造成事業失敗、聰明反被聰明誤、事業不穩定多是非、工作壓力大造成神經衰弱、設備出故障影響工作進度、變動地點以後事業不順利、創新不足事業發展放緩、出車禍、缺乏得力的助手工作效率低、經營機械而失敗、退學輟學等。

文曲化忌：

事業上口舌多、失學輟學留級、沽名釣譽、虛名無實力、做假證的公司、盜版書印刷廠、神經病治療醫院、信訪中心、口舌糾纏影響事業發展、名譽受損造成事業低迷等。

天同化忌：

兒童醫院、寺廟、事業上辛苦勞碌、對於事業沒有信心、人心離散的單位、製造假藥的公司、蕭條冷落的餐飲店、倒閉的娛樂中心、自來水廠舊址、失業壓力太大等。

文昌化忌：

落榜、落選、失學失業、營業執照被吊銷、文章的失誤造成事業不利、偽造假證被處罰、合同契約出問題造成損失或者官非、業務不精而考核不過關、神經病院、文物被鑑定為贗品、病危通知書等。

武曲化忌：

事業不景氣資金不足、投資失敗惹上官司、被打砸的單位、財務吃緊的公司、資金周轉不靈的公司、挪用公款、侵吞國家財物、舉步維艱困難重重的單位、創業失敗、公司變賣抵債、廟宇、寺院等。

貪狼化忌：

事業上財源不足、創新不足造成事業不前、因為工作應酬引發的色情糾紛、貪官、即將倒閉的餐館或者娛樂城、利用關係走後門被騙、道觀、寺院、尼姑庵、腐敗的官員、被封殺的歌手等。

田宅宮與星曜化忌的疊加融合

太陽化忌：

祖業破敗、家宅光線不足、家裡男人不順、窮人家、家裡有人坐牢、出門不順利、家宅遭遇火災、搬遷搬家、失業在家、無業的宅男、家運黯淡、蓌兎的家庭等。

太陰化忌：

無祖業、潮濕陰暗的家宅、家裡女性不吉、房子破敗不值錢、窮人家、妓院、家人或者鄰居有人出國、變賣家產抵債、漁夫漁家、房子地勢低窪、破財、投資失敗等。

廉貞化忌：

破祖敗家、家中多是非、房子房產有糾紛、染坊、酒肆、電器維修店、鄰里不和、住宅附近環境嘈雜、荒郊野外的房子、賭場、色情場所、被法院執行的房產、流血事件發生地等。

巨門化忌：

祖業凋零、家裡多口舌是非、鄰里不和、家宅處在郊外、出門在外、命主有牢獄之災、家徒四壁、家裡下水道或者水管出問題、無照經營的房產仲介、搬家公司、製造假藥的窩點、家裡鬧鬼、蹩腳的風水師等。

天機化忌：

放棄祖業、出門在外、遷動搬家、家裡電器機械少或者損壞、家裡或者鄰居有車禍、道觀、心理治療所、孤兒院、家裡沒有很好的裝修、毛坯房、自信車修理鋪等。

文曲化忌：

祖業破敗、家中多口舌是非、家中的藏寶多贗品、鄰里不和睦、窮秀才、徒有虛名、技術差、家裡有不少的舊書、因為桃花事件敗壞家風等。

天同化忌：

祖業寥寥無幾、鬱鬱寡歡待在家中的人、房屋很舊了、家中或者鄰居有患病的兒童、房子靠近孤兒院、社區的公園很小、好吃懶惰宅在家中的人、包養二奶、家裡的自來水管壞掉了、鄰里關係緊張、保險公司舊址等。

文昌化忌：

祖業破敗、房產證之類出問題，房屋產權有爭議、家裡藏書多但是沒有人讀書、家中有危重病人、替人擔保而出問題、懷才不遇的落魄人、過期的支票、被執行的房產、神經病院、家人或者鄰居有車禍、沒落的出版社報社、無法兌現的證券等。

武曲化忌：

無祖業、家裡破財、窮人家、家裡失竊、鄰里不和多爭執、家裡人脾氣暴躁、二手屋、商品房、舊房子、家裡有病人、住家附近有廟宇寺廟、家裡人好打架吵架等。

貪狼化忌：

不靠祖業、桃花多、後代少或者不成器、社區沒有保安、家裡沒有寵物、家裡陳設雜亂無章、鄰里好吵架、鄰里關係曖昧、宅內堆積雜物、家人不愛學習不思進取、家人有桃花糾紛、不景氣的餐館或娛樂場所、財運不好、寅吃卯糧等。

福德宮與星曜化忌的疊加融合

太陽化忌：

主急躁、固執、奔波勞碌、凡事想不開、自尋煩惱、悲觀厭世、男命防是非等。

太陰化忌：

主疑心重、陰險、多情多慾、內向潔癖、女命有婦科暗疾等。

廉貞化忌：

主好酒色、輕浮、浮躁、狂傲、多糾紛、煩悶、失眠、憂鬱等。

巨門化忌：

主罵人、口無遮攔、狹隘、挑唆、遠遊、操心、多管閒事等。

天機化忌：

主心機重、陰謀詭計、操心不安逸、鑽牛角尖、失眠、神經衰弱等。

文曲化忌

主多計較、狡辯、玩弄高雅、沾染桃花、輕浮。

天同化忌：

主體弱多病、沒什麼樂趣、耳根軟、得過且過等。

文昌化忌：

主自命清高、憤世嫉俗、神經衰弱、冷漠、違規等。

武曲化忌：

主暴躁、霸道、一意孤行、蠻幹、捨命不捨財、守財奴等。

貪狼化忌：

主理想主義的碰壁迷茫、野心、狡詐、好色、輕浮等。

父母宮與星曜化忌的疊加融合

太陽化忌：

和父母感情不好，不利父親。父母工作不穩定、父母事業不順利、命主的眼睛有疾患、命主的名譽受損、父母惹官非是非、父母固執、父母奔波在外等。

太陰化忌：

和父母感情不好，不利母親。父母財運不好、父母投資失敗、父母優柔寡斷、父母有暗情、父母不善理財、命主眼睛有疾患、父母遠渡重洋、父母給命主來帶困擾、父母有祕密等。

廉貞化忌：

和父母感情不好，多糾紛。父母脾氣急躁固執、命主離祖過繼、父母有暗情、父母惹官非官司、父母有血光之災、命主失業被辭退、命主有官司等。

巨門化忌：

和父母感情不好，多口舌或者聚少離多。父母出門在外、父母不全、父母腿腳不便、父母惹是非口舌、父母刻薄咒罵命主、命主有官非、命主事業不順利、父母身體不好等。

天機化忌：

和父母感情較差，或者聚少離多。父母頑固不開化、父母有車禍、父母出門在外、父母文化不高、父母好酒，父母多愁善感、父母事業不順利、命主事業學業不利、父母不全等。

文曲化忌：

和父母感情不好，多口舌。父母遇到口舌是非、父母文化不高、父母能言善道、父母有暗情、父母有文書檔方便的麻煩、命主文化不高、命主失學失業、父母神經不好、命主收藏了贗品文物等。

天同化忌：

和父母感情一般或者較差，有代溝無法溝通。父母沉默寡言、父母勞碌、父母有暗情、父母不善於保健、父母旅遊不順利、父母未買保險、父母懦弱無為、父母不全等。

文昌化忌：

和父母感情差，多糾紛。父母文化低、父母冷漠、命主身上有胎記或者痣、命主事業受挫、命主文化不高或者升遷無望、父母有官司官非、父母清高孤僻、父母徒有其名、父母不全等。

武曲化忌：

和父母感情差，多爭執矛盾。父母脾氣暴躁武斷固執、父母常動手打人、父母破財、父母創業失敗、父母破敗、命主事業不順利、命主名譽受損、父母沒留下財產遺產、父母不全、父母被利器所傷、父母破產等。

貪狼化忌：

和父母感情不好，或者聚少離多。父母文化低、父親和母親之間乾親複雜、父母好酒出入娛樂場所、父母惹桃花是非、命主文化不高、命主文采不好或者記憶力差、命主為過繼過房的、父母有不良嗜好等。

第九章 預測例題詳解

第九章　預測例題詳解

學習和研究預測學，目的是爲了實踐和指導生活。預測有研究類型俗稱「書房派」，還有實戰類型俗稱「開館派」。這兩種預測方式，從預測過程和文本格式上是有很明顯區別的。所謂「開館派」，是在店面中或工作室中直面、對面進行的，必須綜合考慮佔用時間多少、排隊候測顧客多少、收費多少等諸多問題，所以用的時間短速度快，直截了當，一般不講述原理，直接斷結果，運算過程都在大腦中進行了，命主反饋可能會說很多，期間還有預測師的勸勉、鼓勵等性質的語言，所以預測師沒有很多時間來寫文件，或者把命盤做一個概括和提煉，記錄幾條重點內容交給求測者。

下面的例題使用的是「開館」預測風格：抓住焦點問題，以較高準確率快速贏得求測者信任，然後針對求測者關心的問題展開詳細預測和心理輔導。限於本書的篇幅長短的設計，下面我只選擇31個經典案例拿來解析（選取了年齡偏大的命主命盤以驗證更多事件），都是本人平時預測過的例題，來幫助讀者完成從理論學習到實戰預測的升華。

另外注意以下幾點：

（1）下面命例讀者不要看著和自己命盤一樣就認爲自己也是如此的結果，其實命理只是命運的一個時間因素，命運全部因素中還包括地理風水因素和名字信息因素等，也就是說出生時間一樣命運不見得完全一樣，也正因如此命運是具有可變性質的。所以大家不要對號入座。

（2）因爲在實際預測中求測者反饋的其實很多，但是大部分內容含有命主個人隱私信息，爲了尊重命主隱私，所以就不能寫得十分完整，只保留反饋「對」或者「錯」這一部分內容，省略命主其他的語言，這也是寫書精簡語言的需要。

（3）每一個例題分爲三部分：判斷—反饋—解析。這樣使大家能看清楚判斷的理由，學會很多實用判斷的技巧，並能學會綜合判斷的技巧。

（4）在這裡只拿出那些預測準確度較高的例題來講述，只把這些靠譜的知識傳達給大家，當然在預測中並不是每一次預測都能達到完全準確。

說到這裡可能有人要問：準確度達不到100%是水準問題嗎？其實問這個問題本身說明提問者的預測實踐不多。我在預測中發現同性別、同命盤的不同命主，比如甲、乙兩個人，當把預測判斷逐條的寫下來，分別給甲、乙，結果會發現，在甲的反饋中「不準確」的那條內容卻在乙那裡反饋爲「準確」，同理，在甲反饋中「準確」的卻被乙反饋爲「錯誤」。這就是命理的複雜性質，不同的地域和肉體遺傳造成了同盤而不同命的甲、乙兩個人。

那麼，問題來了：紫微斗數這門學問正常的準確率應該是多少？這個會因預測師的個人努力、悟性和修養而有不同，但是準確率在70％－80％就算是成功的預測了。（上面說了，剩下的那部分不準確的20％卻在另外一個同盤人的命中是準確的）。超常的準確率會在預測師精力充沛的時候出現，一般會在80％以上。預測師不是神仙，對待預測學要有一個客觀的態度，既不要迷信也不要苛責，有一個好的心態，在命理劃定的大方向之上，您的努力程度決定您能飛高一萬米還是一萬三千米。

比如醫藥，醫藥屬自然科學的範疇，醫藥的「有效率」能達到70％－80％就很不錯了，可以正常的上市並且大做廣告。而算命術屬社會科學範疇，我們沒有理由要求社會科學比自然科學更精確。自認為醫學發達的今天，人們在就醫中聽到最多的還是這些：「這個不好說」、「這個因人而異」、「這個不好確定」、「這個需要觀察」、「這個目前暫無定論」等等。客戶對於精度的要求是無止境的，路漫漫，其修遠兮。

同時，對預測師來說，預測的準確度，並不是天生就很高，都是需要一個歷練過程的。隨著時間推移，隨著預測師個人運氣變化，隨著預測師功力增加，隨著預測實踐增加，預測的準確度也就會越來越理想了。學習預測的同學們一定要有耐心，多學習、多總結、多實踐。

<table>
<tr>
<td>巨陀鳳年
門羅閣解
旺陷廟旺

官府　2014年　絕
指背　42～51　己
歲建　官祿宮　巳</td>
<td>廉天祿天天天臺解天咸
貞相存才壽傷輔神空池
平廟廟旺平陷　廟廟陷

博士　2015年　胎
咸池　52～61　庚
晦氣　交友宮　午</td>
<td>天擎蜚
梁羊廉
旺廟
科

養
力士
月煞　62～71　辛
喪門　遷移宮　未</td>
<td>七天天天天孤
殺鉞刑使廚辰
廟廟陷平　平

長生
青龍
亡神　72～81　壬
貫索　疾厄宮　申</td>
</tr>
<tr>
<td>貪文天三天寡陰
狼曲喜臺貴宿煞
廟得陷廟旺陷
權忌

墓
伏兵
天煞　32～41　戊
病符　田宅宮　辰</td>
<td colspan="2" rowspan="2">坤造　己　丁　丁　庚（日空午、未）
　　　巳　丑　亥　子

1命宮　2兄弟　3夫妻　4子女　5財帛　6疾厄
7遷移　8交友　9官祿　10田宅　11福德　12父母

甲干　廉貞-太陽　乙干　天機-太陰　丙干　天同-廉貞　丁干　太陰-巨門
戊干　貪狼-天機　己干　武曲-文曲
庚干　太陽-天同　辛干　巨門-文昌　壬干　天梁-武曲　癸干　破軍-貪狼</td>
<td>天龍天截破
同池官空碎
平廟平廟平

沐浴
小耗
將星　82～91　癸
官符　財帛宮　酉</td>
</tr>
<tr>
<td>太左火
陰輔星
陷陷利

大耗　2012年　死
災煞　22～31　丁
弔客　福德宮　卯</td>
<td>武文鈴紅八恩旬大月
曲昌星鸞座光空耗德
廟陷廟陷平廟陷平
祿

冠帶
將軍
攀鞍　92～101　甲
小耗　子女宮　戌</td>
</tr>
<tr>
<td>紫天天封天劫天
微府福誥月煞德
旺廟旺　　　平

病符　2011年　病
劫煞　12～21　丙
天德　父母宮　寅</td>
<td>天天華
機哭蓋
陷廟陷
身宮

奏書　2010年　衰
華蓋　2～11　丁
白虎　命　宮　丑</td>
<td>破天天龍
軍魁姚德
廟旺陷

帝旺
飛廉
息神　112～121　丙
龍德　兄弟宮　子</td>
<td>太右地地天天天
陽弼劫空馬巫虛
陷平　陷平　平

臨官
喜神
歲驛　102～111　乙
歲破　夫妻宮　亥</td>
</tr>
</table>

以下例題，所用到的流年的命宮，標註在大運起止數字之上，為了使圖片簡潔清晰，對於其他的宮位不一一標註，您在心裡逆數就可以了。（流年年份皆為國曆）

例題1

1、判斷：妳父親年輕時候長相應該不錯。妳母親人聰明，在金融業或者企業工作的。

命主回饋：據我媽說，我父親年輕時挺受歡迎。我覺得母親她人挺聰明的，以前在日企工作。

解析：父母宮紫微天府星廟旺（長相端正斯文）照七殺星（讓人拜服，帥氣）。兄弟宮（這是母親宮）

破軍天魁，加會七殺天鉞星、貪狼星（靈活、機靈、做事講效率並勇於嘗試）。田宅宮（這是兄弟宮的官祿宮也就是母親宮的官祿宮）貪狼文曲星，照武曲鈴星（金融業或者企業）。

2、**判斷**：為人真誠，樂於助人，不太愛運動比較宅。理財能力有點差。不善於鉤心鬥角的。

命主回饋：是的，我不喜歡給人添麻煩，但很喜歡幫助別人。不愛運動，比較宅，沒有什麼理財頭腦，不喜歡鉤心鬥角，感覺自己沒有什麼心計。

解析：命宮天哭星（多愁善感），照天梁星（光明磊落，熱心腸，愛做公益），命宮天機陷落（不愛動，比較宅，理財能力差），照天梁擎羊星（公正無私、直來直去粗暴衝動，不善於陰謀）。

3、**判斷**：妳是獨生女。若是姐妹兩個的話妳是老二。

命主回饋：我是獨生女，在我之前母親流產了一個。

解析：兄弟宮破軍廟旺（破軍五行為水，水五行之數為1或6，破軍就是破壞、刑剋，數量就少而取數字1），加會七殺，照天相（沒有見過面），破軍同度天姚（被流產）。命宮華蓋星（孤獨之星），命宮天機星（天機星只是一個參謀軍師無法坐到面南背北的位置，所以不會是老大）。

4、判斷：心臟功能較差，腸胃不太好，胃寒怕冷，皮膚會有一些問題。

命主回饋：是的，腸胃不好，我很瘦，吃得不少但是不吸收，怕冷。皮膚有豆痘。

解析：疾厄宮七殺天刑星，夫妻宮（這是疾厄宮的田宅宮，也就是病源所在）太陽陷落地劫地空天虛星（太陽主心臟和血液循環等，心臟功能不好或者血液循環較差，溫煦無力就會畏寒怕冷，循環不好就會淤滯而出現皮膚排毒情況，陽氣不旺盛胃腸動力就不足等）。

5、判斷：大學學歷，上的學校是重點類型吧！

命主回饋：是的，重點學校本科。

解析：命宮照天梁星化科，官祿宮巨門鳳閣星，父母紫微天府星（綜合判斷學歷高，一本，重點學校等。）

6、判斷：妳目前有車有房，從妳現在家庭住址的視窗望出去，妳能看見一個高聳的建築。

命主回饋：我有車，父母買的，房子是和父母住一起。可以看到高架，還有一個摩天輪。神奇，這都能測算出。

解析：目前的大運在22－31歲，這個大運的命宮在丑位，大運的田宅宮在辰位，大運田宅宮貪狼文曲星（田宅宮的文曲星當然是房本房產證，有房子；同度三台星，三台星為車輛，有車有房）。照武曲星（武曲廟旺，威武之意，有高樓高塔等意象，而武曲在田宅宮的對宮，就是對過、望過去的意思，所以視窗看出去能看到高的建築物）。

7、判斷：白領工作，算是小資。

命主回饋：在大企業工作，個人還是挺小資的。

解析：命宮照天梁星化科（天梁化科，文員、文職、白領等），官祿宮巨門鳳閣星（巨門星廟旺，大單位），疾厄宮（這個宮是官祿宮的田宅宮，也就是單位）七殺天鉞星（威風、有震懾氣勢的、大單位）。

8、判斷：2010、2011 有工作信息，比較順利。

命主回饋：這兩年實習、參與工作，都在大企業，挺不錯的。

解析：2010 年流年命宮照天梁化科，流年官祿宮巨門星（找工作受人照顧或者關照，機會多）。2011 年流年命宮紫微天府星，流年官祿宮天相祿存星，巨門化祿飛入（聘用的單位大，機遇好）。

9、判斷：2012 感情糾紛，有劈腿分手情況。

命主回饋：在 2012 年和我相戀 6 年的初戀分手，異國，疏於聯繫，我喜歡了別人。

解析：2012 年流年命宮在卯位，流年夫妻宮在丑位，照天梁星化祿科擎羊（擎羊星較重了了天梁星的霸道獨斷性質，化科化祿感情更加豐富，最終喜歡了別人。天梁星也表示在外地）流年夫妻宮的夫妻宮在亥位，太陽天馬星照巨門星（表示兩個人不在一起，是異地）。

10、判斷：2014 年感情糾結，有被備胎的可能，容易分手。

命主回饋：是這樣的，我 2012 年喜歡的那個人，到 2013 年和我分手，2014 年他找我復合，我感覺他不是特別誠心，再次分手。

解析：2014 年流年夫妻宮太陰左輔陷落（沒有了感情，也沒有人幫助撮合），照截空（最終分手）。

11、判斷：2015 這一年妳父親破財。2015 年妳單位內部有變動。

命主回饋：父親炒股，屬於不捨得拋的那種，大盤這走勢，不拋不行啊，所以破財的。這一年公司調整很多，全球合資，我也換了部門。

解析：2015 年流年父母宮在未位，流年父母宮的財帛宮在卯位，太陰化忌左輔陷落（財運不好，破財）；流年官祿宮在戌位，武曲化忌文昌八座鈴星恩光等，照貪狼星（武曲和貪狼兩個星曜都具有不穩定屬性，職位或者辦公室變化了）。

12、後面的預測是圍繞命主的未來婚姻展開的，不再贅述。

<table>
<tr>
<td>巨文天破劫月
門曲廚碎煞德
旺廟　陷

大耗　絕
劫煞　66～75　己
小耗　遷移宮　巳</td>
<td>廉天天解天天陰
貞相使神哭虛煞
平廟平廟陷平
祿

病符　墓
災煞　56～65　庚
歲破　疾厄宮　午</td>
<td>天天天三八天臺大龍
梁鉞刑臺座官輔耗德
旺旺陷廟平廟　平

喜神　2009年　死
天煞　46～55　辛
龍德　財帛宮　未</td>
<td>七截蜚
殺空廉
廟廟

飛廉　病
指背　36～45　壬
白虎　子女宮　申</td>
</tr>
<tr>
<td>貪龍天華
狼池傷蓋
廟廟平廟

伏兵　胎
華蓋　76～85　戊
官符　交友宮　辰</td>
<td colspan="2" rowspan="2">坤造 甲　乙　丙　己(日空戌、亥)
　　 子　亥　寅　丑

1命宮 2兄弟 3夫妻 4子女 5財帛 6疾厄
7遷移 8交友 9官祿 10田宅 11福德 12父母

甲干 廉貞-太陽 乙干 天機-太陰 丙干 天同-廉貞 丁干 太陰-巨門
戊干 貪狼-天機 己干 武曲-文曲
庚干 太陽-天同 辛干 巨門-文昌 壬干 天梁-武曲 癸干 破軍-貪狼</td>
<td>天文天天天咸天
同昌喜貴福池德
平廟廟廟廟平不

奏書　衰
咸池　26～35　癸
天德　夫妻宮　酉</td>
</tr>
<tr>
<td>太擎火紅封
陰羊星鸞誥
陷陷利廟

官府　養
息神　86～95　丁
貫索　官祿宮　卯</td>
<td>武地鳳天旬寡年
曲空閣月空宿解
廟陷廟　陷陷廟
科

將軍　帝旺
月煞　16～25　甲
弔客　兄弟宮　戌</td>
</tr>
<tr>
<td>紫天左祿天天孤
微府輔存馬巫辰
旺廟廟廟旺　平

博士　長生
歲驛　96～105　丙
喪門　田宅宮　寅</td>
<td>天天陀恩天天
機魁羅光壽空
陷旺廟廟廟平
身宮

力士　沐浴
攀鞍　106～115　丁
晦氣　福德宮　丑</td>
<td>破右地
軍弼劫
廟廟陷
權

2014年
青龍　2003年　冠帶
將星　116～125　丙
歲建　父母宮　子</td>
<td>太鈴天天
陽星姚才
陷利陷廟
忌

小耗　2013年　臨官
亡神　6～15　乙
病符　命宮　亥</td>
</tr>
</table>

例題2

1、判斷：妳家母親比較強勢。母親有頭腦，持家有方。受到她的影響較多。

命主回饋：家裡父親強勢，父親經常不在家，都是母親負責家裡全部，母親全職媽媽。算是吧，因為父親因為生意原因很少在家。

解析：本命兄弟宮（這個宮是父母宮的夫妻宮，也就是母親位）武曲化科鳳閣星（鳳閣為家，呆在家裡之意；武曲化科，會理財、踏實、顧家、照料家人。命主在這方面從母親吸收很多）本命宮太陽化忌（和父親不太投緣，或者聚少離多等）。

2、**判斷：**妳的性格傳統正派、仁慈、同情心強。有自己的追求。有一點依賴性，有點清高和獨善其身的傾向。

命主回饋：性格超級符合，很全面。

解析：本命宮太陽化忌，照巨門星（巨門星主忠厚心善，太陽化忌主自我保護意識強、獨善其身等）；鈴星天才星（鈴星天才星主個性強有追求等）。本命福德宮天魁星，照天梁天鉞星（天梁星主清高），陀羅恩光天魁星，照天鉞星（天鉞天魁星主幫助別人以及受到幫助，具有依賴性）。

3、**判斷：**妳的肺部呼吸系統相對薄弱，小時候拉肚子和感冒總是有因果關係的發生。

命主回饋：對，呼吸系統有問題，也有腸炎。

解析：本命疾厄宮廉貞平勢天虛天哭星，照破軍星（廉貞星情有呼吸系統感冒咳嗽鼻炎等的象）；夫妻宮（這個宮是疾厄宮的田宅宮，也就是病源）天同星平勢（天同星情有排泄系統腸胃的象）。

4、**判斷：**妳的第一學歷中等或者專科。有後續學歷。

命主回饋：專科升了本科了。

解析：本命命宮天才星，照巨門文曲星；本命官祿宮擎羊火星陷落，照文昌天貴天福星；

（本命宮、官祿宮主星都是陷落的，但是對照的星情有利於學歷學業，學歷在專科和普本檔次）。本命福德宮天魁星，照天梁天鉞星（在求學問題上，有上進心，受人幫助和激勵）。

5、判斷：2003年有環境的變化。

命主回饋：2003年去外地上大學。

解析：16—25歲的大運命宮在申位元，殺破狼組合（會有較大地域變動）。20歲流年命宮在子位，破軍右弼（會有變動）。

6、判斷：2008—2010年之間有婚姻資訊。

命主回饋：2009年結婚。

解析：本命宮太陽化忌，照巨門文曲星（中等時間婚期，不會太晚也不會很早，一般在25歲—27歲之間）。流年2009年流年命宮在未位，天梁星化科，流年夫妻宮在巳位，巨門化祿文曲星，流年官祿宮在亥位，太陽化權（天梁化科主戀愛，巨門化祿太陽化權主官方通過結婚登記。這一年結婚）。

7、判斷：妳的丈夫年齡比妳稍大一點。

命主回饋：我老公大我8歲。

解析：本命夫妻宮天同星（天同星主年齡差距3歲以上）。流年2009年結婚的，流年夫妻宮巨門星（巨門星主老男人）。

8、判斷：妳的婆婆脾氣不太好，否則身體不好。

命主回饋：是啊，婆婆脾氣超級怪，所以身體特好。

解析：本命婆婆宮在申位，七殺、蜚廉星，加會貪狼星、破軍星（七殺主脾氣大，蜚廉主多是非）。

9、判斷：妳婚後頭胎是男孩，小傢伙很可愛。一直受妳呵護關愛。

命主回饋：是男孩，孩子一直是我一人帶。

解析：本命子女宮七殺星（七殺為南斗星，主兒子）。大運26—35歲的子女宮在辰位，貪狼龍池星（貪狼好玩、好吃、聰明、精力充沛，很可愛）。大運天干辛金，太陽化權（太陽化權，管理兒子、照顧兒子）。

10、判斷：2013—2014年妳個人財運不好。這兩年家裡積蓄不多。

命主回饋：嗯！2013年買股票虧了錢。

解析：2013年流年命宮在亥位，流年財帛宮在未位，天梁三台八座天鉞大耗天刑星，照天魁陀羅星（三台八座，在電腦之前就能做的事；天鉞星照天魁星，這是副業；大耗天刑陀羅星，受到挾制並無法騰挪。天梁星情有股票意象。股票被套牢）流年田宅宮天府祿存星，

<table>
<tr>
<td>天陀鳳封年
機羅閣誥解
平陷廟　旺
官府　長生
指背　94～103　己
歲建　子女宮　巳</td>
<td>紫祿火天天天咸
微存星刑月空池
廟廟廟平　廟陷
博士　沐浴
咸池　104～113　庚
晦氣　夫妻宮　午</td>
<td>文文擎天蜚
昌曲羊壽廉
利旺廟旺
忌
力士　冠帶
月煞　114～123　辛
喪門　兄弟宮　未</td>
<td>破天地天天孤陰
軍鉞空巫廚辰煞
得廟廟　　平
青龍　臨官
亡神　4～13　壬
貫索　命宮　申</td>
</tr>
<tr>
<td>七天八解寡
殺喜座神宿
廟陷旺廟陷
伏兵　養
天煞　84～93　戊
病符　財帛宮　辰</td>
<td colspan="2" rowspan="2">坤造 己 甲 辛 辛(日空戌、亥)
　　 巳 戌 未 卯

1命宮 2兄弟 3夫妻 4子女 5財帛 6疾厄
7遷移 8交友 9官祿 10田宅 11福德 12父母

甲干 廉貞-太陽 乙干 天機-太陰 丙干 天同-廉貞 丁干 太陰-巨門
戊干 貪狼-天機 己干 武曲-文曲
庚干 太陽-天同 辛干 巨門-文昌 壬干 天梁-武曲 癸干 破軍-貪狼</td>
<td>龍天臺截破
池官輔空碎
廟平　廟平
2013年
小耗　帝旺
將星　14～23　癸
官符　父母宮　酉</td>
</tr>
<tr>
<td>太天恩天天
陽梁光貴使
廟廟廟旺平
科
大耗　胎
災煞　74～83　丁
弔客　疾厄宮　卯</td>
<td>廉天紅天三旬大月
貞府鸞姚臺空耗德
利廟陷廟旺陷平
2014年
將軍　衰
攀鞍　24～33　甲
小耗　福德宮　戌</td>
</tr>
<tr>
<td>武天地天劫天
曲相劫福煞德
得廟平旺　平
祿
身宮
病符　絕
劫煞　64～73　丙
天德　遷移宮　寅</td>
<td>天巨左右鈴天天天華
同門輔弼星才傷哭蓋
不不廟廟得平平廟陷
喜神　墓
華蓋　54～63　丁
白虎　交友宮　丑</td>
<td>貪天龍
狼魁德
旺旺
權
飛廉　死
息神　44～53　丙
龍德　官祿宮　子</td>
<td>太天天
陰馬虛
廟平平
2015年
奏書　病
歲驛　34～43　乙
歲破　田宅宮　亥</td>
</tr>
</table>

被擎羊陀羅夾，同時照七殺星（增收壓力很大、積蓄少）。

2014年流年命宮在子位，破軍化祿權同度地劫星（破軍之祿易得易失）；流年財帛宮在申位，七殺截空星（財運不好，壓力大）。

11、後面的預測是圍繞命主未來的財運展開的，不再贅述。

例題3

1、判斷：妳母親的兄弟姐妹不少於4個。妳母親自由職業者，沒有國家正式工作。母親脾氣不太好。父母對你們的教育比較寬鬆。

命主回饋：母親有6個兄弟姐妹；打工的，不是國家正式工作；是不大好。父母在我七、八歲時就離婚了，所以不怎麼教育，就比較寬鬆。

解析：本命兄弟宮（這個宮是父母宮的夫妻宮，也就是母親宮）文昌文曲化忌擎羊星（最旺的星曜是文昌星，文昌為金，金五行之數為4或9，文昌文曲是對星，另外還照左輔右弼星，所以數量應該比4大，但是根據國情不可能是數位9，所以斷不低於4。雖然有文曲文昌在母親宮，但是文曲化忌了，文昌星也被廟旺的擎羊破壞了，文化低不高、沒有正式工作。文曲化忌同度廟旺的擎羊，脾氣暴躁，愛罵人）父母宮龍池截空星，照太陽天梁星（龍池主本源、天然，截空主沒有或者很少。太陽星主散漫溫暖，沒有苛刻的教育）。父母宮的夫妻宮主父母的婚姻品質，文曲化忌擎羊，照左輔右弼天哭等（文曲化忌主罵人吵架，擎羊主動手打架，左輔右弼主並不是一次婚姻）。

2、**判斷：**妳兄弟姐妹2——3個（包括妳本人）。

命主回饋：我兄弟3人。

解析：本命兄弟宮，文昌文曲星，照左輔右弼星（同樣是這個宮，在判斷母親數量和命主兄妹數量的時候，要結合實際情況，比如地域風俗以及國情等，80後這一代人數量最多有4個就算不少了。文昌文曲是對星，首先想到不會是獨生女，必定有兄弟姐妹，對照的左輔右弼星再次增加數量，所以判斷兄妹2或3個）。

3、判斷：妳性格如下：保守、固執、踏實、現實、為人慷慨重義輕財，有一定的理財能力。交友不多但是人緣較好。

命主回饋：性格和你說得很像。

解析：本命命宮破軍天鉞地空截空星等（破軍星主固執；地空截空星主慷慨輕財）。福德宮天府星加會紫微祿存火星（紫微星主保守；祿存星主踏實現實；火星主固執衝動等）。

4、判斷：妳交往朋友不是很挑剔，但是因此出現素質較差的人，借妳錢或者和你暗鬥。

命主回饋：交朋友不挑剔。

解析：本命交友宮天同巨門不旺，左輔右弼天哭鈴星（巨門失陷主濫交的朋友，不加選擇的、不挑剔的等；左輔右弼主朋友較多；鈴星和天哭星主暗鬥和讓命主尷尬難堪的朋友）。

5、判斷：妳已經不在出生地，至少搬家兩次了。

命主回饋：2008 年就離開出生地了。搬家我自己都忘了搬了多少次了，反正很多。

解析：本命田宅宮太陰天虛旬空星，加會太陽天梁星（太陰星主感情恩惠等；旬空天虛主變淡薄了；太陽和天梁星都有出行和離開的意象，已經離開家園）。

6、判斷：妳的學歷好，學歷不低於本科。會有第二學歷。

命主回饋：2008 年考上大學，大學畢業了就選擇繼續念書（研究生），專業和原來不同。

解析：命宮破軍天鉞截空地空（破軍本主衝動，天鉞主進空星主退，一進一退之間能看出這裡的破軍是能思考能理智的破軍）。官祿宮貪狼化權天魁星，照紫微星（貪狼化權主有智慧有能力）。父母宮龍池星，照太陽天梁化科（天梁化科主有較高學歷，龍池主智慧）。（綜合以上資訊判斷學歷高，研究生等）。

7、**判斷：**2012—2014 年之間結婚，丈夫是外地的（他出生地點和妳不同個市）。

命主回饋：2013 年結婚的，丈夫是外地的。

解析：本命夫妻宮紫微祿存火星（祿存主多情；火星主快速）。財帛宮（這個宮是夫妻宮的夫妻宮）七殺天喜（七殺主閃電；天喜主婚姻等喜慶）。（綜合判斷命主婚期不會很晚）流年 2013 年流年命宮在酉位，龍池星，照太陽星（龍池星主感情豐富；太陽星主男人為對象丈夫）。流年夫妻宮文昌擎羊星（文昌星在夫妻宮當然是結婚證；擎羊加速了辦證的速度）。流年夫妻宮文昌星對照左輔右弼星（左輔右弼星有車輛之象，主距離遠需要駕車或者坐車前往等；同時文曲文昌本來是對星，文曲為北斗星文昌為南斗星，也表示距離遠）。

8、**判斷：**丈夫形象好，女人緣好，愛好廣泛，身材較瘦。

命主回饋：丈夫比較好看，皮膚白，人緣好，你說的基本符合哈。

解析：本命夫妻宮紫微祿存火星天空星，加會天相星，天府天姚星，對照貪狼天魁星（紫微星天相星主五官端正；貪狼星主氣質瀟灑；天府天姚星主女人緣好。紫微祿存吸納貪狼五行之氣，身材就不會很胖，勻稱偏瘦。貪狼星主愛好廣泛、興趣廣泛）。

9、判斷：2013、2014年過得比較愉快，比較順利。

命主回饋：2013、2014年是比較順利，運氣也好。

解析：流年2013年的財帛宮在巳位，照太陰星（太陰主財運好，財運好生活就順利愉快）。流年2014年的財帛宮在午位，紫微化權祿存火星，照貪狼化天魁星（紫微星不怕火星，紫微祿存都有財富的意象；貪狼主愉快；天魁星主幫助主順利）。

10、判斷：2015年有地點變化，這年是個消耗、壓力較大。

命主回饋：2015年搬家了，這一年很倒楣，壓力大。

解析：2015年流年命宮在亥，太陰天馬星（主變動走動）。流年遷移宮天機星（主出行或者搬家等地點變化）。流年福德宮天同失陷巨門左輔右弼天哭天傷星等，照擎羊星（天同星失陷主不悅不愉快，天哭天傷主傷心苦惱等；擎羊主倒楣、注意等；左輔右弼主多件倒楣事，也主能收到幫助而度過等）。

11、後面的預測是圍繞命主未來的事業展開的，不再贅述。

<table>
<tr>
<td>巨天三天天天破劫月
門刑臺使巫廚碎煞德
旺陷平平　　陷

小耗　　　　臨官
劫煞　76～85　己
小耗　疾厄宮　巳</td>
<td>廉天臺天天
貞相輔哭虛
平廟　陷平
祿
將軍　　　　帝旺
災煞　86～95　庚
歲破　財帛宮　午</td>
<td>天天天大龍
梁鉞官耗德
旺旺廟平

奏書　　　　衰
天煞　96～105　辛
龍德　子女宮　未</td>
<td>七天截蜚
殺貴空廉
廟陷廟

飛廉　　　　病
指背　106～115　壬
白虎　夫妻宮　申</td>
</tr>
<tr>
<td>貪文龍解華
狼曲池神蓋
廟得廟廟廟

青龍　2015年　冠帶
華蓋　66～75　戊
官符　遷移宮　辰</td>
<td colspan="2" rowspan="2">乾造 甲　癸　丁　庚 (日空戌、亥)
　　 子　酉　卯　子

1命宮　2兄弟　3夫妻　4子女　5財帛　6疾厄
7遷移　8交友　9官祿　10田宅　11福德　12父母

甲干 廉貞-太陽　乙干 天機-太陰　丙干 天同-廉貞　丁干 太陰-巨門
戊干 貪狼-天機　己干 武曲-文曲
庚干 太陽-天同　辛干 巨門-文昌　壬干 天梁-武曲　癸干 破軍-貪狼</td>
<td>天天天八天咸天
同喜姚座福池德
平廟廟廟廟平不

喜神　　　　死
咸池　116～125　癸
天德　兄弟宮　酉</td>
</tr>
<tr>
<td>太擎紅天
陰羊鸞傷
陷陷廟陷

力士　2014年　沐浴
息神　56～65　丁
貫索　交友宮　卯</td>
<td>武文鈴風天天旬寡陰年
曲昌星閣才壽空宿煞解
廟陷廟廟陷廟陷陷　廟
科　身宮
病符　2009年　墓
月煞　6～15　甲
弔客　命宮　戌</td>
</tr>
<tr>
<td>紫天右祿火天恩封天孤
微府弼存星馬光誥月辰
旺廟旺廟廟旺平　　平

博士　2013年　長生
歲驛　46～55　丙
喪門　官祿宮　寅</td>
<td>天天陀天
機魁羅空
陷旺廟平

官府　　　　養
攀鞍　36～45　丁
晦氣　田宅宮　丑</td>
<td>破左
軍輔
廟旺
權
伏兵　　　　胎
將星　26～35　丙
歲建　福德宮　子</td>
<td>太地地
陽劫空
陷　陷
忌
大耗　2010年　絕
亡神　16～25　乙
病符　父母宮　亥</td>
</tr>
</table>

例題4

1、判斷：你的出身平凡，父親出門在外或者遠離家鄉。你母親是個好人，但是父母感情不太合，磕磕絆絆的。你和父親也談不來，隔閡較多。

命主回饋：是，都對。

解析：本命盤，福德宮殺破狼，父母宮太陰化忌地劫旬空，兄弟宮天同平勢（綜合判斷，出身在普通家庭）。父母宮太陽陷落化忌，照巨門（宮氣衰弱，照巨門，出門在外，或者全家搬到外地等）。兄弟宮（這個宮是母親位），天同平勢天喜八座天福星（天同星平勢，知足常樂、懦弱無為；天喜星，見誰都是樂呵呵的；八座星，穩定，進取心不足。綜合判斷是一個老好人）。兄弟宮天喜天姚咸池八座星（天喜天姚咸池聚集的時候容易有桃花，感情也就不太和睦了）。父母宮太陽化忌旬空地空（和父親感情不和，不太溝通等）。

2、判斷：你很善解人意、能替別人著想，你不善辭令、不苟言笑，比較傳統。能接受現實的結果。會自我紓解心理的問題。

命主回饋：對。

解析：本命命宮武曲化科陰煞寡宿旬空星（武曲陰煞寡宿旬空，不苟言笑、不善於辭令；武曲星的思想並不超前還是比較傳統的，本來是剛毅果斷易怒的，但是化科以後就會鋒芒收斂不少，變得能善解人意）；武曲文昌鳳閣星，照貪狼星（武曲星在遭遇人世不公的時候一般會轉向接近宗教。鳳閣和文昌貪狼星，會有一些娛樂或者文藝愛好，能紓解心理上的問題）。

3、判斷：你的脾胃消化方面不太好，容易胃寒。

命主回饋：是的，上廁所大便次數多。

解析：本命疾厄宮巨門天刑破碎星（巨門星主脾胃消化系統，天刑破碎，腸胃不好，大便次數多等）。

4、判斷：你的文化程度本科。

命主回饋：是。

解析：本命命宮武曲化科文昌鳳閣星，照貪狼龍池星，加會天相星（武曲並非文星但是化科以後，再疊加文昌龍池鳳閣星，就變得有文化意義了。對照貪狼星加會天相星，這兩個星是很有文采的）。父母宮照巨門星（被通過了）。官祿宮紫微右弼天府火星，照七殺星，加會天相星（右弼星多才藝，火星記憶力好、反應敏捷，配合上紫微天府星以後就會加強其意義；天相星為通知單、卷宗等；但是照七殺星，同時被擎羊和陀羅夾宮，必有限制）。（命宮、父母宮、官祿宮，綜合判斷經過努力能達到普通本科）。

5、**判斷**：2009 年比較鬱悶，事業不順利。

命主回饋：是的。

解析：2009 年流年命宮在戌位，本命大運流年並臨，原來命宮的化科和財帛宮的化祿沒有了，命宮的武曲鈴星、財帛宮的平勢廉貞、官祿宮的火星，就會凸顯其意義。官祿宮紫微天府祿存火星天馬星，被擎羊陀羅夾，對照七殺星，內憂外患、困獸一樣的事業狀態。

6、**判斷**：2010 年事業工作上有好機會。

命主回饋：是，那年工作比較順利。

解析：2010 年流年命宮在亥位，流年官祿宮在卯位，太陰化祿擎羊陷落（這一年困難不大，事業上的收入增多，比較順利）。

7、判斷：2013 年財運較好，收入增加了。

命主回饋：是，工薪。

解析：2013 年流年命宮在寅位，流年財帛宮在戌位，武曲化科，加會天相星（收入有所增加，生活比較體面）。

8、判斷：2014 年事業有進步。

命主回饋：是，調換工作。

解析：2014 年流年命宮在卯位，流年官祿宮在未位，天梁天鉞星，照天魁星（事業上能受到幫助和提攜等）

9、判斷：2015 年開銷多，積蓄較少。

命主回饋：是的。

解析：2015 年流年命宮在辰位，貪狼文曲星（貪狼主鋪張浪費）。流年財帛宮在子位，破軍化權左輔星（破軍化權主打定主意去破財花錢；左輔星主多個事多項事情）。流年福德宮在寅位，紫微化科（生活品質較好，打扮生活等）。

10、後面的預測是圍繞命主未來的婚姻展開的，不再贅述。

<table>
<tr>
<td>廉貪文天天天孤
貞狼曲壽巫廚辰
陷陷廟平　　陷
祿
小耗　　　　絕
亡神　42～51　己
貫索　官祿宮　巳</td>
<td>巨龍天
門池傷
旺不陷
將軍　2009年　胎
將星　52～61　庚
官符　交友宮　午</td>
<td>天天天天臺月
相鉞喜官輔德
得旺陷廟
奏書　　　　養
攀鞍　62～71　辛
小耗　遷移宮　未</td>
<td>天天天恩鳳天解截天年
同梁馬光閣使神空虛解
旺陷旺平不平不廟廟利
飛廉　1993年　長生
歲驛　72～81　壬
歲破　疾厄宮　申</td>
</tr>
<tr>
<td>太左鈴三天天
陰輔星臺貴哭
陷廟陷廟旺平
青龍　2007年　墓
月煞　32～41　戊
喪門　田宅宮　辰</td>
<td colspan="2" rowspan="2">乾造　甲　丙　戊　癸 (日空午、未)
　　　寅　寅　子　丑

1命宮　2兄弟　3夫妻　4子女　5財帛　6疾厄
7遷移　8交友　9官祿　10田宅　11福德　12父母

甲干　廉貞-太陽　乙干　天機-太陰　丙干　天同-廉貞　丁干　太陰-巨門
戊干　貪狼-天機　己干　武曲-文曲
庚干　太陽-天同　辛干　巨門-文昌　壬干　天梁-武曲　癸干　破軍-貪狼</td>
<td>武七文天天破大龍
曲殺昌刑福碎耗德
利旺廟廟廟平不
科
喜神　　　　沐浴
息神　82～91　癸
龍德　財帛宮　酉</td>
</tr>
<tr>
<td>天擎天封天咸
府羊才誥空池
得陷旺　平平
身宮
力士　　　　死
咸池　22～31　丁
晦氣　福德宮　卯</td>
<td>太右地八天蜚華
陽弼空座月廉蓋
不廟陷平　　平
忌
病符　2013年　冠帶
華蓋　92～101　甲
白虎　子女宮　戌</td>
</tr>
<tr>
<td>祿火陰
存星煞
廟廟
博士　　　　病
指背　12～21　丙
歲建　父母宮　寅</td>
<td>紫破天陀紅天寡
微軍魁羅鸞姚宿
廟旺旺廟陷平平
權
官府　　　　衰
天煞　2～11　丁
病符　命宮　丑</td>
<td>天地旬
機劫空
廟陷陷
伏兵　　　　帝旺
災煞　112～121　丙
弔客　兄弟宮　子</td>
<td>劫天
煞德
　平
大耗　　　　臨官
劫煞　102～111　乙
天德　夫妻宮　亥</td>
</tr>
</table>

例題5

1、判斷：你和祖父感情較好，祖父多有才藝、技術，為人清高、從事自由業、農業等。

命主回饋：對，祖父是裁縫。

解析：本命福德宮（這個宮為祖父位）天府陷落的擎羊天才星（天府星主感情深厚、主農業。陷落的擎羊天才星主有技術、主清高）。遷移宮（福德宮的官祿宮，祖父的事業位）天相星較弱，照紫微破軍化權陀羅星（天相有衣食之象，破軍陀羅主裁剪縫紉等）。

2、判斷：性格：精明能幹，思想獨立，不喜歡隨大流，適應能力很強。善於自我保護，善良，但是不喜歡管閒事。愛讀書、喜歡神祕文化。

命主回饋：對。

解析：本命命宮紫微天府天魁陀羅星（紫微破軍主精明能幹、獨立、不隨大流；天魁陀羅星主適應力強）。福德宮天府星（天府星主善良本份、愛管家務但是不愛管是非之事）。疾厄宮天同天梁截空天虛星（天同和天梁星都有宗教意象、愛好神祕文化；截空天虛主尋求精神寄託和思想淡泊等）。

3、**判斷：**學歷中等、專科。多學少成。

命主回饋：對。

解析：本命命宮紫微破軍天魁陀羅（紫微破軍主能鑽研、有文化；陀羅天魁主中等水準）。官祿宮文曲星同度陷落的廉貞貪狼星（文曲星本來主文化高，但與陷落的貪狼星和廉貞星疊加以後變為智慧不高）。父母宮照天同星（天同主大眾化、一般等）。（綜合判斷文化程度一般，專科）。

4、**判斷：**1993 年父親不順利，家裡破財。

命主回饋：生意被騙欠一大筆債。

解析：1993 年流年命宮在申位，流年父母宮在酉位，父母宮的財帛宮在巳位，貪狼化忌廉貞化忌（財帛宮主星被化忌，財運差。貪狼化忌主被騙，廉貞化忌主是非）。

5、判斷：2009 年破財。感情不好。

命主回饋：對，感情正常。

解析：2009 年流年命宮在午位，流年財帛宮在寅位，祿存火星（祿存在財星，被破壞當然是破財了）。

6、判斷：婚姻晚，31 歲以後才能結婚。

命主回饋：跟現在的妻子 1992 年認識，一直到 2007 年領的證。

解析：本命夫妻宮沒有主星，劫煞（劫煞主被擱置、被奪走、有競爭等，晚婚）。夫妻宮的夫妻宮文昌星同度七殺天刑截空星（七殺星本主快速的，但是天刑和截空疊加以後就變成壓力和費勁，晚婚）。22－31 歲大運命宮在丑位，本命和大運並臨（本運的婚姻意義如上所述一樣，31 歲以後才可以有婚姻），32－41 歲大運命宮在寅位，大運夫妻宮在子位，天機星，照巨門星（夫妻宮的巨門星主有婚姻機會）。2007 年流年命宮在辰位，太陰星左輔星（在感情上有進展，可以結婚）。流年夫妻宮的官祿宮在午位，巨門星，照天機星（天機星主時機成熟，巨門星主官方通過同意結婚，領證）。

7、判斷：婚後頭胎男孩。

命主回饋：對。

解析：本命子女宮太陽右弼星（太陽星在戌位，主男孩）。

8、判斷：這幾年孩子成長順利，個子高，聰明。

命主回饋：是的。

解析：32—41歲大運命宮在寅位，大運的子女宮在亥位，大運子女宮的疾厄宮在午位，巨門星將星，照天機星（天機星主機靈、思維敏捷、興趣廣泛；巨門星將星主長勢好，在同齡孩子中算是個子高的，不過長大以後身材不會很高）。

9、判斷：2013年有他投資、置業等花耗項目。

命主回饋：買了房。

解析：2013年流年命宮在戌位，流年財帛宮在午位，巨門星（巨門有房子的意象）。流年田宅宮紫微破軍天魁陀羅星（紫微陀羅主官方蓋章；破軍紫微天魁主貸款；在田宅宮的貸款當然是為了買房貸款了）。

10、判斷：妻子和你年齡差距3歲左右，不是你們市的（指的是妻子出生地）。

命主回饋：我大她4歲，出生地不同。

解析：本命夫妻宮無主星，我們參閱夫妻宮的田宅宮，在寅位，祿存火星，照天同天馬

<table>
<tr>
<td>天祿八天天臺天孤
相存座才官輔巫辰
得廟廟廟旺　　陷
2014年
博士
亡神　103～112
貫索　福德宮
病 癸巳</td>
<td>天擎龍
梁羊池
廟陷不
2015年
2004年
官府
將星　93～102
官符　田宅宮
衰 甲午</td>
<td>廉七天天月
貞殺喜貴德
利廟陷旺
忌
伏兵
攀鞍　83～92
小耗　官祿宮
帝旺 乙未</td>
<td>天鳳天解天年
馬閣傷神虛解
旺不平不廟利
大耗
歲驛　73～82
歲破　交友宮
臨官 丙申</td>
</tr>
<tr>
<td>巨左陀截天
門輔羅空哭
陷廟廟陷平
力士
月煞　113～122
喪門　父母宮
死 壬辰</td>
<td colspan="2" rowspan="2">坤造 丙 庚 己 乙 (日空午、未)
寅 寅 丑 亥
1命宮 2兄弟 3夫妻 4子女 5財帛 6疾厄
7遷移 8交友 9官祿 10田宅 11福德 12父母
甲干 廉貞-太陽 乙干 天機-太陰 丙干 天同-廉貞 丁干 太陰-巨門
戊干 貪狼-天機 己干 武曲-文曲
庚干 太陽-天同 辛干 巨門-文昌 壬干 天梁-武曲 癸干 破軍-貪狼</td>
<td>天天三破大龍
鉞刑臺碎耗德
廟廟廟平不
病符
息神　63～72
龍德　遷移宮
冠帶 丁酉</td>
</tr>
<tr>
<td>紫貪文恩天天咸
微狼曲光壽空池
旺利旺廟陷平平
青龍
咸池　3～12
晦氣　命宮
墓 辛卯</td>
<td>天右地天天旬蜚華
同弼劫使月空廉蓋
平廟平陷　陷　平
祿
喜神
華蓋　53～62
白虎　疾厄宮
沐浴 戊戌</td>
</tr>
<tr>
<td>天太鈴陰
機陰星煞
得旺廟
權
小耗
指背　13～22
歲建　兄弟宮
絕 庚寅</td>
<td>天紅天封寡
府鸞姚誥宿
廟陷平　平
身宮
將軍
天煞　23～32
病符　夫妻宮
胎 辛丑</td>
<td>太火地天天
陽星空福廚
陷陷平平
奏書
災煞　33～42
弔客　子女宮
養 庚子</td>
<td>武破文天劫天
曲軍昌魁煞德
平平利旺　平
科
飛廉
劫煞　43～52
天德　財帛宮
長生 己亥</td>
</tr>
</table>

星（天同為另外一個城市；天馬主距離遠）。我們參閱夫妻宮的夫妻宮，在酉位，武曲七殺文昌天刑天福星（武曲七殺在夫妻宮，除了表示婚前同居、容易二婚之外，七殺星還有年齡差距大的意象）。

11、後面的預測是圍繞命主未來的事業財運展開的，不再贅述。

例題6

1、判斷：妳母親文化不高，很會過日子，人很開朗聰明。

命主回饋：對，母親脾氣很好。

解析：本命兄弟宮（這個宮是母親位）天機太陰鈴星（天機太陰，

精打細算、會過日子；天機星，開朗、聰明、能幹；天機鈴星，小聰明、知識有限）。

2、判斷：妳事業心很強，傳統正派，富有同情心。猜疑心比較重，容易記仇等。

命主回饋：對的，疑心重。

解析：本命命宮紫微貪狼文曲恩光星，照天鉞天刑三台星（天刑星，記仇；紫微天鉞天刑，傳統正派、事業心強；紫微星，疑心重）。

3、判斷：妳的脾胃系統較弱，婦科也有暗疾。

命主回饋：對。胃不好，婦科有子宮頸糜爛。我很擔心不能懷孕。

解析：本命疾厄宮天同平勢右弼地劫旬空星（天同星情有子宮和胃部的意象。天月地劫，有暗在的毛病）。

4、判斷：妳的學歷一般，專科或者二本類型。

命主回饋：對，專科。

解析：本命命宮紫微文曲貪狼天空星（紫微文曲和貪狼天空屬於文星組合，紫微星實際上較弱、貪狼星較旺）。官祿宮七殺星，合天梁星（天梁星主通過認可）。福德宮天相星同度天才星（天相星實際上較弱；天才主才華、才能）。（綜合判斷學歷一般大專普本檔次）。

5、判斷：妳的工作屬於文案、辦公室、後勤類型的。

命主回饋：在辦公室。

解析：本命命宮貪狼文曲星，照天鉞三台星（貪狼文曲星，文化、藝術、聯絡、交際等；天鉞星，服務性質；紫微三台星，辦公室文案性質）。

6、判斷：2004 年有升學機會。

命主回饋：是的。2004 年升學。

解析：2004 年流年命宮在午位，天梁星同度陷落的擎羊星（天梁星陷落的擎羊星是文星組合）。流年官祿宮天同化祿右弼星，照左輔星（受貴人提攜，勉強被同意）。

7、判斷：2014、2015 年事業比較穩定。

命主回饋：對的，2015 年後就不穩定了。

解析：流年 2014 年命宮在巳位，天相祿存八座天官星（天相八座天官星都是事業星，都比較穩定）。流年官祿宮，天鉞三台星，照文曲恩光星（天鉞恩光，受到恩寵和幫助）。流年 2015 年命宮在午位，天梁星化權（天梁星本來就穩重有統帥能力，化權就能施展，忙碌的做事就穩定）。流年官祿宮天同化祿右弼星，照左輔星（天同化祿左輔右弼，很順利也很知足）。

8、判斷：2014、2015 年可以談婚論嫁結婚。

命主回饋：對的，2014 年談的 2015 年結婚了。

解析：流年 2015 年流年命宮在午位，流年夫妻宮巨門化權左輔星，照右弼星（巨門星是婚姻星；左輔右弼，被催促成婚）。流年福德宮天馬鳳閣星，照天機化權祿太陰星（天機化祿權，婚姻的管理單位錄入）。

9、**判斷**：目前妳丈夫的事業不好，他壓力較大。

命主回饋：對的，他的工作面臨離職。

解析：23—32 歲大運命宮在亥位，大運夫妻宮在酉位，大運夫妻宮的官祿宮在丑位，天府封誥星，照廉貞化忌七殺星（天府封誥星，工資封存停止；廉貞化忌，單位多小人；七殺星，壓力很大、辭職等）。

10、**判斷**：妳丈夫高個子、長方臉。

命主回饋：對的，身高 180 長方臉。

解析：本命夫妻宮天府星，照七殺星（天府星對照七殺星，身材高大；天府星主方臉；七殺星主長方臉）。

11、後面的預測是圍繞命主未來的事業展開的，不再贅述。

<table>
<tr>
<td>天文天紅天天大龍
同昌鉞鸞姚巫耗德
廟廟旺旺平　陷

飛廉　病
亡神　43～52　乙
龍德　官祿宮　巳</td>
<td>武天右火地恩天天陰
曲府弼星空光福傷煞
旺旺旺廟廟廟平陷
忌
奏書　死
將星　53～62　丙
白虎　交友宮　午</td>
<td>太太封天寡天
陽陰誥月宿德
得不　　不廟

病符　2010年　墓
攀鞍　63～72　丁
天德　遷移宮　未</td>
<td>貪左鈴天天天
狼輔星馬使哭
平平陷旺平廟
科
大耗　2011年　絕
歲驛　73～82　戊
弔客　疾厄宮　申</td>
</tr>
<tr>
<td>破地八天
軍劫座虛
旺陷旺陷

奏書　2007年　衰
月煞　33～42　甲
歲破　田宅宮　辰</td>
<td colspan="2" rowspan="2">乾造 王　丁　辛　癸 (日空辰、巳)
　　 戌　未　丑　巳

1命宮　2兄弟　3夫妻　4子女　5財帛　6疾厄
7遷移　8交友　9官祿　10田宅　11福德　12父母

甲干 廉貞-太陽　乙干 天機-太陰　丙干 天同-廉貞　丁干 太陰-巨門
戊干 貪狼-天機　己干 武曲-文曲
庚干 太陽-天同　辛干 巨門-文昌　王干 天梁-武曲　癸干 破軍-貪狼</td>
<td>天巨文天天
機門曲壽廚
旺廟廟平

伏兵　2012年　胎
息神　83～92　己
病符　財帛宮　酉</td>
</tr>
<tr>
<td>天截咸月
魁空池德
廟平平

將軍　帝旺
咸池　23～32　癸
小耗　福德宮　卯</td>
<td>紫天陀三天天華
微相羅臺貴官蓋
得得廟旺旺平平
權
官府　養
華蓋　93～102　庚
歲建　子女宮　戌</td>
</tr>
<tr>
<td>廉龍
貞池
廟平

小耗　2014年　臨官
指背　13～22　王
官符　父母宮　寅</td>
<td>天破
刑碎
陷陷

青龍　冠帶
天煞　3～12　癸
貫索　命 宮　丑</td>
<td>七擎鳳解旬蜚年
殺羊閣神空廉解
旺陷廟廟陷　廟

力士　沐浴
災煞　113～122　王
喪門　兄弟宮　子</td>
<td>天祿天天臺天孤劫
梁存喜才輔空辰煞
陷廟旺廟　平陷
祿　身宮
博士　長生
劫煞　103～112　辛
晦氣　夫妻宮　亥</td>
</tr>
</table>

例題7

1、判斷：你祖父或祖母去世早。你出生於普通工薪家庭，父母一生經濟不富裕。

命主回饋：對，祖父母在我父親很小時就去世了

解析：本命福德宮天魁截空星，照天機巨門星（天機巨門，遠離、不在一起）。福德宮的官祿宮在未位，太陰太陽星封誥天月病符星（太陽太陰天月病符，疾病或者死亡；封誥，來往少）。（綜合判斷祖父母至少一個去世較早）本命父母宮廉貞星，加會武曲化忌天府火星地空星，紫微化權陀羅星（武曲天府火星地空，經濟

上不富裕）。父母宮的官祿宮在午位，武曲化忌天府火星地空星，加會廉貞星，紫微化權陀羅星（武曲天府火星地空，工資不多；廉貞、紫微化權，有工作）。

2、判斷：你不善表達，有點內向，和人溝通能力差，思慮較多，心理負擔重。但是，有清高傾向，不喜歡隨大流，思維敏捷獨特。

命主回饋：對。

解析：本命命宮天刑旬空星，合七殺鳳閣星（天刑七殺鳳閣，內向，不愛說話，心理負擔重、壓抑、憂鬱等）。福德宮天魁星，照天機巨門文曲星（清高，思維敏捷獨特等）。

3、判斷：你有神經衰弱傾向、多疑、敏感。眼睛近視。

命主回饋：對。

解析：本命疾厄宮貪狼天使鈴星天哭星（貪狼鈴星天使，神經衰弱、近視眼；貪狼星敏感；鈴星，多疑）。

4、判斷：你文化程度不高，專科或者二本一類的。

命主回饋：對。

解析：本命命宮和父母宮沒有利於文化的星曜。官祿宮天同文昌天鉞星等（天同文昌，獲得學歷）。福德宮天魁星，照天機巨門文曲星（天機，愛鑽研；巨門文曲，學習好，有學歷）。

（綜合判斷大專或者普通本科檔次）

5、判斷：工作以後換過多個職業。

命主回饋：對。

解析：本命官祿宮天同文昌天鉞（天同天鉞，同等品質的很多）。加會天機巨門文曲星（工作證變換多，經常換工作）。

6、判斷：婚姻晚，2010年有婚姻。

命主回饋：對。

解析：本命夫妻宮天梁化祿天喜祿存孤辰天空劫煞星等（戀愛早，但是感情經歷不順利）。命宮無主星宮氣弱，夫妻宮主星陷落（婚姻晚）。2010年流年命宮在未位，太陽太陰同宮（有戀愛）；流年夫妻宮天同天姚紅鸞星（戀愛順利）；流年夫妻宮的官祿宮在酉位，天機巨門文曲（登記結婚）。

7、判斷：你妻子和你是同一個省份的。

命主回饋：對。

解析：本命夫妻宮天梁星化祿祿存星，照天同星文昌星（天梁星陷落，化祿以後仍然不旺，命主和妻子出生地之間距離不遠；天同文昌，同一個城市或者本省內）。

8、判斷：2007 年財運不好，事業不濟。

命主回饋：對。

解析：2007 年流年命宮在辰位，破軍地劫天虛星（破軍主破耗）。流年財帛宮七殺擎羊旬空星，照武曲天府火星地空星，巨門化忌飛入（沒有很好的財運）。流年官祿宮在申位，貪狼鈴星天哭星（事業運氣低迷苦惱）。

9、判斷：2011 年積蓄不多，花耗多。但比起前兩年感覺緩解了。

命主回饋：對。

解析：2011 年流年財帛宮在辰位，破軍地劫天虛（花耗多，破費多）。流年田宅宮在亥位，天梁化祿祿存天空星（積蓄少）。流年福德宮在戌位，紫微化權天相三台星（生活品質有所改善，感覺上是稍好的）。

10、判斷：2012 年有口舌是非。

命主回饋：對。

解析：2012 年流年命宮在酉位，天機巨門文曲星（巨門文曲，有口舌之象）。流年官祿宮天刑旬空破碎（有是非）。

11、判斷：2014 年有積蓄，但是破費大。

<table>
<tr>
<td>紫七祿天天天破
微殺存刑傷巫碎
旺平廟陷平 陷
長生
博士
亡神 74～83 丁
病符 交友宮 巳</td>
<td>擎天天
羊才廚
陷旺
養
官府
將星 64～73 戊
歲建 遷移宮 午</td>
<td>天天天
鉞使空
旺平陷
2011年 胎
伏兵
攀鞍 54～63 己
晦氣 疾厄宮 未</td>
<td>天孤
馬辰
旺平
身宮
2012年 絕
大耗
歲驛 44～53 庚
喪門 財帛宮 申</td>
</tr>
<tr>
<td>天天陀天鳳臺解寡年
機梁羅貴閣輔神宿解
利廟廟旺陷 廟陷廟
忌
沐浴
力士
月煞 84～93 丙
弔客 官祿宮 辰</td>
<td colspan="2" rowspan="2">坤造 戊 壬 壬 庚 (日空寅、卯)
午 戌 子 戌

1命宮 2兄弟 3夫妻 4子女 5財帛 6疾厄
7遷移 8交友 9官祿 10田宅 11福德 12父母

甲干 廉貞-太陽 乙干 天機-太陰 丙干 天同-廉貞 丁干 太陰-巨門
戊干 貪狼-天機 己干 武曲-文曲
庚干 太陽-天同 辛干 巨門-文昌 壬干 天梁-武曲 癸干 破軍-貪狼</td>
<td>廉破地紅天
貞軍劫鸞姚
平陷平旺廟
墓
病符
息神 34～43 辛
貫索 子女宮 酉</td>
</tr>
<tr>
<td>天天三天天咸天
相喜臺官福池德
陷旺陷旺平平平
冠帶
青龍
咸池 94～103 乙
天德 田宅宮 卯</td>
<td>龍陰華
池煞蓋
陷 平
2014年 死
奏書
華蓋 24～33 壬
官符 夫妻宮 戌</td>
</tr>
<tr>
<td>太巨右文恩天天蜚
陽門弼曲光壽月廉
旺廟旺平平旺
科
2007年 臨官
小耗
指背 104～113 甲
白虎 福德宮 寅</td>
<td>武貪天鈴地大龍
曲狼魁星空耗德
廟廟旺得陷平
祿
帝旺
將軍
天煞 114～123 乙
龍德 父母宮 丑</td>
<td>天太左文封截旬天天
同陰輔昌誥空空哭虛
旺廟旺得 陷陷平陷
權
衰
奏書
災煞 4～13 甲
歲破 命宮 子</td>
<td>天火八劫月
府星座煞德
得利廟
2004年 病
飛廉
劫煞 14～23 癸
小耗 兄弟宮 亥</td>
</tr>
</table>

命主回饋：對。

解析：2014流年命宮在寅位，廉貞化祿截空（有收入也有破費）。流年財帛宮紫微化權天相陀羅星，照破軍化權（破費多）。流年田宅宮天同化祿文昌化科天鉞天巫星（有所積蓄）。

12、後面的預測是圍繞命主未來的財運展開的，不再贅述。

例題8

1、判斷：父母家庭條件一般，但是有工作

命主回饋：是的，單位職工家庭。

解析：本命父母宮武曲貪狼化祿鈴星地空截空旬空星（武曲為財富，貪狼化祿在這也可以表示財富，遇到空星，就不會有很好的財富狀態）。父母宮的財帛宮在酉位，破軍地劫星（也是破財星）。（綜合判斷經濟條件一般）父母宮的官祿宮在巳位，紫微祿存七殺天刑星（紫微祿存同度平勢的七殺和陷落的天刑，有工作但是沒有官運，單位的普通職工）。

2、**判斷**：妳性格直爽，對人真誠，有工作能力，要強的人。但是內心的負擔很大，猜疑心也重一些。

命主回饋：直爽，對人真誠，非常對，就是這種性格，很要強，心裡想事多，睡眠不好。

解析：本命命宮天同左輔星（對人真誠，純樸）。本命福德宮太陽巨門右弼星（直爽、要強、有能力）。命宮天哭天虛封誥星（心理負擔重）。命宮太陰截空旬空星（多愁善感，睡眠不好）。

3、**判斷**：妳記憶力下降不少，有腰痠腿痛的情況，婦科有點小毛病。

命主回饋：是的，記憶下降，婦科有點毛病。

解析：本命疾厄宮沒有主星，天鉞天使天空星，對照武曲貪狼化祿鈴星天魁星（武曲鈴星，腰痠腿痛等；貪狼化祿天空天使，記憶力下降；武曲貪狼，婦科小毛病等）。

4、**判斷**：妳愛讀書，上學的時候成績不差，學歷普本。

命主回饋：上學時功課好，不費力就輕鬆名列前茅，大專學歷。

解析：本命命宮天同左輔文昌（愛好讀書）。大運4—13歲的大運官祿宮在寅位，太陽巨門文曲星等（讀書成績好）。大運14—23歲的大運官祿宮在丑位，貪狼星地空旬空星（學習成績較好）。本命命宮天同文昌太陰化權左輔星（天同文昌是學歷組合、太陰化權左輔，也是學歷組合）。福德宮太陽右弼化科巨門文曲（太陽右弼化科、巨門文曲，都是學歷組合）。但是，官祿宮利勢的天機星化忌，天梁星陷落的鳳閣星（利勢的天機星化忌，智慧一般；天梁星陷落的鳳閣星，學歷不高）。（綜合判斷學歷大專或者普通本科檔次）

5、**判斷：**2004—2006年之間有訂婚、結婚的喜慶。

命主回饋：2004年結婚。

解析：大運24—33歲的大運命宮在申位，照太陽星（遇到可以結婚的男子）；大運夫妻宮在午位，照天同文昌星（通過辦理結婚證）。流年2004年的流年命宮在亥位，流年夫妻宮廉貞破軍紅鸞天姚星（婚姻之喜）。

6、**判斷：**妳婚後頭胎是女孩。

命主回饋：是的，2007年生女兒。

解析：2007年流年命宮在寅位，巨門天月星（生產生育）；流年子女宮天府火星月德（剖腹生子）；子女宮的官祿宮在卯位，天相天喜星（添人進口之喜）。本命子女宮破軍廉貞紅鸞天姚星（主女孩）。

7、判斷：丈夫性格比較暴躁，你們常吵架。你有被家暴的情況。

命主回饋：是的，他脾氣暴躁，打過幾回，很不順。

解析：本命夫妻宮陰煞華蓋星，照天梁陀羅星（陰煞華蓋，陰沉孤獨；天梁，固執；陀羅，剛烈暴力）。

8、判斷：2011 年妳有出軌風險，或者說有人向妳示愛。

命主回饋：是的，有人示愛。

解析：2011 年流年命宮在未位，天鉞星，照武曲化科貪狼星天魁星（感情豐富，容易出軌）；流年夫妻宮紫微七殺天刑祿存星（祿存在夫妻宮主感情；天刑主非正常的；紫微主丈夫或男人；七殺主其他的男人）。（綜合判斷，容易出軌）

9、判斷：2012 年相對順利，受人幫助。

命主回饋：丈夫做生意的錢，由公安幫助把錢要回來了。

解析：2012 年流年命宮在申，天馬星，照巨門太陽星（天馬巨門太陽，順利度過）；流年夫妻宮在午位，擎羊星，照天同太陰星（財富金錢），夫妻宮的財帛宮在寅位太陽化忌巨門右弼（太陽化忌巨門，公安；右弼，幫助）。

<table>
<tr>
<td>太文八天天破劫月
陽昌座巫廚碎煞德
旺廟廟　　陷
忌
大耗　2007年　長生
劫煞　44～53　己
小耗　財帛宮　巳</td>
<td>破地天天
軍空哭虛
廟廟陷平
權
病符　　養
災煞　34～43　庚
歲破　子女宮　午</td>
<td>天天火天天封大龍
機鉞星壽官誥耗德
陷旺利旺廟　平
身宮
喜神　　胎
天煞　24～33　辛
龍德　夫妻宮　未</td>
<td>紫天解截蜚
微府神空廉
旺得不廟
飛廉　　絕
指背　14～23　壬
白虎　兄弟宮　申</td>
</tr>
<tr>
<td>武左地龍天華
曲輔劫池使蓋
廟廟陷廟陷廟
科
伏兵　　沐浴
華蓋　54～63　戊
官符　疾厄宮　辰</td>
<td colspan="2" rowspan="2">坤造 甲　丙　癸　丁 (日空申、酉)
　　 子　寅　未　巳

1命宮　2兄弟　3夫妻　4子女　5財帛　6疾厄
7遷移　8交友　9官祿　10田宅　11福德　12父母

甲干　廉貞-太陽　乙干　天機-太陰　丙干　天同-廉貞　丁干　太陰-巨門
戊干　貪狼-天機　己干　武曲-文曲
庚干　太陽-天同　辛干　巨門-文昌　壬干　天梁-武曲　癸干　破軍-貪狼</td>
<td>太文天天三恩天天咸天
陰曲喜刑臺光才福池德
旺廟廟廟廟陷旺廟平不
奏書　　墓
咸池　4～13　癸
天德　命宮　酉</td>
</tr>
<tr>
<td>天擎鈴紅
同羊星鸞
平陷利廟
官府　　冠帶
息神　64～73　丁
貫索　遷移宮　卯</td>
<td>貪右鳳天旬寡年
狼弼閣月空宿解
廟廟廟　陷陷廟
將軍　2012年　死
月煞　114～123　甲
弔客　父母宮　戌</td>
</tr>
<tr>
<td>七祿天天孤陰
殺存馬傷辰煞
廟廟旺平平
博士　　臨官
歲驛　74～83　丙
喪門　交友宮　寅</td>
<td>天天陀天天天
梁魁羅姚貴空
旺旺廟平旺平
力士　2015年　帝旺
攀鞍　84～93　丁
晦氣　官祿宮　丑</td>
<td>廉天
貞相
平廟
祿
青龍　2014年　衰
將星　94～103　丙
歲建　田宅宮　子</td>
<td>巨臺
門輔
旺
小耗　　病
亡神　104～113　乙
病符　福德宮　亥</td>
</tr>
</table>

10、判斷：妳的工作環境中男人多、領導多，該是企業的辦公室或者基層的事業單位。

命主回饋：非常對，我是企業科員。

解析：本命命宮天同太陰左輔文昌（文員）。官祿宮天梁廟旺鳳閣陷落（天梁星廟旺為男的領導多；鳳閣陷落為女人少）。

11、後面的預測是圍繞命主未來的婚姻展開的，不再贅述。

例題9

1、判斷：妳父親做服務或者技術的普通職工，沒有職務。你父親兄弟姐妹6個左右（姑姑、叔叔、伯伯等人）。

命主回饋：以前單位下崗的，現在有社保。5個。

解析：本命父母宮貪狼右弼鳳閣星，加會破軍化權地空星，七殺祿存天馬星，照武曲化科左輔星（貪狼武曲化科，在企業或金融部門；左輔右弼，服務性質工種；破軍化權七殺天馬，跑腿閒雜人員）。父母宮的官祿宮在寅位，七殺祿存天馬星，照紫微天府截空星（七殺祿存天馬，動手動腳費力氣的工種；紫微天府截空，落魄的事業單位或者夕陽型國有企業）。貪狼右弼星，照左輔星（貪狼五行木，木五行之數為3或者8，同度左輔右弼，必定大於3，數量在5—8範圍之內）。

2、判斷：妳為人踏實、現實，很珍惜感情和勞動成果，有經濟策劃手段和理財能力，不足之處就是有點虛榮，愛攀比。

命主回饋：非常正確。

解析：本命命宮太陰天刑三台天福星（太陰天福，現實、珍惜勞動成果，理財能力；天刑三台，踏實、古板；太陰文曲，重視並珍視感情）。福德宮巨門星，照太陽星化忌（虛榮，愛攀比）。

3、判斷：妳兄弟3個左右。

命主回饋：對，我上有哥哥，下有弟弟。

解析：本命命宮太陰三台天福星，加會太陽星，天梁星（弟兄排行不是老大）。兄弟宮紫微天府截空星（天府星不得地，紫微星旺，紫微天府的五行為土，土的五行之數為5或0，截空星減半數量，確定3個）。

4、判斷：妳的學歷專科或者二本。

命主回饋：大專。

解析：本命命宮太陰文曲天才星，加會太陽文昌星（太陰文曲天才是文化星組合；太陽文昌是文化星組合）。官祿宮天梁天魁陀羅星，照天鉞星（悟性較好）。父母宮貪狼右弼星，照左輔星（學習能力較好，求知慾高）。福德宮巨門星照太陽星（在家待不住，愛跑，學習不刻苦）。（綜合判斷，學歷在大專和普本檔次）

5、判斷：妳的專業是商務、金融類型的。妳目前是在金融單位或者私企。

命主回饋：金融專業。私人企業。

解析：本命命宮太陰文曲星（文員或財務之象），加會太陽化忌文昌星（非政府單位的文案），天梁陀羅天魁星（企業管理之象）。父母宮貪狼右弼星，照武曲化科左輔星（企業或者藝術的文職）。（綜合判斷金融財務類型的專業。私企單位）

6、判斷：2007—2009年之間參與工作。

命主回饋：2007年。

解析：2007年流年命宮在巳位，太陽化忌文昌八座天巫星，照巨門星（太陽化忌實際上並不弱，文昌八座天巫都是工作事業星；巨門星主出路和前途等）。

7、判斷：2012年妳破財，有人借錢，或者說本來該得到的錢沒有得到等。

命主回饋：破財。

解析：2012年流年命宮在戌位，貪狼右弼星，照武曲化科忌左輔化科（武曲先化科後化忌，該得到的錢沒有得到）；流年財帛宮在破軍化權地空天哭天虛星（破財）。

8、判斷：2014、2015年可以訂婚、結婚。

命主回饋：2014年訂婚，2015年結婚。

解析：2014年流年命宮在子位，流年夫妻宮貪狼右弼星，照武曲化科左輔星（貪狼左輔右弼，浪漫多情，交際多）。流年交友宮太陽文曲星月德（太陽文曲月德，戀愛之星）。流年2015年命宮在丑位，天梁化權天魁天姚陀羅星（戀愛星、同居星）。流年夫妻宮巨門星，照太陽文昌月德星（結婚星）。夫妻宮的官祿宮在卯位，天同星，照太陰文曲天刑天喜天福星（天刑天喜文曲，辦理結婚的法律檔）。

9、判斷：2015 年若非結婚就是生育後代，為女孩可能性大。

命主回饋：生女兒。

解析：流年 2015 子女宮在戌位，貪狼右弼鳳閣天月星，照左輔武曲化科。破軍化權飛入（貪狼天月破軍化權，生產生育之星；貪狼鳳閣主女孩）。

10、判斷：妳老公能力一般，他家裡是妳婆婆說了算。

命主回饋：他能力還行，就是有沒有主見，聽父母的，倔強，婆婆做主。

解析：本命夫妻宮天機陷落天鉞火星（智慧一般），照天梁右弼陀羅星（不夠勤奮、統帥能力一般）。夫妻宮的母親宮（婆婆宮）在午位，破軍化權地空天哭天虛星（破軍地空，脾氣急躁魯莽，有魄力，看不起人；天哭天虛，多愁善感，多疑。總之就是在家裡能做主的人）。

11、後面的預測是圍繞命主未來的婚姻展開的，不再贅述。

<table>
<tr>
<td>紫七天封截破
微殺福誥空碎
旺平旺　廟陷

將軍　長生
指背　14～23　癸
白虎　兄弟宮　巳</td>
<td>天火紅天咸天
鉞星鸞廚池德
　廟旺　陷旺

小耗　2008年　養
咸池　4～13　甲
天德　命宮　午</td>
<td>文文天寡
昌曲月宿
利旺　不
忌科

青龍　胎
月煞　114～123　乙
弔客　父母宮　未</td>
<td>陀地天
羅空姚
陷廟陷

力士　絕
亡神　104～113　丙
病符　福德宮　申</td>
</tr>
<tr>
<td>天天天三龍
機梁刑臺德
利廟平廟

奏書　沐浴
天煞　24～33　壬
龍德　夫妻宮　辰</td>
<td colspan="2" rowspan="2">乾造　辛　丙　甲　丁（日空午、未）
　　　酉　申　申　卯

1命宮　2兄弟　3夫妻　4子女　5財帛　6疾厄
7遷移　8交友　9官祿　10田宅　11福德　12父母

甲干　廉貞-太陽　乙干　天機-太陰　丙干　天同-廉貞　丁干　太陰-巨門
戊干　貪狼-天機　己干　武曲-文曲
庚干　太陽-天同　辛干　巨門-文昌　壬干　天梁-武曲　癸干　破軍-貪狼</td>
<td>廉破祿天天臺天
貞軍存壽官輔哭
平陷廟平平　不

博士　墓
將星　94～103　丁
歲建　田宅宮　酉</td>
</tr>
<tr>
<td>天右天天
相弼才虛
陷陷旺廟

飛廉　2016年　冠帶
災煞　34～43　辛
歲破　子女宮　卯</td>
<td>擎八天
羊座空
廟平陷

官府　死
攀鞍　84～93　戊
晦氣　官祿宮　戌</td>
</tr>
<tr>
<td>太巨天地解大劫月
陽門魁劫神耗煞德
旺廟　平廟陷
權祿

喜神　2015年　臨官
劫煞　44～53　庚
小耗　財帛宮　寅</td>
<td>武貪鈴龍鳳天年華
曲狼星池閣使解蓋
廟廟得平平陷得陷

病符　帝旺
華蓋　54～63　辛
官符　疾厄宮　丑</td>
<td>天太天旬陰
同陰喜空煞
旺廟旺陷
身宮

大耗　衰
息神　64～73　庚
貫索　遷移宮　子</td>
<td>天左天恩天天天孤蜚
府輔馬光貴傷巫辰廉
得不平不平旺　陷

伏兵　2013年　病
歲驛　74～83　己
喪門　交友宮　亥</td>
</tr>
</table>

例題10

1、判斷：你父親是聰明之人。你姥姥或者姥爺其中一個高壽。

命主回饋：對。姥爺健在，今年88歲。

解析：本命父母宮文曲文昌化忌，照貪狼武曲星（這裡的文昌實際上不弱，文曲文昌表示藝術文娛興趣，也表示聰慧智慧等；貪狼星足智多謀，理解和分析能力強等）。母親宮的父親宮在午位，天鉞火星紅鸞星，照天同太陰天喜星（與天同享，姥爺是長壽之人）。

2、判斷：你才思敏捷，喜歡創新、喜歡鑽研，反向思維很強、叛逆心重、疑心重，事業心也很重。

命主回饋：都對。

解析：本命命宮火星天鉞星（火星，反向思維很強、叛逆心重、疑心重，喜歡創新；天鉞星，事業心重）。福德宮地空陷落的陀羅星，照巨門化祿太陽化權（太陽化權，事業心重；巨門化祿，喜歡創新、鑽研學問等）。

3、**判斷**：你體質上脾胃不太好，容易虛寒。呼吸系統也容易不適。能喝點酒。

命主回饋：都對。

解析：本命疾厄宮武曲貪狼龍池鳳閣星等（貪狼有脾胃系統之象；貪狼龍池鳳閣，能喝酒；武曲有肺部呼吸系統之象）。

4、**判斷**：你應該有個妹妹。

命主回饋：有妹妹。

解析：本命兄弟宮紫微七殺截空封誥破碎星（主星紫微五行為土，土五行之數為5或0，同度截空封誥破碎星，數量大減；封誥，不會超過兩個；紫微星為女孩）。

5、**判斷**：你的專業該是醫療、法律、管理等類型的。學歷很高，博士學歷或者教授職業。

命主回饋：管理類。博士。大學老師。

解析：本命命宮火星天德星，照太陰天同星（悟性高，精力充沛）。福德宮陷落的陀羅星，照太陽化權巨門化祿（陷落的陀羅，喜鑽研創新；太陽化權，上進心強；巨門化祿，博學，推理分析能力強）。父母宮文曲文昌，照貪狼星（有文藝愛好，理解力強、求知慾強）。官祿宮擎羊八座星，照天梁三台星（天梁三台八座同度擎羊，地位高、權威）。（綜合判斷學歷很高，博士學歷等）官祿宮擎羊八座星，照天梁三台星（法律醫療管理類型）。官祿宮的父母宮在寅位，太陽化權巨門化祿月德天魁星（太陽化權，管理單位；太陽巨門天魁，事業單位）。

6、判斷：2008 年長輩不利，或者有買房、買車等。

命主回饋：2008 年爺爺去世。

解析：2008 年流年命宮在午位，福德宮在申位，歲命並臨，地空病符亡神星，照太陽化權巨門化祿劫煞星（巨門太陽，離開星；太陽地空，陽壽已盡；病符亡神，病入膏肓）。福德宮的疾厄宮在卯位，天相天虛右弼（天相右弼，醫生無回天之力；天相天虛，虛弱）。福德宮的田宅宮天府天傷喪門（死亡）。

7、判斷：2013 年比較順利，有新的學業或者專業上的進展等。

命主回饋：對。

解析：2013年流年命宮在亥位，流年父母宮在子位，天同太陰星，文曲化科飛入（太陰文曲化科，學業星）。流年福德宮太陽化權巨門化祿天魁月德（巨門化祿，學業進步、收穫等）。

8、判斷：2015年人際關係緊張，有破費。

命主回饋：哎，這年工作沒落實。

解析：2015年流年命宮在寅位太陽化權巨門化祿化忌（巨門化祿化忌，沒有通過）；流年官祿宮在午位，天鉞火星，照天同太陰化忌（太陰化忌，沒有獲得工作上的收入）；流年父母宮在卯位置，天相天虛右弼陷落（單位沒有著落）。

9、判斷：2016年參與工作或者入職，工作壓力大。

命主回饋：是的，心事蠻多的。

解析：2016年流年官祿宮在未位，文昌文曲星，照貪狼武曲星（較快的收到錄用通知）。流年父母宮在辰位，天機化權天梁三台龍德星（工作機會是事業單位）。

10、判斷：目前還沒有結婚。

命主回饋：在介紹相親中。

解析：目前在大運34—43歲之間，大運命宮在丑位，貪狼星，照文曲文昌星（桃花或紅顏知己還是有的）。大運夫妻宮在亥位，天府左輔孤辰天傷星，照紫微星（天府星不旺，含

<table>
<tr>
<td>太陀火天天天孤蜚破
陽羅星馬傷廚辰廉碎
旺陷得平平　陷　陷
官府　2014年　病
歲驛　53～62　乙
喪門　交友宮　巳</td>
<td>破祿鈴天
軍存星喜
廟廟廟廟
博士　2015年　死
息神　63～72　丙
貫索　遷移宮　午</td>
<td>天擎地天龍鳳天天年華
機羊劫姚池閣壽使解蓋
陷廟平旺廟陷旺平得陷
科
力士　2007年　墓
華蓋　73～82　丁
官符　疾厄宮　未</td>
<td>紫天大劫月
微府耗煞德
旺得陷
青龍　2008年　絕
劫煞　83～92　戊
小耗　財帛宮　申</td>
</tr>
<tr>
<td>武右八天
曲弼座空
廟廟旺廟
身宮
伏兵　2013年　衰
奏書　43～52　甲
晦氣　官祿宮　辰</td>
<td colspan="2" rowspan="2">坤造　丁　丁　戊　庚（日空午、未）
　　　卯　未　子　申

1命宮　2兄弟　3夫妻　4子女　5財帛　6疾厄
7遷移　8交友　9官祿　10田宅　11福德　12父母

甲干　廉貞-太陽　乙干　天機-太陰　丙干　天同-廉貞　丁干　太陰-巨門
戊干　貪狼-天機　己干　武曲-文曲
庚干　太陽-天同　辛干　巨門-文昌　壬干　天梁-武曲　癸干　破軍-貪狼</td>
<td>太天天
陰鉞虛
旺廟旺
祿
小耗　　胎
災煞　93～102　己
歲破　子女宮　酉</td>
</tr>
<tr>
<td>天地天天天
同空刑才哭
平平廟旺廟
權
大耗　　帝旺
將星　33～42　癸
歲建　田宅宮　卯</td>
<td>貪左三封旬龍
狼輔臺誥空德
廟廟旺　陷
將軍　　養
天煞　103～112　庚
龍德　夫妻宮　戌</td>
</tr>
<tr>
<td>七文天臺解天截陰
殺昌官輔神巫空煞
廟陷平　廟　陷
病符　2011年　臨官
亡神　23～32　壬
病符　福德宮　寅</td>
<td>天恩寡
梁光宿
旺廟平
喜神　　冠帶
月煞　13～22　癸
弔客　父母宮　丑</td>
<td>廉天文紅咸天
貞相曲鸞池德
平廟得廟陷廟
飛廉　　沐浴
咸池　3～12　壬
天德　命宮　子</td>
<td>巨天天天天
門魁貴福月
旺旺平廟
忌
奏書　　長生
指背　113～122　辛
白虎　兄弟宮　亥</td>
</tr>
</table>

蓄不足；左輔不旺，幫助不大；孤辰，獨自、孤單；天傷，傷心的結果；紫微星，陽剛有餘的女子）。夫妻宮的官祿宮在卯位，天相陷落天虛（沒有領證）。（綜合判斷目前為單身未婚）

11、後面的預測是圍繞命主未來的婚姻展開的，不再贅述。

例題11

1、判斷：妳父親有工作，在事業單位或者國企。妳母親姐妹兩三個，母親有文化，腦袋靈活。

命主回饋：我母親姐妹三個，比較聰明能幹。父親在國企工作。

解析：本命父母宮天梁恩光星，照擎羊龍池星（有工作在國有企業）。父母宮的夫妻宮（母親宮）在亥位，巨門化忌天魁天福星，加會天刑天哭星（巨門星化忌但在這裡實際上不弱，五行屬水，水五行之數為1或6，巨門天魁加會天刑天刑星而數量折半為3。巨門天魁有點文化底、腦袋靈活）。

2、**判斷**：妳善良、心軟。有文娛愛好、愛美食、愛打扮，喜歡幻想。有理財能力。

命主回饋：的確我是個自認為比較善良心軟的人，愛打扮和文娛，理財能力還好。

解析：本命命宮天相文曲紅鸞天德咸池平勢廉貞星，加會武曲右弼八座星，紫微天府星（天相文曲咸池，愛打扮、愛美食；天相天德加紫微天府，善良傳統心軟；天相文曲紅鸞咸池廉貞，有文娛愛好；天相加武曲右弼天府星，有理財能力；廉貞紅鸞咸池照破軍，愛幻想浪漫多情）。

3、**判斷**：妳腸胃系統較弱，整體體質不錯。

命主回饋：我體質整體還是不錯的。

解析：本命疾厄宮天機化科擎羊龍池鳳閣星，照（天機陷落化科，天機有肝膽胃之象，一生會有這方面手術，但不是很嚴重的病）。

4、**判斷**：妳學歷不高，專科。所學專業為藝術、金融、財務類型的。

命主回饋：大專文憑。所學的是財務管理專業。

解析：本命命宮天相文曲，照破軍鈴星（有學歷，不會很高）。父母宮天梁星，照龍池，加會太陰化祿（有正規學歷）。官祿宮照貪狼左輔星（人挺聰明的，多才藝）。福德宮七殺文昌星（學歷一般）。（綜合判斷：學歷在大專和普本檔次）父母宮天梁星，加會太陰天鉞星（管理、金融等）。官祿宮武曲右弼八座天空星，照貪狼左輔三台，加會天相文曲（文藝、財富監管等）。（綜合父母宮和官祿宮，父母宮在艮卦為，為文案為管理屬性，財務管理）。

5、判斷：2007、2008 生活優越，手裡有錢花。

命主回饋：2007、2008 年已經工作還可以。

解析：2007 年流年命宮在未位，龍池鳳閣天姚擎羊（用於吃穿的消耗很大）。流年財帛宮在卯位，天同化權地空截空天刑，照太陰天鉞星（有錢但是生活開銷大）。2008 年流年命宮在申位，紫微天府大耗劫煞星，加會天相廉貞（改善生活消耗挺多）。流年財帛宮在辰位，武曲化祿右弼化科八座天空星，照貪狼左輔星（高檔次的各種享受開銷多）。

6、判斷：妳不晚婚，2010、2011 年有婚姻機會。

命主回饋：我 2011 年結婚的。

解析：2011 年流年命宮在寅位，七殺文昌星，加會破軍祿存天喜星，貪狼左輔星（同居或者結婚）。流年夫妻宮在子位，天相文曲紅鸞咸池天德星（有結婚或生育之喜），加會武曲化權右弼八座星，紫微天府星（到管理部門辦理登記）。

7、判斷：妳老公形象好，身材瘦長。

命主回饋：我老公身材不錯，個子不矮。

解析：本命夫妻宮貪狼左輔星，照武曲右弼八座星，加會破軍鈴星（貪狼左輔星右弼，老公形象好；貪狼破軍鈴星，不胖，較瘦；左輔三台星武曲右弼八座星，個子較高）。

8、判斷：2012、2013 年收入不錯，但是家裡因為車輛、房子等有花耗。

命主回饋：是的，2013 年我和我老公供了部車（貸款買車）。

解析：2013 年流年命宮在辰位，武曲化權右弼八座天空星，照三台右弼星（武曲天空，花錢之象；左輔右弼和三台八座，車輛之象；遷移宮的貪狼三台，新車）。

9、判斷：2014 年有環境變化，這一年耗財。父母也不順利。

命主回饋：2014 年確實比較耗財，因為有了寶寶。

解析：2014 年流年命宮在巳位，太陽化忌天馬陀羅火星（停職進行生育）。流年疾厄宮廉貞化祿天相文曲紅鸞咸池天德，照破軍鈴星（生育生產）。流年子女宮七殺文昌星（男孩來打卡了）。

<table>
<tr>
<td>武破左陀天天
曲軍輔羅馬月
平平平陷平
祿
臨官
力士
歲驛 15～24 己
弔客 兄弟宮 巳</td>
<td>太祿火八
陽存星座
旺廟廟旺
冠帶
博士
息神 5～14 庚
病符 命 宮 午</td>
<td>天擎鈴天華
府羊星壽蓋
廟廟利旺陷
沐浴
官府
華蓋 115～124 辛
歲建 父母宮 未</td>
<td>天太天地紅三解天天天孤劫
機陰鉞劫鸞臺神巫廚空辰煞
得利廟廟廟旺不 旺平
2009年 長生
伏兵
劫煞 105～114 壬
晦氣 福德宮 申</td>
</tr>
<tr>
<td>天寡天
同宿德
平陷廟
2005年 帝旺
青龍
攀鞍 25～34 戊
天德 夫妻宮 辰</td>
<td colspan="2" rowspan="2">乾造 己 丁 壬 己(日空午、未)
未 卯 辰 酉

1命宮 2兄弟 3夫妻 4子女 5財帛 6疾厄
7遷移 8交友 9官祿 10田宅 11福德 12父母

甲干 廉貞-太陽 乙干 天機-太陰 丙干 天同-廉貞 丁干 太陰-巨門
戊干 貪狼-天機 己干 武曲-文曲
庚干 太陽-天同 辛干 巨門-文昌 壬干 天梁-武曲 癸干 破軍-貪狼</td>
<td>紫貪右天截
微狼弼官空
旺利陷平廟
權
2010年 養
大耗
災煞 95～104 癸
喪門 田宅宮 酉</td>
</tr>
<tr>
<td>恩天鳳臺蜚年
光貴閣輔廉解
廟旺旺 廟
2015年 衰
小耗
將星 35～44 丁
白虎 子女宮 卯</td>
<td>巨天
門刑
陷廟
胎
病符
天煞 85～94 甲
貫索 官祿宮 戌</td>
</tr>
<tr>
<td>地天天天龍
空喜姚福德
陷廟旺旺
2014年 病
將軍
亡神 45～54 丙
龍德 財帛宮 寅</td>
<td>廉七文文天天天破
貞殺昌曲才使虛碎
利廟廟廟平陷廟陷
忌
2013年 死
奏書
月煞 55～64 丁
歲破 疾厄宮 丑</td>
<td>天天旬咸陰大月
梁魁空池煞耗德
廟旺陷陷 旺
科
身宮
墓
飛廉
咸池 65～74 丙
小耗 遷移宮 子</td>
<td>天龍天封天
相池傷誥哭
得旺旺 平
絕
喜神
指背 75～84 乙
官符 交友宮 亥</td>
</tr>
</table>

10、判斷：2015年事業有變化，有點周折。

命主回饋：2015年找了新的工作。這年破財了。

解析：2015年流年命宮在午位，破軍鈴星祿存天喜（破財，是非、周折）。流年事業宮在戌位，貪狼左輔三台星，照武曲等，加會破軍等（地點變化，工作變化）。

11、後面的預測是圍繞命主未來的工作事業展開的，不再贅述。

例題12

1、判斷：你父親是有工作的，為人正直，有文化命主回饋：對，文化不高，年代的客觀因素。

解析：本命父母宮天府擎羊星，照七殺文曲文昌星（七殺擎羊，正直剛強暴躁；天府文曲文昌，有點文化但不高；天府七殺，有工作）。財帛宮恩光天貴鳳閣星，照紫微星（有工作）。

2、判斷：你心性仁慈、靈活、善於變通，有毅力，有理財能力。

命主回饋：個人覺得理財能力不夠。其他的對。

解析：本命命宮太陽祿存火星八座星，照天梁化科天魁星（太陽天梁星，心性仁慈；天梁化科火星，靈活敏銳善於變通；八座天梁，有毅力）。

3、判斷：你脾胃消化吸收方面不太好。

命主回饋：是的，脾胃不好，小時候常去醫院。

解析：利勢廉貞七殺天虛文曲化忌文昌星，照天府擎羊星（天府主胃部、肚腹等；擎羊七殺天虛，毛病多，打針、輸液、手術等；文曲化忌文昌，哭鬧哀嘆呻吟等）。

4、判斷：你文化程度不高，中學或者專科。進入社會較早。

命主回饋：沒有專科，中學。

解析：本命命宮無文星，照天梁化科天魁星（有計謀、悟性高、分析能力強）。父母宮無文星，照七殺文曲文昌星（多計謀，巧言善辯、有點文采）。福德宮無文星，官祿宮無文星。

15—24歲的大運命宮在卯位，大運父母宮在辰位，平勢天同寡宿星（學習不快樂、孤單、落後）。大運官祿宮在未位，天府擎羊鈴星，照七殺文曲文昌（天府擎羊鈴星，一肚子鬼點子，不服管；七殺擎羊，多是非；七殺擎羊文曲文昌，多口舌、狡辯、說謊等）。（綜合判斷，求學不順利，進入社會早）

5、判斷：你2005年有較好機會，事業上受人幫助。

命主回饋：2005確實順利，年內升職不只1次。

解析：2005年流年命宮在辰位，流年官祿宮在申位，天機化祿權太陰化忌天鉞三台天巫劫煞星（天機天陰在這裡實際不弱，能達到得地狀態。天機化祿權三台天巫，有好機會而且多次；天鉞，受人幫助；劫煞，拼搏並用手段；太陰天鉞天巫，增加收入）。

6、判斷：你2009年破費多，或者有不正確的投資花耗情況，總之積蓄少。

命主回饋：確實有不正確投資。沒積蓄。

解析：2009年流年命宮在申位，天機化權太陰天鉞劫煞截空天空星（天機化權太陰，投資；太陰劫煞截空天空，破財，不正確的投資）。流年財帛宮在辰位，天同陷落（宮氣若，天同陷落，沒有財運）。

7、**判斷**：你 2010 年感情上空窗或者破散。

命主回饋：是的，第二段感情結束。

解析：2010 年流年命宮在酉位，流年夫妻宮在未位，天府擎羊鈴星，照七殺文昌化科文曲化忌（天府擎羊七殺，固執、暴躁、霸道的情緒，無法溝通的結果；七殺文曲化忌文昌化科，桃花感情的是非和口舌；擎羊七殺，感情一刀兩斷）。

8、**判斷**：你 2012、2013 這兩年可以訂婚、結婚，一般不會錯過這兩年了。

命主回饋：對，2012 戀愛，2013 領證。

解析：2013 年歲運並臨，流年命宮在丑位，廉貞文曲文昌（有戀愛）。流年夫妻宮在亥位，天相龍池星，合天喜天姚天福星（這裡的天相較旺，結婚之喜）。夫妻宮的官祿宮在卯位，恩光天貴鳳閣星，照紫微化科貪狼化權（辦理登記）。

9、**判斷**：你 2014 年破財，借出去的錢或者投資的錢會蝕本。

命主回饋：投資失敗，慘不忍睹。

解析：2014 年流年命宮在寅位，太陽化忌飛入（年運不佳）。流年財帛宮在戌位，巨門天刑（無出路，路走到盡頭，財路不通，破財）。

10、**判斷**：你 2015 年收入有增加，但是財來財去的結果。

<table>
<tr>
<td>武破天天恩天天
曲軍鉞馬光福虛
平平旺平平旺旺
祿
臨官
奏書　106～115　丁
歲驛
歲破　夫妻宮　巳</td>
<td>太文天天天封天龍
陽昌刑才官誥月德
旺陷平旺廟
帝旺
飛廉　116～125　戊
息神
龍德　兄弟宮　午</td>
<td>天地天天華
府空貴哭蓋
廟平旺平陷
衰
喜神　6～15　己
華蓋
白虎　命宮　未</td>
<td>天太文天陰劫天
機陰曲巫煞煞德
得利得　　　平
科
2009年　病
病符　16～25　庚
劫煞
天德　父母宮　申</td>
</tr>
<tr>
<td>天紅解大月
同鸞神耗德
平廟廟平
冠帶
將軍　96～105　丙
攀鞍
小耗　子女宮　辰</td>
<td colspan="2" rowspan="2">坤造 癸 壬 丁 甲 (日空辰、巳)
　　 亥 戌 酉 辰

1命宮 2兄弟 3夫妻 4子女 5財帛 6疾厄
7遷移 8交友 9官祿 10田宅 11福德 12父母

甲干 廉貞-太陽 乙干 天機-太陰 丙干 天同-廉貞 丁干 太陰-巨門
戊干 貪狼-天機 己干 武曲-文曲
庚干 太陽-天同 辛干 巨門-文昌 壬干 天梁-武曲 癸干 破軍-貪狼</td>
<td>紫貪破
微狼碎
旺利平
忌
死
大耗　26～35　辛
災煞
弔客　福德宮　酉</td>
</tr>
<tr>
<td>天地龍
魁劫池
廟平廟
身宮
沐浴
小耗　86～95　乙
將星
官符　財帛宮　卯</td>
<td>巨天天臺寡
門喜姚輔宿
陷陷廟　陷
權
墓
伏兵　36～45　壬
天煞
病符　田宅宮　戌</td>
</tr>
<tr>
<td>鈴天天孤
星壽使辰
廟旺平平
長生
青龍　76～85　甲
亡神
貫索　疾厄宮　寅</td>
<td>廉七左右擎火三八截蜚
貞殺輔弼羊星臺座空廉
利廟廟廟廟得廟廟不
養
力士　66～75　乙
月煞
喪門　遷移宮　丑</td>
<td>天祿天旬天咸
梁存傷空空池
廟廟陷陷陷陷
2013年　胎
博士　56～65　甲
咸池
晦氣　交友宮　子</td>
<td>天陀鳳天年
相羅閣廚解
得陷旺　得
2012年　絕
官府　46～55　癸
指背
歲建　官祿宮　亥</td>
</tr>
</table>

命主回饋：2015收入穩定且增加，是的，財來財去。

解析：2015年流年命宮在卯位，恩光天貴鳳閣星，照紫微化科（會有事業上進步和收入上增加等，比較風光的一年）。流年財帛宮在天相龍池封誥天哭星，紫微化科飛入（財運較好，很體面很滋潤，大部分錢用於生活享受；封誥天哭星，財運並不長久）。

11、後面的預測是圍繞命主未來的財運展開的，不再贅述。

例題13

1、判斷：妳父親是個能人，

能說、能喝酒。

命主回饋：對。

解析：本命父母宮天機太陰化科文曲天巫星（天機星，機智多變，有一技之長，是個能人；天機文曲星，能言善道；太陰化科文曲星，能喝酒；天巫星，愛鑽研）。

2、判斷：妳是一個愛面子、正派傳統的人，珍視名譽，很自律，是非觀念明確。有一定的管理能力，責任心強，會把自己的工作打理得很好。

命主回饋：對。

解析：本名命宮天府天貴星，合太陽天官星，照七殺擎羊左輔右弼星（天府星，傳統正派愛面子；太陽天官星，珍視名譽責任心強；有一定管理能力；七殺擎羊左輔右弼天官天貴，自律、是非觀念明確，工作能力強）。

3、判斷：妳中等個子，圓下巴，眼睛挺大。

命主回饋：對。

解析：本命命宮天府星，合太陽星，照七殺擎羊左輔右弼星（天府星五行屬土，中等個子；天府左輔右弼星，方圓形下巴；太陽七殺擎羊星，眼睛大）。

4、判斷：妳頭或頸部有傷疤。

命主回饋：嗯，額頭有疤痕。

解析：本命兄弟宮文昌天刑星（兄弟宮也是母親宮，在面相學中兄弟宮為眉部、父母宮為額部，文昌天刑主傷疤）。

5、判斷：妳的學歷本科。

命主回饋：對。

解析：本命命宮無文星。父母宮天機文曲天巫星（文星組合，但是天機星不旺）。福德宮貪狼化忌照龍池星（貪狼不旺）。官祿宮天相鳳閣星（文星組合）。（綜合判斷普通本科）

6、判斷：妳2009年口舌是非類情況會出現。

命主回饋：2009工作不順，感情不順，工作糾紛是非多。

解析：2009年流年命宮在申位，天機化權文曲化忌（鉤心鬥角，有口舌）。流年交友宮在丑位，廉貞化忌七殺擎羊靈性左輔右弼三台八座（廉貞化忌七殺擎羊鈴星，多是非口舌糾紛；左輔右弼，不只一次而是多次糾紛口舌；三台八座為領導；左輔右弼為平級的同事）。（總之，和領導之間和同事之間和男友之間，各種複雜糾紛和矛盾）

7、判斷：妳2012年有一次戀愛過程。這一年至少有兩個男人出現在妳生活中。

命主回饋：有個已婚的追我很緊。

解析：2012 年流年命宮在亥位，天相鳳閣天廚星（應酬多或者出入餐飲娛樂場所多）。流年夫妻宮在酉位，紫微化權貪狼化忌破碎星，照天魁星（紫微主男人、老男人；紫微化權貪狼化忌，主感情或者色情等；天魁星不只一個或者被備胎等）。

8、判斷：妳 2013 年單位營運不算景氣，或者妳壓力大、競爭大等。

命主回饋：2013 不順，最後被排擠。

解析：流年 2013 年流年命宮在子位，天梁祿存截空旬空天空星（財運破散、不聚財）。流年官祿宮在辰位，天同紅鸞解神大耗星（天同平勢，不愉快，單位不景氣；紅鸞大耗，費心費力；解神，被排擠、邊緣化等）。

9、後面的預測是圍繞命主未來的財運展開的，不再贅述。

<table>
<tr>
<td>天天紅天封大龍
同鉞鸞壽誥耗德
廟旺旺平　陷
飛廉　2012年　病
亡神　83～92　乙
龍德　官祿宮　巳</td>
<td>武天左鈴天天
曲府輔星福傷
旺旺旺廟平陷
忌　科
奏書　衰
將星　73～82　丙
白虎　交友宮　午</td>
<td>太太文文寡天
陽陰昌曲宿德
得不利旺不廟
身宮
將軍　帝旺
攀鞍　63～72　丁
天德　遷移宮　未</td>
<td>貪右地天天天
狼弼空馬使哭
平不廟旺平廟
小耗　2014年　臨官
歲驛　53～62　戊
弔客　疾厄宮　申</td>
</tr>
<tr>
<td>破火八天天
軍星座月虛
旺陷旺　陷
喜神　2011年　死
月煞　93～102　甲
歲破　田宅宮　辰</td>
<td colspan="2" rowspan="2">坤造　王　甲　乙　己(日空申、酉)
　　　戌　辰　亥　卯

1命宮　2兄弟　3夫妻　4子女　5財帛　6疾厄
7遷移　8交友　9官祿　10田宅　11福德　12父母

甲干　廉貞-太陽　乙干　天機-太陰　丙干　天同-廉貞　丁干　太陰-巨門
戊干　貪狼-天機　己干　武曲-文曲
庚干　太陽-天同　辛干　巨門-文昌　壬干　天梁-武曲　癸干　破軍-貪狼</td>
<td>天巨臺天
機門輔廚
旺廟
青龍　2015年　冠帶
息神　43～52　己
病符　財帛宮　酉</td>
</tr>
<tr>
<td>天天截咸月
魁姚空池德
廟廟平平
病符　2010年　墓
咸池　103～112　癸
小耗　福德宮　卯</td>
<td>紫天陀三恩天天解陰華
微相羅臺光貴官神煞蓋
得得廟旺廟旺平廟　平
權
力士　沐浴
華蓋　33～42　庚
歲建　子女宮　戌</td>
</tr>
<tr>
<td>廉地龍天
貞劫池巫
廟平平
大耗　2009年　絕
指背　113～122　壬
官符　父母宮　寅</td>
<td>破
碎
陷
伏兵　2008年　胎
天煞　3～12　癸
貫索　命　宮　丑</td>
<td>七擎鳳旬蜚年
殺羊閣空廉解
旺陷廟陷　廟
官府　養
災煞　13～22　壬
喪門　兄弟宮　子</td>
<td>天祿天天天天孤劫
梁存喜刑才空辰煞
陷廟旺陷廟平陷
祿
博士　長生
劫煞　23～32　辛
晦氣　夫妻宮　亥</td>
</tr>
</table>

例題14

1、判斷：妳祖輩人已經不全了，妳祖父已經不在了。

命主回饋：祖父在我13歲時去世的，現在想想心裡難過，這真是命中註定的嗎？

解析：本命福德宮天魁截空星，照天機巨門星，（主出行、離開、死亡等含意）。23—32歲大運福德宮在亥位，天梁陷落化祿天刑天空孤辰星（天梁星為男，福德宮為祖父，天梁陷落化祿祖，父早已經去世了）。

2、判斷：妳父親是有工作的，還做過幾年管理性工作。妳父親很有才華，喜歡看報紙，關心國家大事。

他對事物評價很客觀公正。妳母親的文化程度不及妳父親。妳父親的兄弟姐妹有4個左右。

命主回饋：是的。是的。母親小學文化。父親大專。一共4個，包括我父親，2個男，2個女（其中1個沒出生就打掉了，聽奶奶說過幾遍）。

解析：本命父母宮廉貞天巫星，加會天府左輔化科，紫微化權三台恩光天貴（有較穩定的工作。廉貞天府紫微化權星都有管理之象。天府左輔化科紫微星都是很正直客觀公正的星）。福德宮的福德宮在辰位，陷勢火星破軍八座（權威的最新的資訊，報紙等傳媒，愛看報紙，另外，破軍同度陷勢火星八座星，主才華和研究探索等）。父母宮為父親，廉貞加會天府左輔化科紫微化權（其中左輔化科為文星，天府鈴星和紫微化權陀羅的組合說明文化為中專大專等），父母宮的夫妻宮為母親，在子位，七殺陷勢擎羊鳳閣旬空星等（其中陷落的擎羊和鳳閣為文星，同度七殺旬空為很低）。父母宮主星廉貞，同度截空地劫星（廉貞星的星氣很複雜，一般按照木火斷，火五行之數為2或7，廟勢為7；截空地劫，主減少降低。所以4－5個）。

3、**判斷：**妳踏實穩重，坦誠直率、爽朗陽光。自尊心強、喜歡自由、做事是個行動派。生活過得比較節儉，能吃苦。不注重外表打扮，慵懶一些。

命主回饋：人懶，不算勤勞，自尊心強，喜歡自由，穩重，坦誠直率，沒決定前會思考很久，一但決定會很快行動，速戰速決。不愛打扮不愛買衣服，現在稍微好一些。

解析：本命命宮旬空破碎，照文曲天德星，合七殺鳳閣星（七殺星主自尊心強、不服管、能吃苦、會思考有謀略、行動派等；七殺鳳閣和旬空文曲，均主疏於打理財務、家務等）。福德宮天魁天姚截空星，照天機巨門台輔星（巨門星主直來直去、坦誠直率；天魁天機巨門主穩重、城府、凡是有餘地；截空巨門天姚，主不愛打扮、隨意隨心等）。

4、**判斷：**妳在童年時期8歲以前脾胃方面不好，小時候常拉肚子。

命主回饋：10歲前體質不好，咳嗽。容易吃壞肚子，還要掛水去呢！

解析：出運3—12歲之間的大運命宮在亥位，大運疾厄宮在午位，天府左輔武曲化忌鈴星，照七殺星（天府武曲化忌，胸肺部或腸胃不好；武曲化忌鈴星七殺，打針、輸液等）。

5、**判斷：**妳是獨生女。有同胞折損或者母親被流產。

命主回饋：獨生女。流產這事好像沒聽母親說過。

解析：本命兄弟宮七殺擎羊鳳閣旬空，照武曲化忌天府鈴星左輔化科，加會破軍（七殺破軍武曲化忌，處理掉、流產等；天府鳳閣，主肚腹胎胞；旬空，主沒有了；左輔化科，一兩個；七殺，為女孩；擎羊，為上面）。（綜合判斷，獨生，或者兄弟姐妹有折損或流產等情況）。

6、**判斷：**妳有很要好的閨蜜、朋友，聊以慰藉。

命主回饋：是的，有的。

解析：交友宮天府左輔化科，同度武曲化忌鈴星，加會廉貞和紫微化權（天府紫微化權左輔化科，一般是不懼怕武曲化忌和鈴星的。天府主貼心；紫微化權主很鐵；廉貞主聯絡交際頻繁等；武曲化忌鈴星，主在一起消費、吹牛、宣洩等）。

7、判斷：妳學歷普通，為大專二本檔次。妳的專業為商務、傳媒、教育相關的。

命主回饋：是的。媒體。

解析：本命命宮旬空星，照文曲，合七殺鳳閣星（文曲和鳳閣為文星，旬空文曲和七殺鳳閣均主學歷普通但稍不差）。官祿宮天同天鉞，加會天機巨門星（天同天鉞，比普通稍好一點；巨門天機，有機會通過）。（綜合判斷：二本檔次）

8、判斷：妳2008、2009年經濟壓力大，事業停滯或者說有失業風險。

命主回饋：2008年、2009年兩年失業。

解析：2008年流年命宮在丑位，流年事業宮在巳位，天同紅鸞天鉞封誥星（紅鸞，事業亮起紅燈；封誥，停止或封鎖；天鉞天同，需要幫助和同情）。流年財帛宮巨門天機化忌（巨門，花錢的地方很多；天機化忌，沒有掙錢的機會）。2009年流年命宮在寅位，流年官祿宮在午位，武曲化祿天府左輔鈴星白虎星，照七殺鳳閣星，合文曲化忌（武曲化祿左輔，財路和事業以及第二職業；鈴星白虎七殺，慘遭斬斷或炒魷魚；文曲化忌，唉聲嘆氣。天府鳳閣，我在家裡或者待業。總之意思是毫無事業、失業等）。流年財帛宮在戌位，紫微天相陀羅三台恩光天貴星（紫微三台恩光天貴，消耗自己的官方信譽，也就是用信用卡等；天相陀羅，衣衫不整，也就是說不再講究衣食住行，進行最低消費等）。

9、**判斷**：妳2010、2011年事業比較平順。

命主回饋：是的，2011年春天工作有波折，但很快被人搭救了，工作平順。

解析：2010年流年命宮在卯位，流年官祿宮在未位，太陽化祿太陰化科文曲文昌天德星，合武曲化權化祿天府左輔化科（太陽化祿太陰化科文曲文昌天德，職場光明，得到錄用通知單；武曲化權化祿天府左輔化科，新工作薪水上比較滿意）。2011年流年命宮在辰位，流年官祿宮在申位，地空天馬天哭星，合天同天鉞星（地空天馬天哭，馬失前蹄、遇到困擾；天同天鉞，獲得幫助努力通過）。

10、**判斷**：妳2012年有走動，職業變化。這一年破財。

命主回饋：轉行，去做媒體，但不算順利，也破財了。

解析：2012年流年命宮在巳位，流年官祿宮在酉位，天機巨門星，照天魁星（天機天魁，有新的機會和機遇；巨門，獲得更多的職業途徑，有新的工作）。流年財帛宮在丑位，旬空破碎星，照文昌文曲化忌，合七殺星（在經濟或者財務上有口舌或者爭執，壓力較大）。

11、判斷：妳2014、2015年這幾年奔波、多周折、想法很多但是都一一破滅了。

命主回饋：是的，換過很多工作，但不算穩定，穩定個大半年又變動了，2014、2015年心情憂鬱。

解析：2014年流年命宮在申位，流年事業宮在子位，七殺擎羊鳳閣旬空蜚廉，照天府左輔化科鈴星（七殺陷落的擎羊，單位要求苛刻、壓力太大；鳳閣旬空，沒有業績；蜚蠊，是非較多；天府左輔化科，新的想法、新的財路；鈴星七殺一一破滅；天府七殺，精神壓力大、憂鬱等）。2015年流年命宮在酉位，流年官祿宮在丑位，旬空星，合七殺鳳閣星，照文曲文昌天德星（鳳閣文曲文昌，其他單位的錄用通知；七殺星主壓力大、職場冷漠、勇敢的再次訣別等）。

12、判斷：妳這命不會進入公務員行列，一般會在企業工作。妳這命一般獨立經商難成功，慣性的上班是最佳選。妳適合做顧問、培訓、策劃等類型的工作。

命主回饋：喜歡在企業工作，不喜歡公職，公職也看不上我吧！喜歡上班。目前就做這樣的工作。

解析：本命官祿宮的父母宮在午位，武曲化忌天府左輔化科，照七殺星，加會紫微化權陀羅三台恩光天貴星（武曲化忌天府七殺，生產企業或者商業公司等；紫微化權陀羅三台，辦公室工作；紫微陀羅恩光三台天貴，老牌的國企；武曲化忌，不適合獨立經商；左輔化科，

<table>
<tr>
<td>天龍封天
相池誥哭
得陷　不
青龍　絕
指背　92～101　辛
官符　子女宮　巳</td>
<td>天火天天天截咸大月
梁星刑廚月空池耗德
廟廟平　　廟陷旺
權
小耗　胎
咸池　102～111　壬
小耗　夫妻宮　午</td>
<td>廉七文文天
貞殺昌曲虛
利廟利旺陷
將軍　養
月煞　112～121　癸
歲破　兄弟宮　未</td>
<td>天地天天天陰龍
鉞空喜福巫煞德
廟廟旺廟
奏書　長生
亡神　2～11　甲
龍德　命宮　申</td>
</tr>
<tr>
<td>巨擎三天解
門羊臺官神
陷廟廟旺廟
力士　墓
天煞　82～91　庚
貫索　財帛宮　辰</td>
<td colspan="2" rowspan="2">坤造　乙　丁　戊　乙(日空子、丑)
　　　丑　亥　午　卯

1命宮　2兄弟　3夫妻　4子女　5財帛　6疾厄
7遷移　8交友　9官祿　10田宅　11福德　12父母

甲干　廉貞-太陽　乙干　天機-太陰　丙干　天同-廉貞　丁干　太陰-巨門
戊干　貪狼-天機　己干　武曲-文曲
庚干　太陽-天同　辛干　巨門-文昌　壬干　天梁-武曲　癸干　破軍-貪狼</td>
<td>恩天鳳天臺蜚年
光貴閣才輔廉解
陷廟廟旺　　旺
飛廉　沐浴
將星　12～21　乙
白虎　父母宮　酉</td>
</tr>
<tr>
<td>紫貪祿天天
微狼存壽使
旺利廟陷平
科
博士　死
災煞　72～81　己
喪門　疾厄宮　卯</td>
<td>天天八旬寡天
同姚座空宿德
平廟平陷陷廟
喜神　2012年　冠帶
攀鞍　22～31　丙
天德　福德宮　戌</td>
</tr>
<tr>
<td>天太陀地紅天孤劫
機陰羅劫鸞空辰煞
得旺陷平旺陷平
祿忌　身宮
官府　病
劫煞　62～71　戊
晦氣　遷移宮　寅</td>
<td>天左右鈴天破華
府輔弼星傷碎蓋
廟廟廟得平陷陷
伏兵　2015年　衰
華蓋　52～61　己
歲建　交友宮　丑</td>
<td>太天
陽魁
陷旺
大耗　帝旺
息神　42～51　戊
病符　官祿宮　子</td>
<td>武破天
曲軍馬
平平平
病符　2013年　臨官
歲驛　32～41　丁
弔客　田宅宮　亥</td>
</tr>
</table>

顧問或者策劃；七殺左輔化科：培訓類型的職位）。

13、後面的預測是圍繞命主未來的事業展開的，不再贅述。

例題15

1、判斷：妳母親有文化、知書達理。父親很有能力，做生意經商，條件不錯。父母關係好。父親的兄弟姐妹不多，兩三個。

命主回饋：是的。

解析：本命的母親宮在未位，七殺廉貞截空天虛文曲文昌星，照天府左輔右弼（廉貞七殺截空天虛，不太較真，可謂「達理」，文曲文昌可謂有文化、「知書」；天府左輔右弼，愛幫助人，愛管閒事、操持家務一般好手，同時夫妻關係也相對和諧，亦即是命主父母關係好）。本命父母宮恩光天貴鳳閣天才台輔星，照紫微化科祿存（恩光天貴台輔，利官近貴、有能力善於管理和協調；紫微化科天貴台輔，做老闆；紫微化科祿存，有錢的老闆，做生意的）。父親的兄弟姐妹宮位在申位，天鉞地空天福天喜天巫陰煞龍德星，照天機化祿太陰化忌紅鸞（天機星五行屬性為木，木五行之數為3或8，而天機的實際力量為廟勢，暫取8數；太陰化忌陰煞地空紅鸞天鉞星，被流產了一半；綜合判斷父親的兄弟姐妹數為3）。

2、**判斷**：妳善良、思想傳統正派、重視名譽、認真、責任心強，脾氣急躁。

命主回饋：對，是的。

解析：本命疾厄宮紫微化科祿存貪狼星等，照天貴台輔鳳閣天才（紫微化科祿存貪天貴台輔，思想傳統正派、重視名譽、責任心強；貪狼鳳閣天才，有野心、足智多謀，喜歡神祕文化）。福德宮天同天姚寡宿天德八座旬空，照擎羊三台天官（天官天姚旬空寡宿，傳統正派；擎羊三台，脾氣急躁）。

3、**判斷**：妳脾胃系統較弱，髮質很好。

命主回饋：是的。

解析：本命疾厄宮紫微化科祿存貪狼星等（紫微祿存五行屬性為土，主脾胃方面較弱；紫微化科貪狼，身材好、髮質好）。

4、判斷：妳自己的兄弟姐妹少，獨生女可能性大。

命主回饋：是的。

解析：本命兄弟宮天鉞地空天福天喜天巫陰煞龍德星，照天機化祿太陰化忌紅鸞（天機星五行屬性為木，木五行之數為3或8，根據中國大陸計畫生育的國情而取3數；太陰化忌陰煞地空天鉞紅鸞星，被流產了一半；天福天巫，主獲得遺產等；綜合判斷命主本人為獨生女）。

5、判斷：妳身材高，不低於165，長方臉，面貌長相中等。整體觀感較好。

命主回饋：是的。

解析：本命疾厄宮紫微化科祿存貪狼星等，照天貴鳳閣天才台輔星（紫微化科祿存主長方臉型；紫微化科貪狼鳳閣台輔，相貌好；紫微旺勢而化科，身材中等靠上一點）。疾厄宮的官祿宮在未位，七殺廉貞截空天虛文曲文昌星，照天府左輔右弼（七殺爲中等身高、廉貞爲中高身材；左輔右弼，稍微增高一點。綜合判斷身高165—168公分）。

6、判斷：妳學歷普通，大專或者普本。

命主回饋：對。

解析：本命命宮照天機化祿（會有機會、機遇）。父母宮鳳閣天才星，照紫微化科（能進較好的學校）。官祿宮太陽陷落天魁星，照天梁化權火星截空（勉強通過）。（綜合判斷普通本科）。

7、判斷：妳這個命，生活檔次在企業。妳工作環境領導多，該是文員、內勤性質的。

命主回饋：對，是的。

解析：本命官祿宮太陽陷落天魁星，照天梁化權火星截空大耗星，合天府左輔右弼星（天梁化權火星天府陷落的太陽，老牌的國企；左輔右弼，輔佐性質崗位、內勤等；天梁化權天府辦公環境多是領導、當官的人；天府火星，工作瑣碎繁忙）。

8、判斷：妳這個命一般會離開家到外面做事，沒有和父母在一起。

命主回饋：對。

解析：本命遷移宮天機化祿太陰化忌陀羅天空孤辰星（天空孤辰，孤身一人在外，沒和父母在一起；天機化祿陀羅，出行、出門在外）。

9、判斷：妳2012年壓力大、妳喜歡的一個領導被調走了。

命主回饋：對，是的。

解析：2012流年命宮在戌位，流年官祿宮在寅位，天機化祿陀羅紅鸞太陰化忌地劫劫煞（天機化祿紅鸞，命主喜歡的人；天機陀羅，調動走了；天空孤辰，孤立無援的心境；太陰化忌地劫劫煞，被排擠、失去了福利或者加班費等、壓力大）。

10、判斷：妳2013年工作有內部調整。

命主回饋：對，是的。

解析：2013年流年命宮在亥位，武曲破軍天馬旬空，照天相封誥星（天馬平勢；變動不大；天相封誥，合同合約、內部調整；破軍天馬，變化、調整等）。

11、判斷：妳身邊總是有很多爛桃花。讓妳喜歡讓妳憂愁。2015年有男友，但是是個滑頭，他可能有家室或者是把妳當備胎了。

命主回饋：對。

解析：本命交友宮天府左輔右弼鈴星華蓋星等，照七殺文曲文昌（天府左輔右弼，有幾個鐵杆好友；鈴星華蓋，一般不會濫交朋友；七殺文昌文曲，有的朋友具有文采也很浪漫，對妳有誘惑，也有的朋友仰慕拜服妳等）。2015年流年命宮在丑位，流年交友宮在午位，天梁化權火星天刑天廚咸池月德大耗截空星（天梁化權火星天刑，浮蕩、不負責任；天廚咸池，吃吃喝喝附庸風雅罷了；大耗截空，白白浪費時間）。流年交友宮的夫妻宮在辰位，巨門擎

<table>
<tr>
<td>巨文陀天天天孤蜚破
門曲羅馬貴廚辰廉碎
旺廟陷平平　陷　陷
忌
絕
官府
歲驛　102～111　乙
喪門　夫妻宮　巳</td>
<td>廉天祿天
貞相存喜
平廟廟廟
胎
博士
息神　112～121　丙
貫索　兄弟宮　午</td>
<td>天擎天龍鳳臺年華
梁羊姚池閣輔解蓋
旺廟旺廟陷　得陷
養
力士
華蓋　2～11　丁
官符　命宮　未</td>
<td>七大劫月
殺耗煞德
廟陷
2009年　長生
青龍
劫煞　12～21　戊
小耗　父母宮　申</td>
</tr>
<tr>
<td>貪右天
狼弼空
廟廟廟
墓
伏兵
攀鞍　92～101　甲
晦氣　子女宮　辰</td>
<td colspan="2" rowspan="2">坤造　丁　己　庚　丁(日空戌、亥)
　　　卯　酉　午　丑

1命宮　2兄弟　3夫妻　4子女　5財帛　6疾厄
7遷移　8交友　9官祿　10田宅　11福德　12父母

甲干　廉貞-太陽　乙干　天機-太陰　丙干　天同-廉貞　丁干　太陰-巨門
戊干　貪狼-天機　己干　武曲-文曲
庚干　太陽-天同　辛干　巨門-文昌　壬干　天梁-武曲　癸干　破軍-貪狼</td>
<td>天文天恩天
同昌鉞光虛
平廟廟陷旺
權
身宮
沐浴
小耗
災煞　22～31　己
歲破　福德宮　酉</td>
</tr>
<tr>
<td>太天八封天
陰刑座誥哭
陷廟平　廟
祿
死
大耗
將星　82～91　癸
歲建　財帛宮　卯</td>
<td>武左火地天旬龍
曲輔星空才空德
廟廟廟陷陷陷
冠帶
將軍
天煞　32～41　庚
龍德　田宅宮　戌</td>
</tr>
<tr>
<td>紫天天天解天截陰
微府官使神巫空煞
旺廟平平廟　陷
2015年　病
病符
亡神　72～81　壬
病符　疾厄宮　寅</td>
<td>天寡
機宿
陷平
科
2014年　衰
喜神
月煞　62～71　癸
弔客　遷移宮　丑</td>
<td>破地紅天天咸天
軍劫鸞壽傷池德
廟陷廟平陷陷廟
帝旺
飛廉
咸池　52～61　壬
天德　交友宮　子</td>
<td>太天鈴三天天
陽魁星臺福月
陷旺利平廟
臨官
奏書
指背　42～51　辛
白虎　官祿宮　亥</td>
</tr>
</table>

羊三台天官星，照天姚天德（天官三台巨門天姚天德，人家有明媒正娶的妻子。意即接觸了一些有婦之夫）。

12、後面的預測是圍繞命主未來的婚姻展開的，不再贅述。

例題16

1、判斷：妳父親有工作。但是妳父親一生作為不大，拿工資的公職人員。妳這個八字母親和妳感情好。妳這個八字母親形象較好，中等個子，體態稍胖一點。

命主回饋：妳父親是公務員；母親情況很好。

解析：本命父母宮七殺劫殺月德

星，加會破軍貪狼，合巨門化忌文曲合（巨門文曲，公門文職；巨門化忌文曲，抱怨較多前途不大的狀態）。母親宮在午位，平勢廉貞天相祿存天喜，加會紫微天府星，武曲左輔火星，照破軍星（天相紫微天府，有氣質；天府祿存，體態稍胖一點；天府天喜，長相溫和具有親和力；破軍廉貞不善於打扮或者並不豔麗，天相祿存破軍天府，中等身高）。

2、判斷：妳做事認真負責、客觀公正，自律自愛。稍微有點內向，話不多，但是比較有魄力。

命主回饋：是。

解析：本命命宮天梁龍池台輔擎羊星（天梁龍池台輔，責任心強，公正；擎羊天梁，大膽、固執、強硬、霸氣）。福德宮天同化權文昌天鉞天虛（天同化權實際上不旺，天同化權文昌天虛，自娛自樂，話不多）。

3、判斷：妳眼睛近視。頭部有傷疤。10歲以前有動過手術。

命主回饋：是。也確實在10歲之前動過手術，是腿部。

解析：2—11歲大運命宮在巳位，巨門化忌文曲天馬陀羅破碎星等，合七殺星（巨門化忌七殺文曲在巳位，眼睛近視或頭部有傷疤）。大運疾厄宮破軍地劫天傷紅鸞星（地劫破軍紅鸞，腿腳部位傷害或手術）。

4、判斷：妳學歷很普通，大專或者二本類型。

命主回饋：是，大專。

解析：本命命宮龍池鳳閣星同度廟旺的擎羊（龍池鳳閣為文星組合，同度廟旺的擎羊，文化受傷害而降低檔次）。官祿宮陷落的太陽星，照巨門化忌文曲（巨門文曲是文星組合，巨門化忌就會打折扣）。福德宮天同化權文昌（天同化權實際上不旺，天同化權文昌，文化程度不高）。（綜合判斷學歷普通，大專）

5、判斷：妳2009年工作運不好，擇業困難。

命主回饋：這年待業。

解析：2009流年命宮在申位，流年官祿宮在子位，破軍地劫紅鸞天傷天德星等，加會七殺貪狼化權右弼星，照天相祿存星（破軍七殺，工作或者事業難度大、競爭更大；破軍天相祿存，勞動強度和薪水難以滿意；貪狼化權七殺，放任遊蕩、無工作；貪狼化權右弼，有人管飯、啃老等）。

6、判斷：妳2014年運氣很差，有外傷，這一年感情運更差，會有被劈腿的經歷。很傷感的一年。

命主回饋：感情重創，手也骨折。

解析：2014年流年命宮在丑位，流年疾厄宮在申位，七殺劫煞星，加會破軍化權紅鸞星，貪狼右弼星（七殺破軍化權紅鸞右弼，胳膊、腿腳有傷害）。流年夫妻宮在亥位，太陽陷落化忌鈴星旬空天魁星等，照巨門化忌文曲星（太陽化忌巨門化忌，沒有男友或者男友離開了；巨門化忌文曲，口舌爭執矛盾）。

7、判斷：2015年結婚。妳老公是本地人。妳會有一個形象較好的丈夫。

命主回饋：是的。我和他是同事，一直看不慣他，但是……哎，緣份吧！是本地。還行，他是中東混血兒。

解析：2015年流年命宮在寅位，紫微化科天府星（戀愛或者夫妻之象）。流年夫妻宮在子位，破軍紅鸞咸池天德星（同居或者結婚之象）。本命夫妻宮文曲巨門化忌天馬平勢陀羅星，合七殺月德星（距離不遠，本省本地人；七殺文曲星廟旺月德，形象較好）。

8、判斷：妳這個命一般會在事業單位、政府機關找到工作。在事業單位的上班族。

命主回饋：是的。現在是。

解析：本命命宮天梁龍池鳳閣台輔星（事業單位之象）。官祿宮天魁三台天福星，照文曲（事業單位文案服務性質崗位）。

9、判斷：妳這命是在出生省市上班的，並未離開家鄉。

命主回饋：是。

<table>
<tr>
<td>天地地劫天
梁劫空煞德
得不廟　旺
大耗　　絕
劫煞　65～74　辛
天德　遷移宮　巳</td>
<td>七天天
殺福使
旺平平
伏兵　　胎
災煞　75～84　壬
弔客　疾厄宮　午</td>
<td>左右天陀紅天天截寡
輔弼鉞羅鸞才壽空宿
廟廟旺廟陷平旺廟不
官府　2012年　養
天煞　85～94　癸
病符　財帛宮　未</td>
<td>廉祿火封陰
貞存星誥煞
廟廟陷
博士　　長生
指背　95～104　甲
歲建　子女宮　申</td>
</tr>
<tr>
<td>紫天文鈴天天蜚華
微相昌星姚傷廉蓋
得得得陷陷平　廟
病符　　墓
華蓋　55～64　庚
白虎　交友宮　辰</td>
<td colspan="2" rowspan="2">乾造 庚　辛　乙　壬 (日空寅、卯)
　　 申　巳　巳　午

1命宮　2兄弟　3夫妻　4子女　5財帛　6疾厄
7遷移　8交友　9官祿　10田宅　11福德　12父母

甲干 廉貞-太陽　乙干 天機-太陰　丙干 天同-廉貞　丁干 太陰-巨門
戊干 貪狼-天機　己干 武曲-文曲
庚干 太陽-天同　辛干 巨門-文昌　壬干 天梁-武曲　癸干 破軍-貪狼</td>
<td>擎恩天咸破
羊光空池碎
陷陷旺平平
力士　　沐浴
咸池　105～114　乙
晦氣　夫妻宮　酉</td>
</tr>
<tr>
<td>天巨天大龍
機門貴耗德
旺廟旺不
喜神　2008年　死
息神　45～54　己
龍德　官祿宮　卯</td>
<td>破文解天
軍曲神哭
旺陷廟平
青龍　　冠帶
月煞　115～124　丙
喪門　兄弟宮　戌</td>
</tr>
<tr>
<td>貪天鳳天天天年
狼馬閣廚月虛解
平旺廟　　旺廟
飛廉　　病
歲驛　35～44　戊
歲破　田宅宮　寅</td>
<td>太太天天三八月
陽陰魁喜臺座德
不廟旺陷廟廟
祿科
2015年
奏書　2006年　衰
攀鞍　25～34　己
小耗　福德宮　丑</td>
<td>武天天龍臺旬
曲府刑池輔空
旺廟平旺　陷
權
將軍　2014年　帝旺
將星　15～24　戊
官符　父母宮　子</td>
<td>天天天孤
同官巫辰
廟旺　陷
忌
身宮
小耗　　臨官
亡神　5～14　丁
貫索　命宮　亥</td>
</tr>
</table>

解析：本命遷移宮天機陷落化科寡宿星，照天梁擎羊星（天機陷落化科寡宿，自行車被閒置在角落；天梁天機擎羊，不通車、不出行，意即在當地工作）。田宅宮武曲左輔火星地空旬空，照右弼星（左輔右弼有車輛之象。地空旬空火星，灰塵；武曲，嚴重的意思；綜合起來是家裡車輛落滿灰塵，意思是出行機會少，不常駕車等，也是在當地工作的意思）。

10、後面的預測是圍繞命主未來的婚姻展開的，不再贅述。

例題17

1、判斷：你聰明、有才華、思

想活躍、文體愛好多、很有志向、很獨立、很好勝、猜疑心重、有霸道傾向

命主回饋：從小讀書成績好，喜歡讀書，算是聰明，思想很活躍，愛好文學，但是體育愛好沒有，非常好勝，霸道，確實猜疑心重，脾氣急躁。

解析：本命命宮天同天巫天官星，加會天機巨門天貴星，左輔右弼天鉞陀羅星（巨門星博學分析推理能力很強；天機星思維敏捷善於策劃；天同星多才多藝精通文墨；天機巨門左輔右弼，活躍；天官天貴巨門右弼，有志向；天同左輔右弼，有文娛愛好；左輔右弼陀羅，霸道猜疑心很重）。福德宮太陰天魁三台八座（三台八座，有志向、獨立性強；太陰，文藝愛好）。

2、**判斷：**你中等個子 171 左右，眼睛閃爍智慧。

命主回饋：嗯，170，眼睛算有神。

解析：本命命宮天同星化忌（中等身材，不瘦但不是肥胖，偏胖一點）。疾厄宮七殺截空星，照武曲化權天府星（七殺截空星，表示身高中等略矮，可以定爲 169—171 公分之間。另外，七殺星武曲星都是嚴厲、嚴肅、肅殺之星，目光犀利有神）。

3、**判斷：**你是家裡唯一男孩，有個異性手足（姐或妹）。

命主回饋：有一個妹妹。

解析：本命兄弟宮破軍解神天哭星，照紫微文昌華蓋想（破軍解神天哭華蓋，弟兄少，

獨子或者獨生；紫微文昌破軍，有一個異性手足）。

4、判斷：你普通本科學歷，是最終學歷。你所學的專業是經濟學、管理學、金融等相關的。

命主回饋：是的，本科。會計。

解析：本命命宮天同星化忌，加會巨門天機星，（智慧較好，有機會升級到更高學府）。父母宮無文星。官祿宮巨門天機，加會左輔右弼陀羅星（巨門天機在這裡的實際力量為旺勢而不是廟勢；巨門天機左輔右弼陀羅，可以升級但是後續乏力；左輔右弼陀羅，無後續學歷，後勁乏力等）。福德宮太陰化科天魁星（智慧好，有學歷）。（綜合判斷二本檔次學歷）本命父母宮武曲化權天府星，照七殺星，加會紫微文昌星，廉貞祿存星（武曲天府祿存，主經濟、金融、財務、會計等；紫微武曲話權廉貞，主管理）。

5、判斷：你 2006 年工作上有較好的機會。2006 年收入增加。

命主回饋：有升職，是的，幾乎每年增加，這年更明顯。

解析：2006 年流年命宮在丑位，太陰化科天魁三台八座，照左輔右弼天鉞陀羅（左輔右弼天魁天鉞三台八座，地位上升；太陰化科陀羅，掌印、有升職等；太陰化科左輔右弼，多次增加工資等）。太陰流年財帛宮在酉位，天空陷落的擎羊星，照巨門化權天機天貴（天空陷落的擎羊星，史無前例和大幅度的；天機巨門化權，機會多、多次，幅度大的增加）。流年官祿宮天梁天德劫煞星，照天同天官天巫（天梁天德天官天巫，做管理性質工作）。

6、判斷：你2008—2009年登記結婚。你的妻子是外地的。你妻子是形象較好，中等個頭、性格穩重。你妻子很賢慧，打理家裡很好，不用你操心。你這個命稍有不慎會有婚外情，但是你沒有離婚的打算。

命主回饋：是，2008年。是的，外省的。形象可以，個頭偏小，性格內斂，算是賢慧，不過沒主見，老實，要操心。是，有，確實沒打算離婚。

解析：2008年流年命宮在卯位，天機巨門天貴龍德星（很多的好機會、結婚的機會等）。流年夫妻宮在丑位太陰化科天魁天喜三台八座月德星，照左輔右弼陀羅（太陰化科天喜月德左輔右弼，結婚、形影不離、眾人催促結婚等；太陰化科三台八座，登記結婚）。本命夫妻宮無主星，照巨門天機星（出行、坐車，到妻子家需要飛機或者輪船等，說明距離遠、外地外省的）。本命夫妻宮陷落的擎羊天空咸池星，照巨門天機天貴龍德（陷落的擎羊天空巨門，大幅度的降低身高、身高偏矮，同時，也不太愛說話，內斂；天空天機，沒有主見；咸池天機巨門，偷情的機會較多；天空破碎咸池，不打算離婚）。本命田宅宮貪狼天馬天廚鳳閣星，照廉貞（出外交際和應酬的機會較多，容易金屋藏嬌）。本命福德宮太陰天喜天魁三台八座，照左輔右弼陀羅（喜歡享受美女如雲、左右恭迎的那種氛圍）。

7、判斷：你婚後頭胎為女孩。

命主回饋：是的，女孩。

解析：本命子女宮廉貞祿存封誥（膝下只有一女孩、女孩為自己養老）。

8、判斷：你2012收入增加，職位上升。

命主回饋：2012年職位提升，工資增加多。

解析：2012年流年命宮在未位，左輔右弼陀羅紅鸞天鉞星，照太陰天魁三台八座（太陰左輔右弼，增加收入；陀羅紅鸞三台八座，職位上升、掌印等）。流年官祿宮在亥位，天同天官天巫星，加會巨門天機天貴（巨門天同天貴天官天巫，升遷到一人之下，萬人之上的地位，意即公司權力的最高層）。

9、判斷：你2014年有桃花運。

命主回饋：是的，這年有。

解析：2014年流年命宮在子位，流年夫妻宮在戌位，破軍文曲解神天哭星，加會七殺星，照紫微文昌星（破軍文曲文昌，有桃花；紫微七殺解神天哭，自我控制感情、自我爭鬥的煩惱心態，也就是沒有發展太嚴重）。

10、判斷：你2015年與同事不和或者互相擠兌情況有出現。2015年有受到別人影響而出現的錯誤投資，或者沒有收回成本的開支。

命主回饋：有，鬥爭很激烈。2015年有借錢出去，沒收回來，投資虧損一點。

解析：2015年流年命宮在丑位，太陰天魁天喜三台八座，照左輔右弼天鉞陀羅（左輔右弼陀羅，同事內斗很多；天鉞天魁三台八座陀羅，權力、地位的爭奪；左輔右弼太陰陀羅，破財，不只一宗）。

11、判斷：你一般會立身在企業界。你會從技術很明顯的崗位做起，做到很高職位，比如總監、高級管理、專案經理等。有領導和你關係和好，或者說和領導私交甚好。

命主回饋：企業。副總裁。是，和領導相處較好。

解析：本命父母宮武曲天府龍池台輔，加會紫微星，廉貞祿存星（武曲天府祿存，主經濟部門或者說企業；武曲龍池主技術、技藝）。本命官祿宮巨門天機天貴星，加會天同天官天巫星，左輔右弼天鉞陀羅星（天貴天官天同巨門，地位至尊、數一數二的地位；天機巨門主交通來往、交流、交際等，和領導有私交或者處於共同的愛好等）。

12、判斷：你容易介入到金融、期貨、股票的投資中。

命主回饋：是的，有股市投資。

<table>
<tr>
<td>天左天天恩天天孤蜚破
機輔鉞馬光福月辰廉碎
平平旺平平旺　陷　陷
身宮
喜神　　長生
歲驛　84～93　丁
喪門　官祿宮　巳</td>
<td>紫文天天天
微曲喜官傷
廟陷廟廟陷
飛廉　1995年　養
息神　74～83　戊
貫索　交友宮　午</td>
<td>龍鳳年華
池閣解蓋
廟陷得陷
奏書　　胎
華蓋　64～73　己
官符　遷移宮　未</td>
<td>破文天天臺解天大劫月
軍昌壽使輔神巫耗煞德
得得旺平　不　陷
祿
將軍　1996年　絕
劫煞　54～63　庚
小耗　疾厄宮　申</td>
</tr>
<tr>
<td>七天封旬天
殺才誥空空
廟陷　陷廟
2004年
病符　1993年　沐浴
攀鞍　94～103　丙
晦氣　田宅宮　辰</td>
<td colspan="2" rowspan="2">乾造 癸 乙 庚 戊 (日空子、丑)
卯 卯 申 寅

1命宮 2兄弟 3夫妻 4子女 5財帛 6疾厄
7遷移 8交友 9官祿 10田宅 11福德 12父母

甲干 廉貞-太陽 乙干 天機-太陰 丙干 天同-廉貞 丁干 太陰-巨門
戊干 貪狼-天機 己干 武曲-文曲
庚干 太陽-天同 辛干 巨門-文昌 壬干 天梁-武曲 癸干 破軍-貪狼</td>
<td>右地天
弼空虛
陷廟旺
小耗　　墓
災煞　44～53　辛
歲破　財帛宮　酉</td>
</tr>
<tr>
<td>太天天三天天
陽梁魁臺貴哭
廟廟廟陷旺廟
大耗　　冠帶
將星　104～113　乙
歲建　福德宮　卯</td>
<td>廉天天龍
貞府刑德
利廟廟
青龍　2009年　死
天煞　34～43　壬
龍德　子女宮　戌</td>
</tr>
<tr>
<td>武天天
曲相姚
得廟旺
伏兵　2013年　臨官
亡神　114～123　甲
病符　父母宮　寅</td>
<td>天巨擎地截寡
同門羊劫空宿
不不廟陷不平
權
官府　　帝旺
月煞　4～13　乙
弔客　命 宮　丑</td>
<td>貪祿鈴紅咸陰天
狼存星鸞池煞德
旺廟陷廟陷　廟
忌
博士　　衰
咸池　14～23　甲
天德　兄弟宮　子</td>
<td>太陀火八天
陰羅星座廚
廟陷利廟
科
力士　1999年　病
指背　24～33　癸
白虎　夫妻宮　亥</td>
</tr>
</table>

解析：本命財帛宮左輔右弼天鉞陀羅星，照太陰天魁星等（太陰左輔右弼，投資不是一個方面，收入也不是一個方面，有第二職業或者第二收入管道等。太陰星主善於理財；太陰天鉞天魁，資本運作性質）。

13、後面的預測是圍繞命主未來的事業展開的，不再贅述。

例題18

1、判斷：你父親有技術有文化，收入不多但是日子過得很講究。父親是二婚。

命主回饋：對，他年輕時在文

化館工作，後來單位改制，就下崗了。我6歲時父母離婚了。

解析：本命父母宮為父親，武曲天相天姚星，照破軍化祿文昌天巫劫煞月德台輔星，加會紫微天喜天官星，天府天刑星（天相破軍化祿文昌月德星，有技術有文化；天相天姚天喜紫微天官文昌，文化館工作）。父母宮的財帛宮在戌位，天府天刑龍德利勢的廉貞（破耗不少，收入不多）。父母宮的官祿宮紫微天官天喜文曲星，加會天相天姚星，天府天刑星，照貪狼化忌祿存紅鸞星（愛面子，注重外表和享受，但是實際的經濟狀態一般）。本命母親宮在子位，貪狼化就鈴星紅鸞截空咸池星等，母親宮的官祿宮在辰位，七殺封誥天空（母親棄養）。

2、**判斷**：你兄弟姊妹少，2—3個。

命主回饋：對，有一姐一妹。

解析：本命兄弟宮貪狼化忌祿存紅鸞天德星等，加會七殺星，破軍化祿文昌星，照紫微天喜天官星（貪狼破軍七殺，兩女一男；貪狼星五行為木，木五行之數為3或8，貪狼化忌紅鸞鈴星截空陰煞七殺，被流產的；紫微天官，國家政策，也就是說因為國家計畫生育而被流產了某個兄弟，所以數量不會很多取3數）。

3、**判斷**：你學歷不高，中學或者有進修。

命主回饋：對，我初中畢業，後來進修到大專。

解析：本命命宮天同巨門陷落同度廟旺的擎羊星等（文化程度不高）。官祿宮天機平勢、左輔平勢，照太陰化科（成績不好但是有才華）。福德宮太陽天梁三台天魁天貴星（有上進心）。父母宮天相星照破軍化祿文昌（學業有中斷再續，有進修和提升）。

4、判斷：你25歲以前經濟上很不好，奔波勞碌，沒有財運和積蓄。

命主回饋：對的，年輕時候吃過不少苦，打工被老闆騙了不給錢的事常有。

解析：14—23歲的大運命宮在戌位，天府廉貞天刑，加會紫微天官天喜星，照七殺星（天府廉貞天刑，被騙錢，財運不好等）。大運的財帛宮紫微天官文曲化科天喜星，照貪狼化忌祿存星等（紫微文曲貪狼化忌祿存，被巧言話語欺騙錢財等）。

5、判斷：不過30歲以後你找到了自己的位置，事業有成，財運廣進。

命主回饋：是啊是啊，我後來在一家國營建築公司打工，1993年公司經營不善虧損倒閉，我就和兩個朋友承包了公司，開始自己當老闆了。不過那時候我為了籌措資金借遍了所有的親戚。

解析：24—33歲大運的命宮在酉位，無主星，照太陽天梁三台天魁天貴天哭星（白手起家，今日一個新的平臺）。大運財帛宮在巳位，天機左輔天鉞天馬恩光星等，照太陰化科（天機天鉞天馬太陰化科，時來運轉，財運變好）。

6、判斷：你的婚姻在1990—1993年之間。妻子家裡姐妹多四個左右吧！你妻子很賢慧。

命主回饋：1993年結婚的，妻子姐妹五個，她是老三，持家還行。

解析：1993流年命宮在辰位，流年夫妻宮在寅位，武曲天相天姚星，加會紫微天官天喜，照破軍化祿文昌星（天姚天喜，結婚之喜；天相紫微天官文昌，結婚登記）。本命夫妻宮太陰化科陀羅火星八座天廚星，合天相天姚星（天相太陰化科天姚，形象好；天陰化科，會理財；天廚，會做飯；太陰化科在亥位，廟旺，太陰五行為水，水五行之數為1或6，這裡取6，陀羅火星太陰化科，說明有被流產的，實際的數字就少於6而接近6數，4—5個）。

7、判斷：你1995、1996年財運很好，收穫頗豐。

命主回饋：對的，那兩年收穫不錯。是我公司很輝煌的兩年。

解析：1995年流年命宮在午位，流年財帛宮在寅位，武曲天相天姚星，照破軍化祿文昌台輔天巫，加會紫微天官天喜星（收入好，簽合同多並帶來更多利益）。1996年流年命宮在申位，流年財帛宮在辰位，七殺星，加會貪狼祿存紅鸞天德星，照天府天刑（紅利純利潤很大）。

8、判斷：你1999年收穫也很大，但是這兩年家裡有長輩不吉利情況。

命主回饋說：這年效益也很好。工作上有一些小摩擦，不過也解決了。家裡長輩，是說家族嗎？爺爺去世了。

解析：1999 流年命宮在亥位，流年財帛宮在未位，龍池鳳閣年解星，照擎羊星，合紫微天官天喜星（龍池鳳閣紫微，財運很大；擎羊年解，麻煩解除或處理掉）。流年福德宮在丑位，擎羊天同巨門截空寡宿地劫（巨門天同陷落，喪亡星聚集，有生命交關）。

9、判斷：你 2004 年財運不好，破費大，或者妻子身體不好等。

命主回饋說：這兩年新投資了一家酒店，讓我老婆經營，效益不是很好。她也不喜歡那種環境，睡眠不足，神經衰弱後來還治療了一陣子。

解析：2004 年流年命宮在辰位，流年財帛宮在子位，貪狼化忌祿存紅鸞咸池星等，照紫微天官天喜星，加會七殺星，破軍化祿文昌星等（祿存貪狼紅鸞咸池星天喜文昌，娛樂業之財；破軍化祿貪狼化忌七殺，能掙錢也能消耗，壓力不小；破軍化祿七殺，拓展業務增加酒店項目的投資）。流年夫妻宮在寅位，流年夫妻宮的疾厄宮在酉位天虛星等，照太陽天梁天魁三台天貴天哭（工作壓力帶來的煩惱和疾病，能治好）。

10、判斷：你 2009 年有新的股東或者投資人出現，這一年事業進展順利，簽了不少合同吧！

命主回饋說：2009 年是順利，建築的項目多次獲得表彰，這一年有一個大股東進來。

解析：2009 流年命宮在戌位，流年兄弟宮在酉位，天虛星，照太陽天梁化科三台天貴天魁星（太陽三台天魁星，合作夥伴幫助，前途光明；天梁化科，簽署合作意向合同等）。流年官祿宮在寅位，武曲化祿天相星，加會紫微天官天喜，照破軍文昌（武曲化祿破軍，拓展資金管道，新的投資人，融資；紫微天相文昌，合同文件等）。

11、**判斷：**你2013年有官司是非等。

命主回饋：後來房地產不好做了，壓力很大。各種糾紛，好幾次官司……

解析：2013流年命宮在寅位，流年官祿宮在午位，紫微文曲天喜天官天傷星，照貪狼化忌祿存，加會天相天姚星，天府天刑星（紫微天府天相，法官、法律；文曲貪狼化忌天刑，官司是非；天府祿存，因錢引起；天姚天喜紅鸞星，因為女色或者感情引起）。

<table>
<tr>
<td>天天三天天天截天
馬刑臺福傷巫空虛
平陷平旺平　廟旺

將軍　2004年　臨官
歲驛　75～84　癸
歲破　交友宮　巳</td>
<td>天天天天龍
機鉞貴廚德
廟　廟

小耗　冠帶
息神　65～74　甲
龍德　遷移宮　午</td>
<td>紫破火天天天華
微軍星壽使哭蓋
廟旺利旺平平陷

青龍　沐浴
華蓋　55～64　乙
白虎　疾厄宮　未</td>
<td>陀鈴劫天
羅星煞德
陷陷　平
身宮
力士　長生
劫煞　45～54　丙
天德　財帛宮　申</td>
</tr>
<tr>
<td>太紅恩臺解大月
陽鸞光輔神耗德
旺廟廟　廟平
權
2014年
奏書　2003年　帝旺
攀鞍　85～94　壬
小耗　官祿宮　辰</td>
<td colspan="2" rowspan="2">乾造　辛　戊　甲　甲（日空辰、巳）
　　　亥　戌　午　戌

1命宮　2兄弟　3夫妻　4子女　5財帛　6疾厄
7遷移　8交友　9官祿　10田宅　11福德　12父母

甲干　廉貞-太陽　乙干　天機-太陰　丙干　天同-廉貞　丁干　太陰-巨門
戊干　貪狼-天機　己干　武曲-文曲
庚干　太陽-天同　辛干　巨門-文昌　壬干　天梁-武曲　癸干　破軍-貪狼</td>
<td>天祿地天八天破
府存劫姚座官碎
旺廟平廟廟平平

博士　2007年　養
災煞　35～44　丁
弔客　子女宮　酉</td>
</tr>
<tr>
<td>武七龍
曲殺池
利旺廟

飛廉　衰
將星　95～104　辛
官符　田宅宮　卯</td>
<td>太擎天寡陰
陰羊喜宿煞
旺廟陷陷

官府　2008年　胎
天煞　25～34　戊
病符　夫妻宮　戌</td>
</tr>
<tr>
<td>天天右文天天旬孤
同梁弼曲魁月空辰
利廟旺平　陷平
科
喜神　2012年　病
亡神　105～114　庚
貫索　福德宮　寅</td>
<td>天地蜚
相空廉
廟陷

病符　2000年　死
月煞　115～124　辛
喪門　父母宮　丑</td>
<td>巨左文封天咸
門輔昌誥空池
旺旺得　陷陷
祿　忌
大耗　1999年　墓
咸池　5～14　庚
晦氣　命宮　子</td>
<td>廉貪鳳天年
貞狼閣才解
陷陷旺廟得

伏兵　絕
指背　15～24　己
歲建　兄弟宮　亥</td>
</tr>
</table>

例題19

1、判斷：妳丈夫高個子，挺帥。

命主妻子回饋：是，178。長得還可以吧！

解析：本命命宮巨門化祿左輔文昌咸池封誥，合天相星，照天機天鉞天貴天廚龍德星（巨門化祿天相左輔天鉞，個子高；天相文昌咸池天機天鉞左輔，長相好；同度有封誥天空星，說明達不到很高，可以定爲177公分左右）。

2、判斷：他的妻子也就是說妳，兄弟姐妹應該3個左右。

命主妻子回饋：從他也能看出我嗎？是的，有兩個哥哥。

解析：本命夫妻宮太陰擎羊天喜寡宿陰煞星（擎羊天喜陰煞，有被流產的；太陰星五行為水，水五行之數為1或6，這裡的太陰星實際上為得地狀態，減去3則為數位3，一共3個兄弟姐妹）。夫妻宮的兄弟宮在酉位，天府祿存天姚八座星等（天府為男孩，所以兄弟姐妹中男孩多）。

3、**判斷：**他的學歷大專或者普本，學的是金融或者教育專業。

命主妻子回饋：本科，學的是師範專業。

解析：本命命宮巨門文昌化忌左輔星，合天相星，照天機星（文昌星在這裡實際上為「得地」狀態；文化程度較好）。官祿宮太陽化權紅鸞恩光台輔星，照太陰擎羊（才華一般，但是能考上較好的學校）。福德宮天同天梁右弼文曲化科天魁星（天梁右弼天魁，學習比較刻苦踏實；右弼天魁文曲平勢化科，成績一般）。（綜合判斷為普通本科）

4、**判斷：**妳和丈夫是在1998—2000年之間結婚的。結婚前後過程不算順利吧！

命主妻子回饋：我們是在1999年結婚的。是啊，那時候他前女友要求和好，糾纏了很長的時間。

解析：1999流年命宮在子位，流年夫妻宮在戌位，太陰擎羊天喜寡宿陰煞星，照太陽化權紅鸞恩光台輔解神月德星等，加會天機天鉞星等（太陰天喜紅鸞月德；結婚之喜；天機太陰擎羊陰煞，與女人有糾紛、恩怨等；太陽天機天鉞月德寡宿解神，最後解決了）。

5、判斷：那麼，妳2000年生了兒子。

命主妻子回饋：是的，是兒子。

解析：2000流年命宮在丑位，流年子女宮在戌位，太陰擎羊天喜寡宿陰煞星，照太陽化權紅鸞恩光台輔解神月德星等，加會天機天鉞星等（太陽化權天喜紅鸞天機，生育男孩）。

6、判斷：他在2000年－2003年之間事業順利，比較有業績。

命主妻子回饋：是的，那幾年他教的班都是全區前茅。

解析：25—34歲的大運命宮在申位，而2000—2003年的中運命宮在辰位，太陽化權紅鸞恩光台輔解神月德星等，照太陰化權擎羊天喜寡宿陰煞星（太陽化權恩光台輔月德，工作穩定，領導器重；太陰化權擎羊，收入很好，有獎金等；紅鸞天喜恩光台輔月德，人際關係好）。中運的官祿宮在申位，陀羅鈴星劫煞天德星，照天梁右弼化科天魁星（地位穩定，名譽好，有榮譽；陀羅鈴星劫煞，競爭很多）。中運的福德宮在午位，天機天鉞天貴天廚龍德星，加會天梁右弼化科天魁星，太陰化權擎羊星，照巨門化祿左輔星等（天機左輔右弼天鉞天魁，左右逢源，腦袋靈活；天梁右弼化科巨門化祿左輔，努力勤奮獲得話語權、榮譽地位）。

7、判斷：他事業心強，很上進，名利心很重。也很會來事。31－44歲整體看財運不錯。

命主妻子回饋：2003年通過公務員考試並調到市裡來的，之後那些年財運還行。

解析：本命官祿宮，太陽化權紅鸞恩光台輔解神月德星等，照太陰化權擎羊天喜寡宿陰煞星（太陽化權恩光台輔，上進、事業心強；太陰擎羊，名利心很重；紅鸞天喜恩光台輔，會來事，圓滑）。大運25—34歲命宮在申位，大運財帛宮在辰位，太陽化權紅鸞恩光台輔解神月德星等，照太陰化權擎羊天喜寡宿陰煞星（太陽化權恩光月德台輔太陰化權擎羊天喜，財運很好）。大運35—44命宮在未位，大運財帛宮在卯位，武曲七殺龍池星，照天府祿存天姚八座星等（武曲七殺天府祿存龍池八座，財源滾滾）。2003年流年命宮在辰位，太陽化權等，照太陰（地點變動，調到市裡）。

8、**判斷：**他2004年有官運，會有領導重用。

命主妻子回饋：那年不算順利吧！很糾結的。不過你說的官運應該是對的，2004年進入區委工作，也很不容易的進來，領導重用談不上，但是進了機關。

解析：2004流年命宮在巳位，流年官祿宮在酉位，天府祿存地劫天姚八座天官星，照武曲七殺龍池星，巨門化祿飛入（巨門化祿天府八座天官，在官場獲得地盤；巨門化祿七殺龍池天府，有威名，進入政府單位；祿存地劫天姚八座，人事運作活動等）。流年命宮有巨門星飛入，流年遷移宮有右弼化科飛入、天機廟勢化忌飛入（調動變動）。

9、**判斷**：他2007年父母不順利。

命主妻子回饋：是的，2007年他父親住院，胃癌，花了很多錢。2007年還買房。

解析：2007流年命宮在酉位，流年父母宮在戌位，太陰化祿擎羊天喜陰煞星等，照太陽紅鸞解神台輔大耗月德星（太陽紅鸞擎羊陰煞，父親不吉，有手術或者外傷；祿入父母為祿出，為花錢破財，我為父母長輩花錢）。流年父母宮的疾厄宮在巳位，天馬天刑三台天傷天福天巫截空天虛星（天刑三台天傷截空天虛，疾病手術等）。

10、**判斷**：他2008年財運很好。這年有環境變化。這年健康狀況較差。

命主妻子回饋：是的，調動、升遷。那年做過尿路結石手術。

解析：2008流年命宮在戌位，流年財帛宮在午位，天機化科忌天鉞天貴天廚龍德星，加會天梁右弼化科星，太陰化祿權擎羊星等，照巨門化祿忌左輔星等（天機巨門初始狀態是廟旺。天機巨門太陰化祿權左輔右弼，掙錢機會多、來源廣、數量大）。流年官祿宮在寅位，天同化權天梁右弼化科文曲化科天魁星，加會天機化科忌天鉞天貴天廚龍德星（升遷、調動）。流年疾厄宮在巳位，天馬天刑三台天傷天福天巫截空天虛星（天刑三台天傷截空天虛，疾病手術等）。

11、**判斷**：他2012年財來財去的樣子，進錢不少破費也多。

命主妻子回饋：我們自己沒有破費，收入還不錯。主要是他哥哥得病，一借錢就是四、五萬，兩年借三次，基本上是還不了了。

解析：2012流年命宮在寅位，流年財帛宮在戌位，太陰擎羊天喜陰煞星等，照太陽化權紅鸞解神台輔大耗月德星（太陰青煙太陽化權解神大耗，財來財去，收入不少也會有一些意外的開支）。流年兄弟宮在丑位，流年兄弟宮的疾厄宮在申位，陀羅鈴星劫煞星，照天梁右弼天魁天月星（陀羅鈴星天月，纏綿之病；陀羅鈴星天月右弼，不只一處有病；天梁天魁天月，較重的疾病；劫煞右弼天梁，多次借錢）。

12、**判斷**：他2014年是個有災難的年份，會有傷身破財、名譽受損。

命主妻子回饋：嗯，我主要來算這個的，目前被降職調離……

解析：2014流年命宮在辰位，太陽化忌紅鸞恩光台輔解神月德星等，照太陰化祿擎羊天喜寡宿陰煞星，巨門化忌飛入，破軍化權飛入（太陽化忌巨門化忌破軍化權台輔解神；降職降級等；太陰化祿擎羊陰煞巨門化忌破軍化權，大量破財）。流年官祿宮在申位，陀羅鈴星劫煞，太陽化忌飛入，照天梁右弼天魁（事業受到重創，法律糾紛等）。

13、**判斷**：後面的預測是圍繞命主未來的事業展開的，不再贅述。

<table>
<tr>
<td>太天天三天孤蜚破
陰馬姚臺巫辰廉碎
陷平平平　陷　陷
忌
伏兵　　　　臨官
歲驛　32～41　辛
喪門　子女宮　巳</td>
<td>貪右天天截陰
狼弼喜廚空煞
旺旺廟　廟
大耗　　　　冠帶
息神　22～31　壬
貫索　夫妻宮　午</td>
<td>天巨火龍鳳天天年華
同門星池閣壽月解蓋
不不利廟陷旺　得陷
病符　1999年　沐浴
華蓋　12～21　癸
官符　兄弟宮　未</td>
<td>武天左天鈴恩天大劫月
曲相輔鉞星光福耗煞德
得廟平廟陷平廟陷
2011年
喜神　2000年　長生
劫煞　2～11　甲
小耗　命　宮　申</td>
</tr>
<tr>
<td>廉天擎天臺天
貞府羊官輔空
利廟廟旺　廟
身宮
官府　2007年　帝旺
攀鞍　42～51　庚
晦氣　財帛宮　辰</td>
<td colspan="2" rowspan="2">乾造　乙　壬　戊　壬 (日空寅、卯)
　　　卯　午　申　戌

1命宮　2兄弟　3夫妻　4子女　5財帛　6疾厄
7遷移　8交友　9官祿　10田宅　11福德　12父母

甲干　廉貞-太陽　乙干　天機-太陰　丙干　天同-廉貞　丁干　太陰-巨門
戊干　貪狼-天機　己干　武曲-文曲
庚干　太陽-天同　辛干　巨門-文昌　壬干　天梁-武曲　癸干　破軍-貪狼</td>
<td>太天地八天
陽梁劫座虛
平得平廟旺
權
2001年
飛廉　1990年　養
災煞　112～121　乙
歲破　父母宮　酉</td>
</tr>
<tr>
<td>祿天天
存使哭
廟平廟
博士　　　　衰
將星　52～61　己
歲建　疾厄宮　卯</td>
<td>七天龍
殺貴德
廟旺
奏書　　　　胎
天煞　102～111　丙
龍德　福德宮　戌</td>
</tr>
<tr>
<td>破文陀
軍曲羅
得平陷
力士　　　　病
亡神　62～71　戊
病符　遷移宮　寅</td>
<td>地天天寡
空刑傷宿
陷陷平平
青龍　　　　死
月煞　72～81　己
弔客　交友宮　丑</td>
<td>紫文天紅封解旬咸天
微昌魁鸞誥神空池德
平得旺廟　廟陷陷廟
科
小耗　　　　墓
咸池　82～91　戊
天德　官祿宮　子</td>
<td>天天
機才
平廟
祿
2014年
2003年
將軍　1992年　絕
指背　92～101　丁
白虎　田宅宮　亥</td>
</tr>
</table>

例題20

1、判斷：你祖輩人已經不全，在1989—1990年之間祖輩不吉。

命主回饋：這個很對，1990年祖母去世。

解析：本命福德宮七殺天貴龍德星，照天府擎羊天官台輔（七殺天府天貴天官龍德，祖輩有武貴之人；七殺擎羊，會有祖輩守命不長）。大運32—41歲的大運命宮在卯位，大運福德宮在巳位，太陰陷落孤辰破碎星等（已經有人去世了）。1990年流年命宮在酉位，流年福德宮在亥，流年祖母宮在酉位，太陽化忌天梁地劫八座天虛，照天哭祿存星（太陽化忌地劫天虛天哭，喪亡之）。祖母宮的官祿宮在丑位，地空天刑天傷旬空寡宿（去世了）。

2、**判斷**：你的思想與看問題的視角與眾不同，敏銳犀利，具有很好的審美能力。懂得賺錢的門道、為人慷慨仗義、喜歡幫助人。

命主回饋：呵呵，都是優點啊，不過說得有道理。

解析：本命命宮武曲天相左輔天鉞恩光劫煞月德天福（武曲天相左輔天鉞劫煞，懂得賺錢的技巧，會賺錢，仗義慷慨；天相左輔天鉞，具有較高的審美能力）。本命福德宮七殺天貴龍德星，照天府擎羊天官台輔星等（七殺擎羊，犀利、獨闢蹊徑、有深度；天官天貴龍德台輔，傳統正面的思想）。

3、**判斷**：你要是1992年考試的話，成績不太理想，是個普通學校，財經金融類的或者藝術類。

命主回饋：是普通學校，是新聞學。

解析：1992流年命宮在亥，天機化祿天才星（有機會展示自己的才華，但是需要努力）。流年官祿宮在卯位，祿存星，照天梁化權祿八座天虛（勉強通過）。流年父母宮在子位，紫微化科權文昌天魁天德紅鸞星，照貪狼化忌右弼天喜（獲得錄取通知書）。（天梁紫微文昌貪狼星都不太旺，綜合判斷為成績不理想或者學校普通等；文昌紅鸞天喜貪狼，傳媒或者藝術影視類專業）

4、**判斷**：你1999年內有點好事，受領導重視。

命主回饋：領導重視，這個好像沒有，這年的好事就是獲得助理記者資格。

解析：1999流年命宮在未位，流年官祿宮在亥位，天機化祿天才星（才能和天份受到領導認可，獲得助力記者資格）。

5、判斷：你2000年感情上比較順利。這年出行中不吉。

命主回饋：嗯，2000年辦婚禮。是的，有車禍，腳受點傷，不嚴重，主要是賠了對方一筆錢。

解析：2000年流年命宮在申位，流年夫妻宮在午位，貪狼右弼天喜天廚星等，照紅鸞天德星等（結婚之喜，但是這年感情上會有周折之後才結婚的）。流年命宮武曲化忌，流年遷移宮破軍文曲陀羅，流年疾厄宮天哭星，照天梁化祿八座天虛（武曲化忌，破財耗錢等；陀羅八座破軍，車禍；天梁化祿，遇良醫、問題不大）。

6、判斷：你婚後頭胎是女孩。

命主回饋：頭胎不知道性別，沒保住，2000年傷了胎。

解析：本命子女宮太陰天姚破碎三台星等（太陰化忌天姚破碎，胎氣受傷流產）。

7、判斷：2001年你不順利，事業上阻力不小。

命主回饋：那幾年主任老找我麻煩，放棄的心也有過。

解析：2001流年命宮在酉位，流年官祿宮在丑宮，地空天刑天傷寡宿旬空（事業運氣低

落，和領導關係欠佳等）

8、判斷：你2003年有名譽職稱一類的好消息。

命主回饋：對。2003年獲得記者職稱。

解析：2003流年命宮在亥，流年官祿宮在卯位，祿存天使星等，照天梁化權祿八座星等（祿存天梁化權祿八座，有榮譽之喜並增加收入）。

9、判斷：你2007年財運不錯，事業上比較順利。

命主回饋：對。

解析：2007流年命宮在辰位，流年財帛宮在子位，紫微化科文昌化科天魁紅鸞天德星等，照貪狼右弼天喜天廚星等（才華發揮，收入增加，生活改善等）。

10、判斷：你2011年領導本該提升你，但是沒有下文。

命主回饋：對，被領導忽悠了。

解析：2011流年命宮在申位，流年官祿宮在子位，紫微文昌化忌天魁紅鸞天德星等，照貪狼右弼天喜天廚星等（紫微紅鸞天喜貪狼天廚，一個好酒好色的領導；紫微文昌化忌；調令或者升職檔沒有到來）。

11、判斷：你2014年有投資或者買房之類的情況。

紫七文陀天天天孤蜚破 微殺曲羅馬使廚辰廉碎 旺平廟陷平平 陷 陷 官府 長生 歲驛 74～83 乙 喪門 疾厄宮 巳	祿天天天 存喜刑月 廟廟平 博士 2009年 沐浴 息神 84～93 丙 貫索 財帛宮 午	擎龍鳳臺年華 羊池閣輔解蓋 廟廟陷 得陷 力士 冠帶 華蓋 94～103 丁 官符 子女宮 未	恩天陰大劫月 光巫煞耗煞德 平 陷 青龍 臨官 劫煞 104～113 戊 小耗 夫妻宮 申
天天天解天 機梁貴神空 利廟旺廟廟 科 伏兵 2016年 養 攀鞍 64～73 甲 晦氣 遷移宮 辰	坤造 丁 壬 戊 癸（日空辰、巳） 卯 子 戌 丑 1命宮 2兄弟 3夫妻 4子女 5財帛 6疾厄 7遷移 8交友 9官祿 10田宅 11福德 12父母	甲干 廉貞-太陽 乙干 天機-太陰 丙干 天同-廉貞 丁干 太陰-巨門 戊干 貪狼-天機 己干 武曲-文曲 庚干 太陽-天同 辛干 巨門-文昌 壬干 天梁-武曲 癸干 破軍-貪狼	廉破文天天 貞軍昌鉞虛 平陷廟廟旺 小耗 帝旺 災煞 114～123 己 歲破 兄弟宮 酉
天天天封天 相壽傷誥哭 陷陷陷 廟 大耗 2015年 胎 將星 54～63 癸 歲建 交友宮 卯			火地天旬龍 星空姚空德 廟陷廟陷 將軍 衰 天煞 4～13 庚 龍德 命宮 戌
太巨天截 陽門官空 旺廟平陷 忌 病符 絕 亡神 44～53 壬 病符 官祿宮 寅	武貪左右三八天寡 曲狼輔弼臺座才宿 廟廟廟廟廟廟平平 喜神 墓 月煞 34～43 癸 弔客 田宅宮 丑	天太地紅咸天 同陰劫鸞池德 旺廟陷廟陷廟 權 祿 身宮 飛廉 2012年 死 咸池 24～33 壬 天德 福德宮 子	天天鈴天 府魁星福 得旺利廟 奏書 2011年 病 指背 14～23 辛 白虎 父母宮 亥

命主回饋：2014年買房。

解析：2014流年命宮在亥位，流年財帛宮在未位，天同巨門火星龍池鳳閣截空星等（巨門龍池鳳閣，買房；截空天同，花光所有積蓄）。流年田宅宮在寅位破軍化權文曲，照武曲化科天相天鉞天福劫煞星等（破軍化權武曲化科天鉞劫煞，貸了一部分款，買房；天相天福，生活品質獲得改善等）。

12、判斷：後面的預測是圍繞命主未來的財運展開的，不再贅述。

例題21

1、判斷：妳父母感情不和，磕磕絆絆這輩子。父母感情不好與妳父親有關係。

命主回饋：恨死我爸了！苦了我媽媽，如果沒有她，估計我們現在變成什麼樣都不敢說。

解析：本命父母宮為父親，天府天魁鈴星旬空天福（天府星在這裡實際上比較弱，天府鈴星，內向頑固；天魁鈴星，招事惹非、愛管閒事、暴躁；天福旬空，無視別人的感受作威作福）。母親宮在酉位，廉貞破軍天鉞天虛文昌（廉貞破軍，狡詐狡猾、輕浮放蕩、好賭、好罵人、好冒險；文昌天虛，婚姻只剩下一張結婚證，形同虛設。總之父母感情不好）。

2、**判斷**：妳精神比較空虛，進取心不足。妳比較現實，做事業也很踏實，為人也慷慨，有一定交際能力。妳比較純真，充滿一些幻想和理想，比如年輕的時候信仰愛情。

命主回饋：精神一直空虛，現實，超級單純好嗎，傻不拉幾的。

解析：本命命宮火星地空旬空天姚，照天梁天貴解神（火星天梁，霸道固執狡辯；天梁解神，悟性高，心裡空虛，無進取心；天梁天貴，踏實、奉獻）。福德宮天同太陰咸池天德紅鸞，照祿存天喜（太陰祿存，很現實；天同太陰，愛幻想充滿理想主義色彩；天同太陰咸池紅鸞天喜，嚮往純真的愛情，單純）。

3、**判斷**：妳中等個子，形象好。髮質不錯。

命主回饋：準，161身高，氣質、長相很好。

解析：本命疾厄宮紫微文曲天使天廚等星（紫微文曲天使，形象氣質好；紫微文曲天廚，頭髮保養好，髮質好）。疾厄宮的官祿宮在酉位廉貞破軍文昌天鉞天虛（文昌是最旺的星，文昌為數字文字，文昌爲金五行爲中等個子，破軍廉貞是平陷的，所以身高160—163公分）。

4、判斷：妳學歷不高，中等或者專科。

命主回饋：中專。

解析：本命命宮無文星。父母宮無文星。官祿宮太陽巨門（是通過了考試的）。福德宮天同太陰（太陰，有才華；天同，一般程度）。（綜合判斷學歷一般專科）

5、判斷：妳戀愛較早，或者說很早被別人追求。在感情上，妳比較喜歡年齡比妳大的男子。

命主回饋：太傻蛋了　戀愛早有什麼用　以前的經歷真是白癡，我喜歡比我大10幾歲以下的，比我小的我不喜歡。也不喜歡太瘦的男人。

解析：本命夫妻宮恩光天巫陰煞劫煞月德星，照太陽巨門星（恩光天巫巨門太陽，喜歡老男人，喜歡享受那種被寵、被保護的感覺）。夫妻宮的官祿宮在子位，天同太陰地劫咸池天德紅鸞，照祿存天喜（天同地劫紅鸞咸池天喜，很早就有公開的戀愛了，或者很早被男生追求）。

6、判斷：妳2009年收入較好。這一年受人幫助。

命主回饋：2009 年我有去廣州處理一些事情，遇到貴人幫助。

解析：2009 年流年命宮在午位，祿存天喜天刑天月星，照天同化權太陰紅鸞天德（祿存天喜太陰，收入較好；天同化權太陰天德，在外面受到陪同和恩惠）。

7、判斷：妳 2011 年壓力較大，事業不濟。

命主回饋：很多不順，也失戀過。

解析：2011 年流年命宮在亥位，流年事業宮在卯位，天相陷落天傷封誥截空天哭，照文昌化忌天鉞（事業運不好，領導不重視，沒有業績，很苦惱）。

8、判斷：妳 2012 年有戀愛。可以訂婚、結婚，對方歲數比妳大，文化比妳高，他屬於上班族。妳婆婆比較強勢。今年 2016 年丈夫或者婆母，容易與妳不和，多注意搞好關係。

命主回饋：2012 年情人節接受他，他大我兩歲，2012 年臘月結婚。他就大專，他很有責任，拼命工作。其實他媽媽就是特囉嗦，我們有很多隔閡。2016 年和去年都吵，尤其是今年煩死了，一點小事就吵，他媽媽和他吵，我有時候真想離開他算了。

解析：2012 年流年命宮在子位，天同太陰化科地劫咸池天德紅鸞，照祿存天喜（戀愛結婚資訊很強烈）。流年夫妻宮在戌位置，火星天姚龍德，照天梁天貴解神（火星天姚，同居或結婚；天梁星，年齡大的男子；天梁天貴，丈夫是上班族）。流年夫妻宮的母親宮在酉，廉貞破軍文昌天鉞天虛（破軍，莽撞衝動霸道；廉貞，多是非；文昌天鉞，有點惡名，眾人皆知的意思。總之婆婆是很強勢的）。流年夫妻宮的官祿宮在寅位，太陽巨門（上班族，有工作，文化較好等）。2016年流年命宮在辰位，流年夫妻宮在寅位，太陽巨門化忌（與丈夫或其家人有口舌）。

9、判斷：妳2015年有地點變化，這一年工作機會不好。這年若是生育，性別為女孩。

命主回饋：2015年沒有工作，在待產，生了一個女寶寶。都覺得在缺錢中。

解析：2015年流年命宮在卯位，流年官祿宮在未位，擎羊龍池鳳閣台輔年解星等，照武曲貪狼左輔右弼三台八座（擎羊龍池，斷絕自己的收入來源；年解台輔鳳閣，辭職；武曲貪狼左輔右弼，有人照顧，給錢給吃的；三台八座，在家裡休息待產；擎羊龍池鳳閣，生產生育；武曲貪狼，為女孩）。流年子女宮在子位，天同化權太陰化祿忌地劫咸池天德紅鸞，照祿存天喜（添人進口之喜而花錢；太陰化祿忌紅鸞星，生女孩）。

10、判斷：一般妳會做商業、金融、企業性工作，難以進入政府權力部門。

命主回饋：服裝方面的企業。

解析：本命命宮火星地空旬空天姚，照天梁天貴解神（旬空地空解神天梁天貴，非事業單位的管理性質工種或崗位）。官祿宮太陽巨門化忌截空天官（中等大小的公司或者單位）。官祿宮的官祿宮在午位，祿存天喜星等，照天同太陰化祿紅鸞天德星等（藝術類或者金融類、商業類型的公司）。

<table>
<tr>
<td>天紅封大龍
梁鸞誥耗德
得旺　陷
大耗　　長生
亡神　4～13　辛
龍德　命宮　巳</td>
<td>七鈴天
殺星福
旺廟平
伏兵　　沐浴
將星　14～23　壬
白虎　父母宮　午</td>
<td>文文天陀天截寡天
昌曲鉞羅姚空宿德
利旺旺廟旺廟不廟
2013年
官府　1995年　冠帶
攀鞍　24～33　癸
天德　福德宮　未</td>
<td>廉祿地天恩天天
貞存空馬光貴哭
廟廟廟旺平陷廟
博士　2014年　臨官
歲驛　34～43　甲
弔客　田宅宮　申</td>
</tr>
<tr>
<td>紫天右火天
微相弼星虛
得得廟陷陷
病符　　養
月煞　114～123　庚
歲破　兄弟宮　辰</td>
<td colspan="2" rowspan="2">乾造 庚 甲 戊 乙（日空戌、亥）
戌 申 辰 卯

1命宮 2兄弟 3夫妻 4子女 5財帛 6疾厄
7遷移 8交友 9官祿 10田宅 11福德 12父母

甲干 廉貞-太陽 乙干 天機-太陰 丙干 天同-廉貞 丁干 太陰-巨門
戊干 貪狼-天機 己干 武曲-文曲
庚干 太陽-天同 辛干 巨門-文昌 壬干 天梁-武曲 癸干 破軍-貪狼</td>
<td>擎天臺
羊壽輔
陷平
力士　　帝旺
息神　44～53　乙
病符　官祿宮　酉</td>
</tr>
<tr>
<td>天巨天天咸月
機門刑才池德
旺廟廟旺平
喜神　2012年　胎
咸池　104～113　己
小耗　夫妻宮　卯</td>
<td>破左天華
軍輔傷蓋
旺廟平平
青龍　2016年　衰
華蓋　54～63　丙
歲建　交友宮　戌</td>
</tr>
<tr>
<td>貪地八龍解天天旬陰
狼劫座池神巫廚空煞
平平廟平廟　　陷
飛廉　　絕
指背　94～103　戊
官符　子女宮　寅</td>
<td>太太天破
陽陰魁碎
不廟旺陷
祿科
奏書　　墓
天煞　84～93　己
貫索　財帛宮　丑</td>
<td>武天三鳳天蜚年
曲府臺閣使廉解
旺廟平廟陷　廟
權
將軍　　死
災煞　74～83　戊
喪門　疾厄宮　子</td>
<td>天天天天天孤劫
同喜官月空辰煞
廟旺旺　平陷
忌
身宮
小耗　　病
劫煞　64～73　丁
晦氣　遷移宮　亥</td>
</tr>
</table>

11、判斷：妳真誠率真，真心朋友卻不多。

命主回饋：我認為真心朋友幾個就夠了，畢竟我喜歡真實的人，太虛偽讓人反感。

解析：本命交友宮天相天傷封誥截空天哭星，照文昌天鉞星（天相天哭，多愁善感，心軟；文昌封誥天鉞，真誠對待下屬或者朋友；交友宮宮氣弱，朋友少）。

12、後面的預測是圍繞命主未來的工作展開的，不再贅述。

例題22

1、判斷：你自尊心強、自強自立，愛好自由，思慮多，有文娛愛好，有管理才華。

命主回饋：對。

解析：本命命宮天梁紅鸞龍德封誥星，照天同化忌天喜天官（天梁龍德，自尊心強，自強自立；天同化忌紅鸞天喜，有文娛愛好）。福德宮文曲文昌天鉞陀羅天姚截空天德星，加會巨門天機天才天刑星，天同天喜天官星，照太陰化科天魁星（文曲文昌天姚天喜太陰化科，有文娛愛好、多才藝；文曲文昌陀羅天機，思慮多；天鉞天魁巨門天刑天官，原則性強，有管理才華）。

2、**判斷：**你學歷一般，專科或者普本學歷。

命主回饋：對，普本。

解析：本命命宮無文星。父母宮無文星。福德宮文曲文昌，加會天機巨門天才星（多才華、愛好學習、博學、聰明）。官祿宮陷落的擎羊，照天機巨門天刑天才（經過努力能通過）。（綜合判斷學歷普通，大專或者普本）。

3、**判斷：**你是上班族。但是不在事業單位，一般會在企業。懂技術。

命主回饋：對，對。

解析：本命官祿宮陷落的擎羊台輔星，照天機天刑巨門天才（陷落的擎羊天才天機，愛鑽研愛學習，有才華懂技術；台輔天刑巨門天機；非事業單位，在生產企業）。

4、判斷：1993 年你有喜歡過女孩。而婚姻在 1995 年。

命主回饋：對。

解析：1995 年流年命宮在未位，文曲文昌天姚星，加會巨門化權天機星，天同天喜天官星，照太陰化科（文曲文昌天姚巨門化權天喜太陰化科天機，戀愛結婚的時機已到；天同巨門化權天官，能登記結婚）。流年夫妻宮天梁封誥紅鸞龍德星，照天同天官天喜（官方同意結婚）。

5、判斷：你妻子形象一般。妻子厚道，本份，但是有點烈性。妻子是本省的。

命主回饋：對，很對。

解析：本命夫妻宮天機巨門天刑天才月德星，加會天鉞陀羅天姚天德星，天同化忌天官天喜星（巨門天刑天鉞陀羅天同化忌，長相一般；巨門天刑陀羅，頑固剛烈；巨門天刑陀羅天機天同化忌，距離上不算很遠，本省但是不是同一個市）。夫妻宮的福德宮在巳位，天梁紅鸞封誥龍德星，照天同化忌天官天喜（天梁天官封誥龍德，厚道本份、固執）。

6、判斷：你婚後第一胎是男孩。

命主回饋：對。

解析：本命子女宮貪狼地劫八座解神龍池天巫陰煞星等，照廉貞星，合天同天官天喜星（在寅位，天同天喜，為男孩）。

7、判斷：你近幾年2012、2013年財運一般，積蓄不多，壓力較大。

命主回饋：對。

解析：2012年流年命宮在卯位，流年財帛宮在亥位，天同化忌天喜天官天月天空劫煞星等。加會天機巨門天刑星（劫煞巨門天機天刑天空，破費多，積蓄少，壓力大）。流年田宅宮在午位，七殺鈴星截空星，照武曲天府鳳閣（鈴星截空武曲天府，耗散財物；七殺武曲鈴星，經濟壓力大）。2013年流年命宮在未位，流年財帛宮在卯位，巨門化權天機天才天刑星，加會天同化忌天喜天官劫煞（巨門化權天機天刑劫煞，財運耗散，積蓄少）。流年太田宅宮在戌位，破軍化祿左輔星，合天機巨門化權天刑星（有收入也有破費，財來財去，不利積蓄）。

8、判斷：你2014年財運較好。

命主回饋：一般。

解析：2014年流年命宮在申位，廉貞化祿祿存地空天馬（收入增多，但是積蓄增加較小）。流年財帛宮在辰位，紫微天相右弼火星陷落天虛星，照破軍化權左輔（紫微天相左輔右弼，進行理財和財務管理，目的是減少開銷；破軍化權火星天虛，意外開支還是不少）。

<table>
<tr>
<td>天地地八天孤
梁劫空座廚辰
得不廟廟　陷
大耗　2011年　臨官
亡神　25～34　己
貫索　夫妻宮　巳</td>
<td>七龍解
殺池神
旺不廟
病符　冠帶
將星　15～24　庚
官符　兄弟宮　午</td>
<td>天火天天月
鉞星喜官德
旺利陷廟
身宮
喜神　2013年　沐浴
攀鞍　5～14　辛
小耗　命宮　未</td>
<td>廉天天鳳封截天年
貞馬刑閣誥空虛解
廟旺陷不　廟廟利
祿
飛廉　長生
歲驛　115～124　壬
歲破　父母宮　申</td>
</tr>
<tr>
<td>紫天文天陰
微相昌哭煞
得得得平
帝旺
伏兵
月煞　35～44　戊
喪門　子女宮　辰</td>
<td colspan="2" rowspan="2">坤造　甲　丁　丙　甲（日空申、酉）
　　　寅　丑　子　午

1命宮　2兄弟　3夫妻　4子女　5財帛　6疾厄
7遷移　8交友　9官祿　10田宅　11福德　12父母

甲干　廉貞-太陽　乙干　天機-太陰　丙干　天同-廉貞　丁干　太陰-巨門
戊干　貪狼-天機　己干　武曲-文曲
庚干　太陽-天同　辛干　巨門-文昌　壬干　天梁-武曲　癸干　破軍-貪狼</td>
<td>鈴三恩天天天破大龍
星臺光才壽福碎耗德
得廟陷旺平廟平不
奏書　2015年　養
息神　105～114　癸
龍德　福德宮　酉</td>
</tr>
<tr>
<td>天巨左擎天天咸
機門輔羊貴空池
旺廟陷陷旺平平
官府　1998年　衰
咸池　45～54　丁
晦氣　財帛宮　卯</td>
<td>破文蜚華
軍曲廉蓋
旺陷　平
權
將軍　胎
華蓋　95～104　甲
白虎　田宅宮　戌</td>
</tr>
<tr>
<td>貪祿天天
狼存使月
平廟平
博士　病
指背　55～64　丙
歲建　疾厄宮　寅</td>
<td>太太天陀紅寡
陽陰魁羅鸞宿
不廟旺廟陷平
忌
力士　死
天煞　65～74　丁
病符　遷移宮　丑</td>
<td>武天天天臺旬
曲府姚傷輔空
旺廟陷陷　陷
科
青龍　墓
災煞　75～84　丙
弔客　交友宮　子</td>
<td>天右天劫天
同弼巫煞德
廟平　　平
小耗　絕
劫煞　85～94　乙
天德　官祿宮　亥</td>
</tr>
</table>

9、判斷：你2016年事業有變化調整等。

命主回饋：對。

解析：2016年流年命宮在戌位，破軍左輔，合巨門天機化權天刑（破軍左輔天機化權巨門，變動、動盪、搬遷等）；流年官祿宮在寅位，貪狼地劫八座解神龍池天巫陰煞星等，照廉貞化忌，合天同化忌祿天官天喜星（貪狼廉貞化忌，冒險、衝動、狂傲的心態；天同化忌祿天喜，經過努力能滿意）。

例題23

1、判斷：妳祖父和祖母其中一個是二婚的。母親形象較好，慈心仁厚之人。父親一生辛苦，還恐怕壽數不高。

命主回饋：對的，都對。

解析：本命福德宮截空破碎鈴星大耗三台天福龍德星，合文昌星（截空破碎鈴星大耗，一生不順利諸多阻逆；三台天福龍德文昌，感情不利，多次感情）。福德宮的夫妻宮在未位，天鉞火星天喜天官月德，合七殺解神（天官天喜解神，解除婚約；七殺火星，剋妻）。父母宮為父親，廉貞化祿天馬天刑鳳閣封誥截空天虛，照祿存星（廉貞化祿祿存天馬鳳閣，有公職；天刑封誥截空天虛，壽數不高，一般五、六十歲）。父親宮的疾厄宮在卯位，巨門天機陷落的擎羊天空星等（巨門天機同度陷落的擎羊星，平時不得病，一有病就是大病）。母親宮在午位，七殺解神龍池星，照武曲天府（七殺解神，自我解脫，會給自己寬心；武曲天府，踏實忠厚，形象端正）。

2、**判斷**：妳性格善良，做事幹練，自我保護意識較好、比較保守、缺乏魄力。外表柔和內心固執。你能受委屈，人際關係比較和睦。

命主回饋：是的。是的。

解析：天鉞火星天喜天官月德星，合七殺解神（七殺天鉞，做事幹練、不可侵犯、善於自我保護、固執；天鉞天官月德，保守傳統；七殺解神天喜，魄力較小）。交友宮武曲化科天府星，合太陰天魁陀羅（武曲陀羅，爭執糾紛；武曲化科天府太陰天魁，包容、忍受）。

3、**判斷**：妳體質上腸胃不太好，婦科有暗疾。妳肚腹部位、腰背部位，有胎記或者手術留下的疤痕。

命主回饋：這個對，婦科不好。生孩子剖腹產留下的疤。

解析：本命疾厄宮貪狼祿存天月星，照廉貞化祿天馬封誥（貪狼廉貞化祿天月，婦科疾病；祿存天月，久病或者遺留病但不是急症也不是大病；祿存天月貪狼，肚腹有病或者腸胃不好；天月祿存封誥，傷疤在肚腹部位）。

4、**判斷**：妳身材高，165 以上了。形貌一般，但是整體觀感還可以，樸實、細心。

命主回饋：對的，身高 168。

解析：本命命宮天鉞火星天喜天官月德星，合七殺解神（七殺天鉞，比中等略高；七殺月德天官天喜，形貌一般）。疾厄宮貪狼祿存天月星，照廉貞化祿天馬封誥（貪狼廉貞祿存，不瘦，中等略高）。疾厄宮的官祿宮在午位，七殺解神星，照武曲化科天府星（七殺星照武曲化科天府，長相樸實，比中等高一些，所以定 167 公分左右）。

5、**判斷**：妳第一學歷低，中專或者相當於中專的技校等。

命主回饋：是的。有進修有考到本科，是教育部承認學歷的那種。

解析：本命命宮利勢的火星，合七殺（有謀略，聰明伶俐，善於掌控局面）。官祿宮天同天巫星，照天梁八座（能通過考試）。父母宮廉貞化祿天馬鳳閣失陷截空天虛星（廉貞化祿天馬，思維敏捷，善於觀察、善於狡辯、執著；鳳閣失陷截空天虛，有後續學歷，學歷有中斷再續的情況）。（綜合判斷第一學歷不高，中專或大專，後續進修可達到本科）

6、**判斷：**妳1998年訂婚、結婚。第一任丈夫是本省的。丈夫家境一般。第一任丈夫的女人緣份較好，與妳有分離的可能，其原因也是第三者插足妳的家庭。

命主回饋：1998年結婚。是的本省。家境是一般的。對的，第三者破壞我家。

解析：1998年流年命宮在卯位，天機巨門化祿，合破軍（有結婚機會）。流年夫妻宮在丑位，太陰化權太陽化權天魁紅鸞星（結婚之喜）。本命夫妻宮天梁地劫地空（家境一般）。本命夫妻宮的夫妻宮在卯位，巨門天機陷落的擎羊左輔咸池，合破軍化權（破軍化權巨門，婚外情；陷落的擎羊左輔咸池，情人是第一位的，不顧家）。本命夫妻宮天梁地劫地空八座星，照天同星（天梁地劫天同，當地、同一個省；地空八座，不用坐車表示距離不遠）。

7、**判斷：**妳的工作性質屬於後勤、辦公室性質的。在企業。規模不大的企業，或者說是單位的下屬企業。

命主回饋：對的。是的。

解析：本命官祿宮天同右弼天巫，合祿存，照天梁星（國有屬性企業或者事業單位；右弼為後勤服務性質的工種）。官祿宮的父母宮在子武曲化科天府星台輔星等（大型企業或者金融單位等）。

8、**判斷：**妳2011年不利感情，有離婚經歷。

命主回饋：是的。

解析：2011年流年命宮在巳位，流年夫妻宮在卯位，巨門化祿天機左輔擎羊天空咸池，合破軍星（破軍巨門化祿咸池左輔，在外面享受；天空天機，不回家，在外留宿；破軍擎羊，打架，鬧矛盾；天機破軍，離婚時機已經到）。

9、**判斷：**妳2013年有人追求，是個已婚的人。他沒有離婚或者正在和妻子不和，與妳交往時間較長，但是沒有結果。

命主回饋：這個對的。

解析：2013流年命宮在未位，天鉞天喜星，合七殺星（有戀愛）。流年夫妻宮在巳位，天梁地劫地空八座星，照天同化忌（天梁星，老男人；天梁地劫，私下來往；地空，沒有結果；天梁八座，倔強不讓步；天同化忌地空，不歡而散的結果）。

10、**判斷：**妳2013年父母不順利，破財。

命主回饋：算是吧，父親病重，在北京就醫一個月就用掉了三十萬，但回來以後醫保又報銷了，自己負擔得很少。

解析：2013年流年父母宮在申位，歲命並臨。父母宮為父親，廉貞化祿天馬天刑鳳閣封誥截空天虛，照祿存星（天刑截空天虛，疾病手術等；廉貞化祿祿存星，錢用在了手術上）。父親宮的疾厄宮在卯位，巨門化權天機陷落的擎羊天空星等，合破軍化權祿（巨門化權天破軍化權祿，腫瘤類疾病，給身體打洞表示動手術等）。

11、判斷：2015年妳有介紹對象的，但是大部分是離異的男子，難成功。

命主回饋：是的。

解析：2015年流年命宮在酉位，流年夫妻宮在未位，天鉞火星天喜月德天官星，合七殺星（天喜七殺天鉞，戀愛，感情傾訴等；七殺火星，磨合困難，有矛盾）。流年夫妻宮的官祿宮在亥，天同化忌右弼劫煞星，合祿存星（白費錢財，無法成功）。

12、後面的預測是圍繞命主未來的婚姻感情展開的，不再贅述。

第十章

同盤不同命的例題

第十章　同盤不同命的例題

本章所述的「同盤不同命」，只考慮了星系相同、主星排佈位置相同、12宮位置排佈相同，沒有考慮八字相同和性別相同的因素，也沒有考慮出生的地理位置等因素。本章主要目的是想讓大家看清楚，同樣的星和宮，對於同一個主題是怎麼進行闡述的。之所以做這樣的一章，也是有感而發，因為很多學習紫微斗數的朋友都會遇到一個問題，那就是同盤率很高，可是命運卻不同，很讓人困惑，有的朋友因此就放棄了學習紫微斗數，這樣的情況見太多了。其實，說到底，還是你不精通紫微斗數的運算技巧，同盤是同盤，但是運算技巧是不一樣的，這有賴於你深刻瞭解紫微體系的星曜與地球的關係。在紫微斗數體系之中有太陽、有月亮，但是唯獨沒有地球，這說明什麼呢？說明觀察者「身在廬山中」，站在地球上觀察的，所以把地球忽略了。人在地球看星星，星星是天上的，怎麼能直接照搬到地球呢？呵呵，說到這裡不知道你明白了沒有？提醒您兩點：第一深刻研究地支規律！第二高度重視副星和丙丁級別的小星曜的作用！懂了嗎？那好，請仔細研究下面八個例題，看清楚對於同樣的宮和星，是怎麼闡述同一件事的，比如財運、婚姻、事業等內容的。相信跨過「這道坎」你會進入一個新的境界。如果想進一步瞭解同盤不同命的解題原理，請參閱本人的另一本書《紫微斗數解析思路與例題》。

第一節　同盤不同命例題之一

<table>
<tr>
<td>天左祿天天天天孤劫
機輔存喜官月空辰煞
平平廟廟旺　廟陷
權
博士　　長生
劫煞　14 ~ 23　癸
晦氣　兄弟宮　巳</td>
<td>紫擎鳳蜚年
微羊閣廉解
廟陷平　廟
官府　　養
災煞　4 ~ 13　甲
喪門　命 宮　午</td>
<td>鈴恩天
星光貴
利旺旺
伏兵　　胎
天煞　114 ~ 123　乙
貫索　父母宮　未</td>
<td>破地龍解天
軍劫池神巫
得廟平不
大耗　　絕
指背　104 ~ 113　丙
官符　福德宮　申</td>
</tr>
<tr>
<td>七陀天截華
殺羅壽空蓋
廟廟廟陷廟
力士　　沐浴
華蓋　24 ~ 33　壬
歲建　夫妻宮　辰</td>
<td colspan="2" rowspan="2">坤造 丙　辛　辛　丁 (日空戌、亥)
　　 辰　卯　未　酉

1命宮　2兄弟　3夫妻　4子女　5財帛　6疾厄
7遷移　8交友　9官祿　10田宅　11福德　12父母

甲干 廉貞-太陽　乙干 天機-太陰　丙干 天同-廉貞　丁干 太陰-巨門
戊干 貪狼-天機　己干 武曲-文曲
庚干 太陽-天同　辛干 巨門-文昌　壬干 天梁-武曲　癸干 破軍-貪狼</td>
<td>右天咸月
弼鉞池德
陷廟平
病符　　墓
咸池　94 ~ 103　丁
小耗　田宅宮　酉</td>
</tr>
<tr>
<td>太天臺
陽梁輔
廟廟
青龍　　冠帶
息神　34 ~ 43　辛
病符　子女宮　卯</td>
<td>廉天天天天
貞府刑才虛
利廟廟陷陷
忌
喜神　　死
月煞　84 ~ 93　戊
歲破　官祿宮　戌</td>
</tr>
<tr>
<td>武天地天天八天
曲相空馬姚座哭
得廟陷旺旺廟平
　2010年　臨官
小耗
歲驛　44 ~ 53　庚
弔客　財帛宮　寅</td>
<td>天巨文文天寡破天
同門昌曲使宿碎德
不不廟廟陷平陷廟
祿　科
將軍　　帝旺
攀鞍　54 ~ 63　辛
天德　疾厄宮　丑</td>
<td>貪三天天旬陰
狼臺福廚空煞
旺平平　陷
身宮
奏書　　衰
將星　64 ~ 73　庚
白虎　遷移宮　子</td>
<td>太天火紅天封大龍
陰魁星鸞傷誥耗德
廟旺利廟旺　陷
2008年
飛廉　1997年　病
亡神　74 ~ 83　己
龍德　交友宮　亥</td>
</tr>
</table>

例題1

1、判斷：妳的父母感情不太好，爭吵較多，不過沒有離婚。

命主回饋：對，父母幾乎是整天吵架，但是整體感情還可以，我就是在這樣的環境中長大的。

解析：父母宮鈴星照文曲文昌（認死理、吵架）；兄弟宮（這是父親的妻子宮，就是母親宮）雖然天機平勢同度了天空截空等星，但是天喜祿存星較旺（有感情、感情較厚），而且子女宮（這是母親宮的夫妻宮）太陽天梁星廟旺（對丈夫還是尊重的，能承認丈夫是家裡的頂樑柱等）。

2、判斷：妳的兄弟姐妹有3個左右。他們結婚比妳早。

命主回饋：太神奇了，全對！一妹一弟。

解析：兄弟宮主星天機平勢，（天機星五行屬性為木，木的五行之數為3或8，因為天機星不旺，同度的左輔星也不旺，照的太陰星較旺，天機星能收納太陰星之五行氣，雖然不可能是8數，但是不應該低於3數）。兄弟宮天喜星照太陰紅鸞星（兄弟姐妹比命主結婚早）。

3、判斷：妳的性格，做事有魄力，很獨立，有管理能力、慷慨，花錢大方，但是有一定理財能力，很重視感情。整體給人印象比較平和、具有親和力，還有一點叛逆的影子。

命主回饋：您歸納我的性格簡直太對了。

解析：命宮紫微星（做事有魄力，很獨立，有管理能力）。命宮照貪狼星（慷慨，花錢大方）。命宮紫微星加會天相天府星（有一定理財能力）。命宮紫微星照貪狼星（很重視感情）。命宮紫微星加會天相和天府星（整體給人印象比較平和、具有親和力）。福德宮破軍地劫星（有一點叛逆）。

4、判斷：妳小時候，13歲以前小毛病比較多，體質較差。

命主回饋：對，很對。

解析：第一步大運起止4—13歲，本大運的命宮在辰位，七殺、陀羅星，照天刑星，並構成殺破狼組合（小時候主要的任務是長身體，這樣的大運命宮一般體質較差）。

5、判斷：妳的學歷一般，專科或者三本類型。

命主回饋：專科，當年本想復讀考本科呢！家窮父母不同意。

解析：命宮紫微星同度陷落的擎羊星，照貪狼星；官祿宮天才陷落，照七殺陀羅星；福德宮破軍地劫星。父母宮鈴星，照文曲文昌化科。（綜合判斷學歷為一般檔次）

6、判斷：妳的事業，企業辦公室或者自己經商的。

命主回饋：對，在打工。

解析：命宮紫微星，照貪狼星（自己做老闆經商，也可以是上班族）；財帛宮武曲天馬天相八座（企業或者文員），照破軍地劫星（不穩定、檔次低）；官祿宮天府天刑利勢的廉貞星，照七殺星（掙錢很費力，工作中有一些交際應酬等）。福德宮破軍地劫星（不喜歡受管束、愛好自由，喜歡獨立自主等）。（綜合判斷為私企文員或者自己經商的）

7、判斷：妳1997年有工作資訊，這一年有地點變化。

命主回饋：對，我這一年大專剛畢業，從一個城市換到另一個城市至今。

解析：在大運14—23歲之中的22歲，也就是1997年，這個大運的命宮在卯位，太陽天梁星（有動變）。流年1997年的命宮在亥位，流年遷移宮在巳位，天機星祿存星（動變地點，有工資了）；流年官祿宮太陽天梁星（受到領導認可，有工作了，能應聘成功等）。

8、**判斷**：妳 2008 年財運不好，經濟壓力較大。

命主回饋：對，2007 年、2008 年，我收入少，買了一間房，經濟非常吃緊。

解析：2008 年流年財帛宮在未位，鈴星合紫微星（工作上的收入、死工資，破費多）；流年田宅宮在寅位武曲天相星，照破軍（錢都花在房子上，破費多，吃緊）。

9、**判斷**：妳 2010 年財運也不好，但是有人幫助你。

命主回饋：對，2010 年和 2011 年這兩年，確實低迷，在經濟上確實有前男友幫助我，度過了難關。

解析：2010 年流年命在寅位，流年財帛宮在戌位，天府星同度利勢廉貞天刑天虛，照七殺陀羅星（努力減少開支，但是壓力很大）；流年夫妻宮在子位，貪狼星（有男朋友）；流年夫妻宮的財帛宮在申位，破軍地劫（這個男友破財、花耗多）。

10、後面的預測是圍繞命主未來的婚姻展開的，不再贅述。

<table>
<tr>
<td>天三封破
機臺誥碎
平平　陷
小耗　2015年　病
亡神　13～22　辛
病符　兄弟宮　巳</td>
<td>紫鈴天天
微星壽福
廟廟平平
青龍　衰
將星　3～12　壬
歲建　命宮　午</td>
<td>文文天陀天截天
昌曲鉞羅月空空
利旺旺廟　廟陷
力士　帝旺
攀鞍　113～122　癸
晦氣　父母宮　未</td>
<td>破祿地天天孤
軍存空馬姚辰
得廟廟旺陷平
博士　臨官
歲驛　103～112　甲
喪門　福德宮　申</td>
</tr>
<tr>
<td>七火天鳳寡年
殺星刑閣宿解
廟陷平陷陷廟
將軍　死
月煞　23～32　庚
弔客　夫妻宮　辰</td>
<td colspan="2" rowspan="2">坤造　庚　乙　癸　乙（日空午、未）
　　　午　酉　巳　卯

1命宮　2兄弟　3夫妻　4子女　5財帛　6疾厄
7遷移　8交友　9官祿　10田宅　11福德　12父母

甲干　廉貞-太陽　乙干　天機-太陰　丙干　天同-廉貞　丁干　太陰-巨門
戊干　貪狼-天機　己干　武曲-文曲
庚干　太陽-天同　辛干　巨門-文昌　壬干　天梁-武曲　癸干　破軍-貪狼</td>
<td>擎紅八臺
羊鸞座輔
陷旺廟
官府　2008年　冠帶
息神　93～102　乙
貫索　田宅宮　酉</td>
</tr>
<tr>
<td>太天右天咸天
陽梁弼喜池德
廟廟陷旺平平
祿
奏書　2013年　墓
咸池　33～42　己
天德　子女宮　卯</td>
<td>廉天龍旬華
貞府池空蓋
利廟陷陷平
伏兵　沐浴
華蓋　83～92　丙
官符　官祿宮　戌</td>
</tr>
<tr>
<td>武天地解天蜚
曲相劫神廚廉
得廟平廟
權
飛廉　絕
指背　43～52　戊
白虎　財帛宮　寅</td>
<td>天巨天天大龍
同門魁使耗德
不不旺陷平
忌
喜神　胎
天煞　53～62　己
龍德　疾厄宮　丑</td>
<td>貪恩天天天天陰
狼光貴才哭虛煞
旺平廟旺平陷
身宮
病符　2011年　養
災煞　63～72　戊
歲破　遷移宮　子</td>
<td>太左天天天劫月
陰輔官傷巫煞德
廟不旺旺
科
大耗　長生
劫煞　73～82　丁
小耗　交友宮　亥</td>
</tr>
</table>

例題2

1、判斷：妳父母感情不好，一直到妳14歲左右他們感情才慢慢改善，他們曾經的爭吵影像在妳大腦中該有記憶。

命主回饋：是的，我的父母感情一直不好，經常打架爭吵，對我的影響很大，我甚至看到陌生人吵架都會止不住的發抖。

解析：3—12歲大運命宮在辰位，大運父母宮在巳位，天機平勢三台封誥（天機平勢，喜新厭舊；三台，不只一個；封誥，沒有話說，不投緣）。母親宮在卯位，太陽化祿天梁咸池右弼天喜星，照紅鸞八座星

（太陽化祿咸池紅鸞天喜，多情多慾；天梁平勢天德，私通；右弼八座，不只一個）。

2、**判斷**：妳內向，話不多，但是生氣的時候反而敢說話，沉穩。有藝術才華，對周易有興趣。妳神經有點緊張，有神經衰弱傾向，比如說時常沒有安全感、覺得孤單。

命主回饋：是的，我自小內向，話不多，生氣的時候會咄咄逼人，沉穩，我對寫作很感興趣，對周易也感興趣，我的寫作能力還可以。是的，我有神經衰弱失眠的情況，時常會莫名害怕，沒有安全感，覺得沒人能夠理解我，身如浮萍。

解析：本命命宮紫微鈴星截空星，照貪狼星，加會武曲化權天相星，天府星（紫微武曲化權，嚴肅；武曲天府，內向，話少；紫微鈴星貪狼，爆發生氣以後就會咄咄逼人的敢說話；鈴星天府，陰沉穩重；紫微貪狼，有才華有藝術愛好並且對神祕文化有興趣等；紫微截空貪狼，多疑並且內心缺乏安全感；紫微鈴星貪狼，神經衰弱等）。

3、**判斷**：妳腸胃不太好，肛腸系統容易出現小毛病，比如容易出現大便乾燥情況等。

命主回饋：是的，我的腸胃自小不好，經常便祕，消化差，體質今年不好，最近胃病又犯了，吃不下東西。

解析：本命疾厄宮天同化忌巨門天魁星，照天鉞陀羅星（天同化忌巨門較弱，不暢快或不通等；巨門天魁天鉞，次數多；陀羅，速度慢。巨門星有腸胃之象）。疾厄宮的田宅宮在辰位，七殺火星鳳閣寡宿天刑，照天府星（七殺天府，肚腹或胃的毛病；火星天刑，疼痛灼熱等；鳳閣寡宿，宿便）。（總之，大便乾燥，胃和肛腸系統不舒服等）

4、判斷：妳在 2007 年、2008 年有升學機會。

命主回饋：我是 2008 年升學的。

解析：2008 年流年命宮在酉位，紅鸞八座台輔星，照太陽化祿天梁天喜（紅鸞天喜八座台輔，紅榜有名；太陽化祿天梁，順利通過）。流年官祿宮在丑位，天同化忌巨門天魁星，照天鉞陀羅星（本宮無文星。天同化忌巨門較弱，成績分數不高；天魁天鉞，但是也不低，官方擴招或者有加分因素等。總之屬於中等狀態）。流年父母宮在戌位，廉貞天府陷落的龍池星，照七殺星（廉貞七殺，誤差較多；天府龍池，腹中墨水有限）。（綜合判斷為大專檔次）

5、判斷：妳第一學歷普通，在大專檔次。

命主回饋：是的，我是大專學歷。

解析：本命命宮，照貪狼天才星（有才華，理解力強、聰明）。本命父母宮，文昌文曲同度陀羅截空星（文曲文昌兩個星實際上都不旺，而且同度凶煞星陀羅截空，一般檔次的文憑）。本命官祿宮，廉貞天府陷落的龍池星，照七殺星（廉貞七殺，誤差較多；天府陷落的龍池，腹中墨水有限）。（綜合判斷文化程度一般，專科檔次）

6、判斷：妳 2011 年有工作機會。

命主回饋：是的，2011 年有工作機會。

解析：2011 年流年命宮在子位，貪狼化祿天貴天才等星，加會七殺星，破軍祿存天馬星（貪狼化祿，找到飯碗；貪狼化祿天馬，出去掙錢；七殺，壓力比較大；破軍祿存，薪水或收入不算多）。流年官祿宮在辰位，七殺天刑火星等，照天府星（在招聘方的層層篩選和考試中掙扎努力，殺出重圍到達目的地）。

7、判斷：妳 2013 年破財，事業運差。父母也不順利，他們破財或者感情不好。

命主回饋：是的，2013 年破財，父母也不好，破財。

解析：2013 流年命宮在卯位，太陽化祿天梁天喜（太陽化祿，飛入流年父母宮為祿出，把錢給父母了，不存錢）。流年財帛宮在亥位，太陰化科劫煞旬空左幅不旺（太陰化科，飛入流年交友宮，把錢給朋友了，不存錢）。流年父母宮在辰位，七殺火星天刑等，照天府（父母各種雜事和是非而破財）。

8、判斷：妳 2015 年有戀愛，但是沒成，這一年最少有兩個人喜歡妳。

命主回饋：是的，2015 年也有人喜歡，不只兩個，但是都拒絕了。

解析：2015 年流年命宮在巳位，天機化祿化科三台封誥破碎星，照太陰化祿化忌（太陰化祿化忌，感情起起落落、東升西降的狀態；三台天機化祿化科，機會較多；封誥破碎太陰化祿化忌，最終沒有成）。流年交友宮在戌位，天府廉貞旬空華蓋龍池星，照七殺星，加會紫微鈴星（七殺利勢廉貞龍池，誘惑較多較強；天府華蓋旬空，矜持保守並且堅守；紫微化科鈴星，花兒凋謝、沒有成功）。

9、**判斷**：妳所學習的專業範圍一般會是商務、行銷性質的。同時，一般會在企業做事，做文員、財務等性質的工作。

命主回饋：是的，我的最初專業是商務英語，後來又轉學會計。我是在企業做事。我現在在做房地產銷售，但是一直沒有起色。

解析：本命命宮紫微鈴星截空等，加會武曲化權天相星，天府星，照貪狼星（紫微鈴星武曲化權天府，商務、企業、會計、財務等；武曲化權天府貪狼，商業、銷售、行銷等；天相貪狼，文員等）。

<table>
<tr>
<td>天左文天紅八天天大龍
機輔昌鉞鸞座使月耗德
平平廟旺旺廟平　陷
科
飛廉　2012年　長生
亡神　74～83　乙
龍德　疾厄宮　巳</td>
<td>紫火地天天
微星空壽福
廟廟廟平平
權
喜神　沐浴
將星　84～93　丙
白虎　財帛宮　午</td>
<td>封寡天
誥宿德
　不廟
病符　2014年　冠帶
攀鞍　94～103　丁
天德　子女宮　未</td>
<td>破鈴天恩天解天天
軍星馬光才神巫哭
得陷旺平廟不　廟
身宮
大耗　臨官
歲驛　104～113　戊
弔客　夫妻宮　申</td>
</tr>
<tr>
<td>七地天
殺劫虛
廟陷陷
奏書　養
月煞　64～73　甲
歲破　遷移宮　辰</td>
<td colspan="2" rowspan="2">乾造　壬　癸　丙　癸（日空寅、卯）
　　　戌　卯　午　巳

1命宮　2兄弟　3夫妻　4子女　5財帛　6疾厄
7遷移　8交友　9官祿　10田宅　11福德　12父母

甲干　廉貞-太陽　乙干　天機-太陰　丙干　天同-廉貞　丁干　太陰-巨門
戊干　貪狼-天機　己干　武曲-文曲
庚干　太陽-天同　辛干　巨門-文昌　壬干　天梁-武曲　癸干　破軍-貪狼</td>
<td>右文三天
弼曲臺廚
陷廟廟
伏兵　帝旺
息神　114～123　己
病符　兄弟宮　酉</td>
</tr>
<tr>
<td>太天天天截咸月
陽梁魁傷空池德
廟廟廟陷平平
祿
將軍　胎
咸池　54～63　癸
小耗　交友宮　卯</td>
<td>廉天陀天天華
貞府羅刑官蓋
利廟廟廟平平
官府　2005年　衰
華蓋　4～13　庚
歲建　命宮　戌</td>
</tr>
<tr>
<td>武天天龍
曲相姚池
得廟旺平
忌
小耗　2009年　絕
指背　44～53　壬
官符　官祿宮　寅</td>
<td>天巨破
同門碎
不不陷
青龍　墓
天煞　34～43　癸
貫索　田宅宮　丑</td>
<td>貪擎天鳳旬蜚陰年
狼羊貴閣空廉煞解
旺陷廟廟陷　　廟
力士　死
災煞　24～33　壬
喪門　福德宮　子</td>
<td>太祿天臺天孤劫
陰存喜輔空辰煞
廟廟旺　平陷
博士　病
劫煞　14～23　辛
晦氣　父母宮　亥</td>
</tr>
</table>

例題1

1、判斷：為人做事認真負責、客觀公正、有管理能力。有點固執獨斷、有點盲目衝動。不善於理財比如投資上缺乏規劃。容易相信別人而被騙。

命主回饋：對，很對，很對。

解析：本命命宮廉貞天府陀羅天刑星，合太陽天梁化祿天魁星（太陽天梁化祿天府，公正、責任心強、善於管理；天梁陀羅天刑，固執頑固；太陽廉貞陀羅天刑，上當受騙，過於熱情等；天府廉貞陀羅天刑，不

善於理財和投資）

2、判斷：你腰痠腿軟、眼睛乾澀、神經衰弱等。

命主回饋：對。

解析：本命疾厄宮天機左輔平勢，同度文昌天鉞天使天月紅鸞八座龍德等星（平勢的天機左輔，肝胃不和，神經衰弱，頭昏膝軟，眼睛乾澀；文昌紅鸞天月；肺熱；天月八座，病程長或者久病；龍德天鉞，無生命危險）。疾厄宮的官祿宮在酉位，右弼陷落文曲三台天廚，合七殺星（七殺文曲，陰虛之證，肺腎陰虛；三台天廚，需要吃藥）。

3、判斷：你中等身材，圓下巴，眼珠黃多黑少。

命主回饋：身材不高，下巴不圓，眼珠黃多黑少。

解析：本命命宮廉貞天府陀羅天刑（天府陀羅天刑，身材不高，下巴削瘦）。疾厄宮的官祿宮右弼陷落文曲三台天廚，合七殺星（七殺文曲右弼陷落，眼珠黃多黑少，耳朵小等）。

4、判斷：你母親文化低。與母親關係較淡薄或者沒有助益。

命主回饋：對，她沒上過學，母親只願為父親付出，和其他人感情都很淡。

解析：本命母親宮在酉位，右弼陷落文曲三台天廚，合七殺星（七殺文曲右弼陷落，文化低；三台天廚，圍著鍋臺轉的家庭主婦；七殺右弼陷落，沒有助益）。母親宮的官祿宮在丑位，巨門天同陷落旬空破碎（文化低，不出門，沒出去的消息等）。

5、判斷：你兄弟姐妹一共有兩三個。兄弟姐妹中有人折損、夭折。

命主回饋：兩個，對。

解析：右弼陷落文曲三台天廚，合七殺星（七殺右弼陷落，兄弟姐妹中有人夭折或流產；三台右弼陷落，三人折損一個為兩個；七殺在酉位，五行為金，金五行之數為4或9，取4數；七殺右弼陷落，數量嚴重減少。綜合判斷兩個）。

6、判斷：你學歷低，中學或者相當於中專的技校學歷。

命主回饋：初中。

解析：本命命宮利勢廉貞天府陀羅天刑，合太陽天梁化祿天魁星（太陽天梁化祿被天刑陀羅利勢的廉貞傷害了，容易在校期間出現違法、違規的事情，文化程度低）。官祿宮武曲化忌天相天姚龍池截空，合太陰祿存天喜（天相及平勢的龍池被太陰天喜天姚武曲化忌傷害了，容易在校期間早戀，文化程度低）。

7、判斷：你2005年有訂婚、結婚的機會。財運好轉。和妻子不是同一個省份的，或者說距離上很遠、幾百里等。妻子中等身材。妻子文化比你高一些。婚後第一胎是女兒。

命主回饋：同一個省份的，但不同市。其他都對。

解析：2005年，命運歲三級並臨，流年命宮在戌位，流年夫妻宮在申位，破軍天馬恩光天才天巫星，照天相天姚星（破軍天姚天相，同居或者結婚）。流年財帛宮紫微化權火星地空，照貪狼鳳閣天貴星（貪狼火星，刺激財運增長；紫微化權貪狼，拼命掙錢）。本命夫妻夫妻宮天馬星在申位（妻子距離遠）。流年夫妻宮在申位，破軍天馬恩光天才天巫星，照天相天姚星（破軍天相星，個頭不高；天相天才天巫，有文化）。夫妻宮的官祿宮在子位貪狼鳳閣天貴，照紫微化權火星（有文化，文化比你高）。本命子女宮鳳閣寡宿天德星，合紫微化權火星（有唯一女孩）。

8、判斷：你2009年事業好轉，有調整。

命主回饋：對。

解析：2009年流年命宮在寅位，流年官祿宮在午位，紫微化權火星地空，照貪狼鳳閣天貴（火星地空，困難解除；紫微化權，事業比較順利；紫微化權貪狼，事業有調整變化）。

9、判斷：你2012職業上壓力大，領導不重用。

命主回饋：對。

解析：2012流年命宮在巳位，流年官祿宮在酉位，右弼陷落文曲三台天廚星，合七殺星（七殺右弼陷落，領導不重用，壓力大；七殺天廚文曲，領導訓斥是家常飯；三台，多次、經常如此）。

10、判斷：你2014年身體不好、有加重的可能，需要就醫吃藥。

命主回饋：從2012年開始吃藥，逐年加重。

解析：2014年流年命宮在未位，流年疾厄宮在寅，武曲化忌天相天姚龍池截空，合太陰化忌（武曲化忌太陰化忌，身體不好，破費較多；天相主醫生）。疾厄宮的官祿宮在午位，紫微化權科火星地空天壽天福星，照貪狼天貴鳳閣（紫微化權科天貴鳳閣，權威醫院的診斷結果；紫微化權科貪狼，權威醫生的診斷結果：天壽天福地空，很受罪很難受；火星，加重）。

11、判斷：你這個命一般是在企業，一般會做管理性質工作。

命主回饋：對。

解析：本命命宮利勢廉貞天府陀羅天刑，合太陽天梁化祿天魁星（太陽天梁化祿被天刑陀羅利勢的廉貞傷害了，無法進入機關單位，可以進入商業場所做點管理事務）。官祿宮武曲化忌天相天姚龍池截空，合太陰祿存天喜（武曲化忌太陰，商業部門或者較小的生產企業；天相天姚，較為體面的文職）。

<table>
<tr>
<td>天陀火鳳天天年
機羅星閣使廚解
平陷得廟平　旺
科
長生
力士
指背　54～63　乙
歲建　疾厄宮　巳</td>
<td>紫文祿解天咸陰
微曲存神空池煞
廟陷廟廟廟陷
養
博士
咸池　44～53　丙
晦氣　財帛宮　午</td>
<td>擎天天蜚
羊刑壽廉
廟陷旺
2012年　胎
官府
月煞　34～43　丁
喪門　子女宮　未</td>
<td>破文臺孤
軍昌輔辰
得得　平
2013年　絕
伏兵
亡神　24～33　戊
貫索　夫妻宮　申</td>
</tr>
<tr>
<td>七天恩封寡
殺喜光誥宿
廟陷廟　陷
沐浴
青龍
天煞　64～73　甲
病符　遷移宮　辰</td>
<td colspan="2" rowspan="2">乾造　丁　壬　辛　庚（日空寅、卯）
　　　巳　子　亥　寅

1命宮　2兄弟　3夫妻　4子女　5財帛　6疾厄
7遷移　8交友　9官祿　10田宅　11福德　12父母

甲干　廉貞-太陽　乙干　天機-太陰　丙干　天同-廉貞　丁干　太陰-巨門
戊干　貪狼-天機　己干　武曲-文曲
庚干　太陽-天同　辛干　巨門-文昌　壬干　天梁-武曲　癸干　破軍-貪狼</td>
<td>天地龍破
鉞空池碎
廟廟廟平
墓
大耗
將星　14～23　己
官符　兄弟宮　酉</td>
</tr>
<tr>
<td>太天八天天
陽梁座才傷
廟廟平旺陷
冠帶
小耗
災煞　74～83　癸
弔客　交友宮　卯</td>
<td>廉天紅天大月
貞府鸞月耗德
利廟陷　平
死
病符
攀鞍　4～13　庚
小耗　命　宮　戌</td>
</tr>
<tr>
<td>武天左天天天截劫天
曲相輔貴官巫空煞德
得廟廟平平　陷　平
身宮
臨官
將軍
劫煞　84～93　壬
天德　官祿宮　寅</td>
<td>天巨地天華
同門劫哭蓋
不不陷廟陷
權忌
2008年　帝旺
奏書
華蓋　94～103　癸
白虎　田宅宮　丑</td>
<td>貪右鈴旬龍
狼弼星空德
旺廟陷陷
衰
飛廉
息神　104～113　壬
龍德　福德宮　子</td>
<td>太天天天三天天
陰魁馬姚臺福虛
廟旺平陷平廟平
祿
病
喜神
歲驛　114～123　辛
歲破　父母宮　亥</td>
</tr>
</table>

例題2

1、判斷：你祖輩人已不全了。

命主回饋：嗯，爺爺、奶奶均已不在，父母還健在。

解析：34—43歲大運命宮在巳，大運福德宮在未位，擎羊天刑天壽星，照天哭星（祖輩人已盡天壽）。

2、判斷：逞強好勝、堅持己見、固執、強勢、有點獨斷，也很有能力，有頭腦。做事容易反覆和背叛。脾氣倔強還很清高，誰的話都聽不進去，所以人際關係差。

命主回饋：對，好勝，固執，做事容易背叛和反覆，太對了還得罪人。

解析：本命命宮廉貞天府紅鸞星，照七殺星，加會紫微星，武曲天相星左輔星（利勢廉貞七殺武曲，逞強、好勝心強；七殺天府，固執、獨斷；紫微天府左輔，強勢、有能力、有頭腦；利勢廉貞，狡猾、狡詐、反覆、背叛等；紫微左輔武曲，清高；七殺利勢廉貞，脾氣倔強，人際關係差）。福德宮貪狼右弼鈴星旬空龍德星，加會七殺破軍星（貪狼七殺，有頭腦、聰明、任性、逞強；破軍七殺，人際關係差）。

3、判斷：你身高172左右，不瘦，長臉，尖下巴。

命主回饋：嗯。身高171左右，結婚後不瘦，長臉。

解析：本命命宮廉貞天府星，照七殺恩光封誥星（天府廉貞，中等身材偏低一點；天府，較胖或者說不瘦，但是不屬於肥胖型；七殺天府，長臉）。疾厄宮天機化權火星鳳閣（天機在巳位化權，臉型削瘦；天機鳳閣，長臉；火星天機，下巴尖削）。疾厄宮的官祿宮在酉位，天鉞地空龍池星，照太陽天梁（太陽星中等略矮胖身材，身高170—172公分之間）。

4、判斷：你該有一個弟弟或者哥哥。你被他拖累較多。

命主回饋：有一弟弟，太對了。曾經去日本打工，但是回來後弟弟出事，錢幾乎都給弟弟花了，煩人。

解析：本命兄弟宮天鉞地空龍池星，照太陽天梁（太陽地空，耗散而空；天鉞地空，耗財；天鉞天梁，有溝通、有互動；太陽天梁，能互助；天梁地空，阻擋增加收入）。

5、**判斷**：你已離開家鄉居住生活。

命主回饋：很早就離開家　但是目前生活的地方距離家不遠。

解析：本命遷移宮七殺星，照天府星（七殺主向外和裂開等；七殺組合成殺破狼結構本身就具有不穩定屬性，容易多變地點；天府主家鄉主省內範圍）。

6、**判斷**：你學歷低，混跡社會較早。

命主回饋：對，技工學校畢業，很早離家。

解析：本命命宮無文星。官祿宮天相左輔天官天貴，照破軍文昌（天相左輔同度的天官天貴兩個星很弱，文化程度低；破軍天相左輔天貴天官，文化低；破軍文昌，技術類文憑）。福德宮貪狼右弼鈴星陷落（人還是很聰明）。父母宮太陰化祿天魁星，加會太陽天梁星（有才華，好動，不愛學習，父親有工作等）。

7、**判斷**：你做過保安、技術性工作、業務開拓等性質工作。工作不穩定，沒有正式的工作，總想賺大錢。

命主回饋：嗯，做過業務員。對，總是動盪，目前自己做點小生意。對，可能是因為窮，總想賺大錢。

解析：本命官祿宮武曲天相左輔星，照破軍文昌星，加會紫微天府星（武曲破軍星，技術性工作或者業務拓展形式工作；紫微天府破軍武曲，保安形式工作；天相左輔照破軍，難有穩定的工作；武曲紫微天府，大錢、發財；破軍武曲紫微天府，異想天開，總想著有所突破賺大錢等）。

8、判斷：你晚婚，30歲以後訂婚、結婚的，年份可以是2008年或2010年。你和妻子出生地之間距離遠。妻子能幹善良、有文化，身高160以下，方圓臉。婚後頭胎是男孩。

命主回饋：對，32結婚。是2008年。是的，跨了幾個省，距離遠。對，能幹、善良、本科學歷，身高158，方圓臉。是男孩。

解析：夫妻宮破軍文昌孤辰星，照天相武曲星，加會七殺星貪狼星（晚婚，否則二婚）。2008年流年命宮在丑位，流年夫妻宮在亥位，太陰化祿天魁天姚天福星，加會太陽天梁星（戀愛並結婚）。本命夫妻宮在申位，夫妻宮的田宅宮在亥位，太陰化祿天馬天魁三台星，加會太陽天梁星（太陰太陽天馬天梁星，距離遠；三台天梁星，跨越多個省份）。本命夫妻宮破軍文昌星，照武曲天相左輔星（破軍武曲，能幹，有能力；天相文昌左輔，有文化；破軍武曲天相星，中等略矮的身高，一般不高於160公分；武曲天相文昌主方圓臉型）。本命子女宮擎羊星，加會太陽天梁星（太陽天梁星主男孩）。

9、判斷：你妻子家的情況是岳母當家說了算。你岳母有能力，掙工資有工作，收入穩定。

命主回饋：岳母當家，呵呵。對，岳母退休前是在電視臺工作的。

解析：本命夫妻宮在申位，夫妻宮的母親宮是岳母宮在未位，擎羊天刑蜚廉，照天哭星（脾氣暴躁，不好惹，在家中是說了算的人）。岳母宮的官祿宮在亥位，太陰天魁三台天福天姚天馬星，加會太陽天梁天才星（太陽天梁三台天魁，事業單位的工作；太陰天姚天福，藝術文娛性質和福利性質等）

10、判斷：你 2012 年、2013 年口舌多、是非多，不是內憂就是外患。

命主回饋：對，這幾年內憂外患都有，口舌是非太多。

解析：2012 年流年命宮在未位，擎羊天刑蜚廉，照天哭星（多是非，多苦惱，多糾紛等）。2013 年流年命宮在申位，破軍文昌孤辰星，加會破軍封誥星，貪狼右弼星（多是非，多口舌等）。

<table>
<tr>
<td>巨天鈴天天孤蜚破
門鉞星馬福辰廉碎
旺旺得平旺陷　陷
權
喜神　　　　　　絕
歲驛　16～25　丁
喪門　兄弟宮　巳</td>
<td>廉天地天天天解
貞相劫喜貴官神
平廟廟廟廟廟廟
飛廉　　　　　墓
息神　6～15　戊
貫索　命 宮　午</td>
<td>天龍鳳年華
梁池閣解蓋
旺廟陷得陷
奏書　2004年　死
華蓋　116～125　己
官符　父母宮　未</td>
<td>七天大劫月
殺刑耗煞德
廟陷陷
身宮
將軍　2005年　病
劫煞　106～115　庚
小耗　福德宮　申</td>
</tr>
<tr>
<td>貪火地旬天陰
狼星空空空煞
廟陷陷陷廟
忌
2012年
病符　1990年　胎
攀鞍　26～35　丙
晦氣　夫妻宮　辰</td>
<td colspan="2" rowspan="2">乾造 癸　乙　癸　己(日空申、酉)
　　 卯　丑　未　未

1命宮　2兄弟　3夫妻　4子女　5財帛　6疾厄
7遷移　8交友　9官祿　10田宅　11福德　12父母

甲干 廉貞-太陽　乙干 天機-太陰　丙干 天同-廉貞　丁干 太陰-巨門
戊干 貪狼-天機　己干 武曲-文曲
庚干 太陽-天同　辛干 巨門-文昌　壬干 天梁-武曲　癸干 破軍-貪狼</td>
<td>天天封天
同才誥虛
平旺　旺
小耗　1995年　衰
災煞　96～105　辛
歲破　田宅宮　酉</td>
</tr>
<tr>
<td>太左文天八天
陰輔昌魁座哭
陷陷利廟平廟
科
2011年
大耗　1989年　養
將星　36～45　乙
歲建　子女宮　卯</td>
<td>武恩龍
曲光德
廟廟
青龍　2007年　帝旺
天煞　86～95　壬
龍德　官祿宮　戌</td>
</tr>
<tr>
<td>紫天天
微府月
旺廟
1999年
伏兵　1988年　長生
亡神　46～55　甲
病符　財帛宮　寅</td>
<td>天擎天臺截寡
機羊使輔空宿
陷廟陷　不平
2009年
官府　1998年　沐浴
月煞　56～65　乙
弔客　疾厄宮　丑</td>
<td>破祿紅天咸天
軍存鸞姚池德
廟廟廟陷陷廟
祿
博士　1987年　冠帶
咸池　66～75　甲
天德　遷移宮　子</td>
<td>太右文陀三天天天天
陽弼曲羅臺壽傷巫廚
陷平旺陷平旺旺
力士　1986年　臨官
指背　76～85　癸
白虎　交友宮　亥</td>
</tr>
</table>

例題1

1、判斷：你處世隨和、自在、俠義，但是內心自有主張、疑心重、報復心較強。

命主回饋：嗯，是疑心重，報復心是比較大，不過人在江湖外圓內方嘛。

解析：本命命宮廉貞天相地劫天喜天官天貴解神星，加會紫微天府星，武曲恩光星，照破軍化祿紅鸞祿存天德星（天相天喜解神，隨和自在；天官天貴紫微天府武曲，自有主張，有管理能力和韜略；地劫廉貞，好酒色，固執任性）。福德宮七殺天刑劫煞月德星，合巨門天鉞鈴星，加會破軍化祿祿存紅鸞（七殺天刑，暴躁、固執、多疑、傷害等；巨門鈴星，狹隘多疑、勇武等）。

2、判斷：你兄弟姐妹中姐妹多兄弟少，你是獨子，三、四個姐妹。

命主回饋：我是獨子，姐妹三個。

解析：本命兄弟宮巨門化權天鉞鈴星天福旬空孤辰星等（旬空孤辰鈴星，獨子；巨門星旺勢，巨門五行為水，水五行之數為1或6，天鉞鈴星，傷害或者流產兩個，所以取4數，一共4個）。

3、判斷：你第一學歷低，初中畢業或者高中的情況。

命主回饋：嗯，沒有什麼文化，初中剛畢業，工作後進修到了大專。

解析：本命命宮無文星。官祿宮照貪狼化忌（貪狼化忌後仍然處於旺勢，能力強，聰明）。父母宮天梁龍池鳳閣年解，照擎羊（文化不高但是湊合，有後續學歷）。福德宮七殺天刑，合巨門化權天鉞鈴星（很上進）。（綜合判斷第一學歷低中學中專等）

4、判斷：你適合軍人、警員，其次是法律醫療等事業。

命主回饋：我當兵出身，現在是員警。

解析：本命官祿宮武曲恩光龍德星，加會天相天官天貴，照貪狼化忌（天相天官天貴恩光龍德，事業單位；武曲貪狼化忌，金融或武職軍人員警；天相武曲天官天貴恩光龍德，法律或醫療）。

5、判斷：你的婚姻在1988—1990年之間。

命主回饋：我是1990年結婚的

解析：1990年流年命宮在辰位，流年夫妻宮在寅位，紫微天府星，加會天相天喜天官等星（獲得官方的結婚證件）。流年夫妻宮的官祿宮在午位，廉貞天相天喜天官天貴星等，照破軍化祿紅鸞祿存星等，加會紫微天府星，武曲化權等（辦理結婚登記）。

6、判斷：你家後代一男一女，先見男孩。

命主回饋：嗯，兒子是老大，1995年才生女兒。

解析：本命子女宮太陰陷落化科、左輔陷落、文昌、天魁、八座星等（子女宮宮氣弱，為男孩）。1995年流年命宮在酉位，流年子女宮在午位，廉貞天相天喜天官天貴星等，照破軍化祿紅鸞祿存星等，加會紫微天府星，武曲恩光星等（天喜紅鸞，生育之喜；紫微廉貞武曲破軍化祿，為女孩）。

7、判斷：你在1986—1989年之間運氣不錯，領導很器重你。

命主回饋：嗯對，那幾年有點職務，排長、連長都做過。

解析：1986年流年命宮在亥位，流年官祿宮在卯位，太陰化科左輔文昌天魁八座星等（受領導重視）。1987年流年命宮在子位，流年官祿宮在辰位，貪狼火星天空，照武曲恩光龍德星，加會破軍化祿祿存星（專注努力受到嘉獎或提拔等）。1988年流年命宮在寅位，流年官祿宮在午位，天相天官天貴星等，加會紫微天府星，武曲化權恩光星等（晉級或者漲工資等）。1989年流年命宮在卯位，流年官祿宮在未位，天梁化科龍池鳳閣華蓋星等，武曲化祿權飛入，照擎羊（立功而升職晉級等）。

8、**判斷**：你1998年和1999年運氣不錯，該有業績。

命主回饋：對，那兩年職稱升了一格，幹活也比較有勁。

解析：1998流年命宮在丑位，流年官祿在巳位，巨門天鉞鈴星天馬，照文曲星（經過努力和競爭能升職）。1999流年命宮在寅位，流年官祿宮在午位，天相天官天貴星等，加會紫微天府星，武曲化祿恩光星等（升職加薪等）。

9、**判斷**：你2004、2005年事業順利，有職務升遷。

命主回饋：對，那兩年升職並任副所長。

解析：2004年流年命宮在未位，流年官祿宮在亥位，太陽右弼文曲三台天巫天廚星等，照巨門化權天鉞（升遷升職或者調動）。2005年流年命宮在申位，流年官祿宮在子位，破軍化祿祿存天德星等，照天相天官天貴地劫天喜星等（經過努力調動成功，升遷）。

10、判斷：你2007年有外財。

命主回饋：嗯，財運還行。

解析：2007流年命宮在戌位，流年財帛宮在午位，天相廉貞地劫天喜天官天貴解神星，加會紫微天府星，武曲化祿恩光星，照破軍紅鸞祿存天德星（廉貞地劫破軍，冒險、張狂；天相解神破軍，無視規則；紫微天府武曲化祿，大量財物等）。

11、判斷：你2009年事業不順利。

命主回饋：嗯，是不順利，出了點事。

解析：2009流年命宮在丑位，流年官祿宮在巳位，巨門天鉞鈴星天馬旬空孤辰蜚廉破碎星，照文曲化忌（被剝奪權力，被別人議論紛紛，是非官非等）。

12、判斷：你2011、2012年這幾年財運不好，那你應該是來問財運的，這年齡不該是問官運吧。

命主回饋：嗯對，呵呵……

解析：2011年流年命宮在卯位，流年財帛宮在亥位，太陽陷落化權、右弼平勢、文曲化科、天傷天巫星等，照巨門化祿旬空天鉞鈴星等（較大項目的投資耗費，進展不順利，多是非）。2012年流年命宮在辰位，流年財帛宮在子位，破軍紅鸞祿存天德截空星，照天相地劫天喜天官天貴星等（有管理人員「吃拿卡要」，破耗財物）。

<table>
<tr>
<td>巨天鳳天臺年
門鉞閣福輔解
旺旺廟旺　旺
權
奏書　　臨官
指背　116～125　丁
歲建　兄弟宮　巳</td>
<td>廉天天旬天咸
貞相官空空池
平廟廟廟廟陷
飛廉　1978年　帝旺
咸池　6～15　戊
晦氣　命 宮　午</td>
<td>天左右天蜚
梁輔弼貴廉
旺廟廟旺
喜神　　衰
月煞　16～25　己
喪門　父母宮　未</td>
<td>七孤陰
殺辰煞
廟平
病符　1989年　病
亡神　26～35　庚
貫索　福德宮　申</td>
</tr>
<tr>
<td>貪天天寡
狼喜姚宿
廟陷陷陷
忌　身宮
將軍　　冠帶
天煞　106～115　丙
病符　夫妻宮　辰</td>
<td colspan="2" rowspan="2">坤造 癸　丁　己　乙 (日空戌、亥)
　　 巳　巳　巳　亥

1命宮　2兄弟　3夫妻　4子女　5財帛　6疾厄
7遷移　8交友　9官祿　10田宅　11福德　12父母

甲干 廉貞-太陽　乙干 天機-太陰　丙干 天同-廉貞　丁干 太陰-巨門
戊干 貪狼-天機　己干 武曲-文曲
庚干 太陽-天同　辛干 巨門-文昌　壬干 天梁-武曲　癸干 破軍-貪狼</td>
<td>天鈴龍天破
同星池壽碎
平得廟平平
大耗　2008年　死
將星　36～45　辛
官符　田宅宮　酉</td>
</tr>
<tr>
<td>太文天恩
陰曲魁光
陷旺廟廟
科
小耗　　沐浴
災煞　96～105　乙
弔客　子女宮　卯</td>
<td>武地紅解大月
曲劫鸞神耗德
廟平陷廟平
伏兵　　墓
攀鞍　46～55　壬
小耗　官祿宮　戌</td>
</tr>
<tr>
<td>紫天火八天劫天
微府星座月煞德
旺廟廟廟　　平
2013年
青龍　1995年　長生
劫煞　86～95　甲
天德　財帛宮　寅</td>
<td>天擎天封截天華
機羊使誥空哭蓋
陷廟陷　不廟陷
力士　2003年　養
華蓋　76～85　乙
白虎　疾厄宮　丑</td>
<td>破祿地天三龍
軍存空刑臺德
廟廟平平平
祿
2002年
1993年
博士　1984年　胎
息神　66～75　甲
龍德　遷移宮　子</td>
<td>太文陀天天天天天天
陽昌羅馬才傷巫廚虛
陷利陷平廟旺　　平
官府　1992年　絕
歲驛　56～65　癸
歲破　交友宮　亥</td>
</tr>
</table>

例題２

1、判斷：妳父親是個有身份的人，有點權力。妳母親脾氣不太好，有點剛烈。妳父親的兄弟姐妹有五個左右。

命主回饋：對，我父親是村長，幹了二十多年村幹部。母親脾氣不好。父親兄妹六個。有一個叔叔過繼給別人家了，加上他就是七個。

解析：本命父母宮天梁左輔右弼天貴星，照擎羊天哭封誥星（天梁左輔右弼天貴封誥，有身份、有領導和統帥能力；擎羊封誥，職位小）。父母宮的財帛宮在卯位，太陰化科文曲天魁恩光（拿國家工資的人，但是錢不多）。父母宮的官祿宮在亥位，太陽文昌天傷天馬天巫天廚天才星，照巨門天鉞鳳閣天福星（巨門天鉞太陽文昌天馬天巫，有做管理和領導的機會，但是宮氣弱所以權力範圍不大、職位小）。母親宮在巳位，巨門天鉞鳳閣天福台輔星，合七殺星（巨門七殺星，能言善道，剛烈）。父母宮天梁左輔右弼天貴旬空星，照擎羊天哭封誥星（天梁星廟旺，五行屬土，土五行之數為5或10，天梁左輔右弼，比5數大而定為7數；旬空擎羊天哭封誥，有流產或者過繼的人）

2、**判斷：**妳的為人很爽快、敢說敢做、有領導能力、精明幹練，是個能人。

命主回饋：算是個能人吧！在村裡我是婦女主任，負責計畫生育和婦聯工作，我是黨員，是村支部成員。

解析：本命命宮廉貞天相天官旬空天空咸池星，照破軍化祿祿存星，加會天府火星八座星，武曲星（天官破軍化祿火星八座武曲，敢說敢做、爽快；天官天府武曲八座，有領導能力、精明能幹）。福德宮七殺星，合巨門天鉞鳳閣天福台輔星，照天府火星八座劫煞星（七殺巨門天鉞火星，敢說敢做；巨門火星七殺，為人爽快；七殺天府，具有領導能力、有勇有謀）。

3、**判斷：**妳從19歲左右就很活躍，表現出超強的領導能力。

命主回饋：呵呵，對，19歲就是村裡的積極份子。那個時代，村裡也常開會，我都是要發言的，村裡的活動我都會參與組織和安排。20歲村裡送我學習了計生技術。

解析：16—25歲的大運命宮在巳位，而中運18—20歲的命宮在巳位，巨門天鉞鳳閣天福台輔星等，合七殺星（巨門鳳閣台輔，走出閨閣到台前，比喻活躍於社會事務中，巨門七殺，有勇有謀善於領導）。

4、**判斷：**妳在1974、1975年就有點權力了，擔任一些職務。

命主回饋：對，1974年就是村裡的婦女代表，還擔任計畫生育工作。

解析：16—25歲的大運命宮在巳位，而中運21—23歲的命宮在丑位，擎羊天哭封誥星等，照天梁左輔右弼天貴星（天梁左輔右弼天貴，做管理性質工作；擎羊天梁星，參與一些社會運動或者婦產接生工作）。中運21—23歲的官祿宮在巳位，巨門天鉞鳳閣天福台輔星等，合七殺星（巨門七殺天鉞，很活躍；巨門七殺鳳閣，在婦女中活躍，領導婦女，做婦聯性質的工作等）。

5、**判斷：**妳事業心強，在工作上小人較多，不過最後都是妳勝利。但是婚姻比較晚。1978—1980年之間結婚的。在家裡也是妳說了算。

命主回饋說：是啊是啊，幾十年在村委會，領導班子換了很多屆，我始終都是婦女主任，小人、是非也不少，他們都沒拿我怎麼樣。那個時代正在號召晚婚、晚育，我是比較晚婚，1978年結婚的。

解析：本命官祿宮武曲地劫大耗紅鸞解神星，照貪狼化忌，加會天相星（地劫貪狼化忌，小人是非等；天相紅鸞解神，以柔克剛，盡量不紅臉）。本命命宮天相星等（天相坐命一般會晚婚）。夫妻宮貪狼化忌天姚天喜寡宿，照武曲星（貪狼天姚天喜，追求者多、戀愛機會多；貪狼化忌寡宿武曲，較晚婚）。同時，大運16—25歲的大運夫妻宮在卯位，太陰化科化忌文曲恩光天魁星（太陰化科化忌文曲，婚前的感情有周折、有分手或者退婚等經歷，所以25歲之前難以成婚）。流年1978年的流年命宮在午位，天相咸池星等，照破軍祿存星（同居或結婚）。流年夫妻宮在辰位，廉貞化忌貪狼天喜天姚星等，照武曲月德星（結婚或懷孕）。

6、**判斷：**妳家孩子不多，一男一女，或者兩個女孩、一個男孩。妳的命顯示妳有一個孩子傷剋了，時間應該是1984、1985年這兩年中。

命主回饋說：現在孩子是一男一女，女孩是後來收養姐姐家的。對，有這回事，1984年，一個兒子淹死了，才3歲。

解析：本命子女宮太陰化科文曲天魁恩光星，合武曲星，照鈴星龍池星（恩光太陰化科，收養的女孩；太陰化科文曲龍池鈴星，流產或者溺水而亡等；太陰化科天魁，一男一女；太陰星之本宮主星，太陰五行為水，水五行之數為1或6，太陰化科天魁，應該比1多）。1984年流年命宮在子位，流年子女宮在酉位，天同化祿鈴星天壽破碎龍池，合貪狼化忌，照文曲天魁（小男孩死於溺水）。

7、**判斷**：1988、1989年妳父親不順利，身體不好。

命主回饋說：父親在1989年病逝，1988年就已經病了。

解析：1989年流年命宮在申位，流年父親宮在酉位，天同化權鈴星天壽破碎龍池，合貪狼化權，照文曲化忌天魁（生命交關）。父親宮的官祿宮在丑位，天機化科擎羊封誥天使天哭截空星，照天梁化科左輔右弼天貴星（天貴天梁化科天機化科擎羊封誥，名字被官方劃掉、註銷；天使天哭截空，死亡）。

8、**判斷**：90年代後妳家很快富起來了，1992、1993、1995年家裡收穫不錯。

命主回饋：那些年承包果園收入是不錯。不過那幾年因為果園的事是非不少。

解析：1992年流年命宮在亥位，流年財帛宮在未位，天梁左輔右弼天貴星，照擎羊天哭星等（天梁星，勤奮而收穫穩定；左輔右弼，收入不只一個來源；擎羊天哭，多是非）。1993

年流年命宮在子位，流年財帛宮在申位，七殺陰煞星等，合巨門化權天鉞星等，照紫微天府火星劫煞等（巨門化權天鉞紫微天府星，善於管理經營獲得收穫；七殺陰煞火星劫煞，多是非爭鬥）。1995 年流年命宮在寅位，紫微化科天府火星八座劫煞星，加會天相天官星，武曲星，照七殺星（紫微化科天府武曲，善於理財，努力經營獲得收入；火星劫殺七殺，多是非）。

9、**判斷：**妳 2002、2003 年那幾年花耗多。

命主回饋：那幾年在蓋房子，都翻蓋成三層樓了，是花不少錢。大兒子結婚也花不少錢。

解析：2002 年流年命宮在子位，流年財帛宮在申位，七殺星，合巨門天鉞鳳閣天福，照紫微化權天府火星八座劫煞等（巨門鳳閣天府八座，蓋房子；天府火星劫煞，花錢或破財；紫微化權七殺，精打細算）。流年田宅宮太陰文曲天魁恩光星，照鈴星，合武曲星（太陰文曲恩光，裝修房子；鈴星武曲，破費花耗）。2003 年流年命宮在丑位，流年財帛宮在酉位，天同鈴星破碎龍池，合貪狼化忌，照文曲天魁（天同貪狼化忌文曲龍池，生活鋪張浪費奢侈；破碎鈴星，花耗錢財）。流年子女宮在戌位，武曲地劫紅鸞大耗月德解神，加會天相星，合文曲天魁星等（武曲地劫大耗解神，破財、花錢等；紅鸞天相文曲，喜慶之事）。

10、**判斷：**妳 2008 年收穫不錯。

命主回饋：是啊，那幾年光收房租就一年不少錢呢！2008 年大兒子工作了也有收入。

解析：2008 年流年命宮在酉位，流年財帛宮在巳位，巨門天鉞鳳閣天福星等（來錢管道較廣）。流年子女宮在午位，流年子女宮的官祿宮在戌位，武曲化祿解神月德，照貪狼化權祿，合文曲恩光天魁星，（兒子找到收入較好的工作）。

11、**判斷：**妳 2013 年家裡收入不少。

命主回饋：村裡 2010 年開發高層樓盤，2013 年分到了三套房子。你算的還可以，我這次來主要是看看大兒子的事情……

解析：2013 流年命宮在寅位，流年財帛宮在戌位，武曲化祿解神月德，照貪狼化忌權，合文曲恩光天魁星（收入好），流年田宅宮在巳位巨門化權天鉞鳳閣天福星（巨門化權天鉞鳳閣，擁有了多套房子）。

<table>
<tr>
<td>廉貪文八劫天
貞狼曲座煞德
陷陷廟廟　旺
小耗　2008年　長生
劫煞　114～123　辛
天德　父母宮　巳</td>
<td>巨天天
門貴福
旺廟平
身宮
青龍　1998年　養
災煞　104～113　壬
弔客　福德宮　午</td>
<td>天左右天陀紅臺截寡
相輔弼鉞羅鸞輔空宿
得廟廟旺廟陷　廟不
力士　2010年　胎
天煞　94～103　癸
病符　田宅宮　未</td>
<td>天天祿陰
同梁存煞
旺陷廟
忌
博士　2011年　絕
指背　84～93　甲
歲建　官祿宮　申</td>
</tr>
<tr>
<td>太天蜚華
陰姚廉蓋
陷陷　廟
科
將軍　沐浴
華蓋　4～13　庚
白虎　命宮　辰</td>
<td colspan="2" rowspan="2">坤造 庚 辛 己 乙 (日空午、未)
　　 申 巳 丑 丑

1命宮 2兄弟 3夫妻 4子女 5財帛 6疾厄
7遷移 8交友 9官祿 10田宅 11福德 12父母

甲干 廉貞-太陽 乙干 天機-太陰 丙干 天同-廉貞 丁干 太陰-巨門
戊干 貪狼-天機 己干 武曲-文曲
庚干 太陽-天同 辛干 巨門-文昌 壬干 天梁-武曲 癸干 破軍-貪狼</td>
<td>武七文擎三天天咸破
曲殺昌羊臺傷空池碎
利旺廟陷廟平旺平平
權
官府　2012年　墓
咸池　74～83　乙
晦氣　交友宮　酉</td>
</tr>
<tr>
<td>天火封大龍
府星誥耗德
得利　不
奏書　冠帶
息神　14～23　己
龍德　兄弟宮　卯</td>
<td>太地恩解天
陽空光神哭
不陷廟廟平
祿
伏兵　死
月煞　64～73　丙
喪門　遷移宮　戌</td>
</tr>
<tr>
<td>天鳳天天天天年
馬閣壽廚月虛解
旺廟旺　　旺廟
飛廉　臨官
歲驛　24～33　戊
歲破　夫妻宮　寅</td>
<td>紫破天天月
微軍魁喜德
廟旺旺陷
喜神　2015年　帝旺
攀鞍　34～43　己
小耗　子女宮　丑</td>
<td>天地天龍天旬
機劫刑池才空
廟陷平旺旺陷
病符　2014年　衰
將星　44～53　戊
官符　財帛宮　子</td>
<td>鈴天天天孤
星官使巫辰
利旺旺　陷
大耗　病
亡神　54～63　丁
貫索　疾厄宮　亥</td>
</tr>
</table>

例題1

1、判斷：妳溫柔隨和，比較愛幻想、愛自由，追求生活品質、比較愛享受實際生活，但是獨立自主，思想負擔重，想得多做得少，最後歸於平淡知足，思想上會自我解脫。

命主回饋：完全準確。是的，雖然愛享受，但也滿足於平淡的生活。

解析：本命命宮太陰星陷落，同度天姚華蓋星，照恩光解神星（陷落的太陰天姚星，愛享受、追求實際、講究品質、愛幻想，想得多做得少；華蓋恩光解神，思想上自我解脫歸於平靜）。福德宮巨門天貴截空星，照天機星（巨門天機，思想負擔重，詭計多端；巨門，愛自由、獨立；天機，愛幻想、靈光閃現、思維敏銳）。

2、**判斷**：妳身高不高，162 以下，皮膚白、方圓臉、形象好。

命主回饋：是的，160。

解析：本命疾厄宮鈴星天官天使星，照文曲八座天德星（天官天德八座，周正、方圓、方圓臉型；天使鈴星文曲，漂亮、亮麗、形象好等）。疾厄宮的官祿宮在卯位，天府火星封誥星，照武曲七殺文昌三台天空星（天府五行爲土、武曲七殺文昌五行爲金，土金五行，其形方圓，方圓臉型；天府火星封誥，身高不高；武曲七殺文昌，氣質颯爽文雅漂亮；天府七殺，身高不高，中國大陸內地女子 162 公分爲中等個子，所以身高 162 公分之下）。

3、**判斷**：妳母親形象較好，很會過日子，賢妻良母。你父親厚道、有文化、是有工作的。你父親原單位是事業性質或者國字頭的。

命主回饋：是的。母親對。父母都有工作，父親在大型央企，母親以前工作也不錯。

解析：本命父母宮為父親，父母宮的夫妻宮為母親宮，在卯位，天府火星封誥龍德，照武曲七殺文昌三台（武曲七殺文昌，形象好；天府武曲，會理財會過日子；封誥龍德三台，傳統尊貴賢德）。父母宮廉貞貪狼文曲八座龍德劫煞星（文曲八座，有工作有文化）。父母宮的官祿宮在酉位，武曲七殺文昌三台天空以及陷落的擎羊等（武曲七殺，企業而非國家機關；武曲七殺文昌三台，國企或者單位下屬的企業等；陷落的擎羊天空，超大型的集團企業、央企）。父母宮的福德宮在未位，天相左輔右弼天鉞陀羅星，照紫微破軍天魁星（厚道、古道熱腸、喜歡幫助別人、責任心強等）。

4、判斷：妳是獨生女。

命主回饋：是的。

解析：本命兄弟宮天府火星封誥星，照武曲七殺文昌（天府，婦女肚腹；火星七殺武曲文昌，被流產之象；封誥，截止了，沒有兄弟。另外七殺星守照兄弟宮主刑剋）。

5、判斷：妳 1998 有升學。學歷為本科。

命主回饋：是的，1998 年上大學，一本。

解析：中國大陸大部分地區的學生升大學的年齡都在虛歲17－20歲之間，這三、四年之中哪一年運氣好就升學了。流年 1998 年的命宮在午位，巨門天貴截空星，照天機星化忌（天機星化忌之後的實際指數為旺勢；天機巨門天貴截空，能通過，超越很多人、成為少數人）。

流年官祿宮在戌位，太陽化祿恩光星（太陽化祿恩光，被官方錄入）。流年父母宮在未位，天相左輔右弼天鉞陀羅星，照紫微破軍天魁星（天相左輔右弼天魁天鉞紫微破軍，卷面整潔、運算正確、分數高、分數超前）。

6、**判斷：**較晚婚，具體看在2008—2010年訂婚、結婚。妳丈夫中等個子173左右。婚後頭胎為男孩。

命主回饋：2008年結婚。172。是的男孩。

解析：14—23歲之間大運命宮在丑位，大運夫妻宮在亥位，鈴星孤辰星，照文曲八座（單身一人，結婚證暫時沒有領取）。24—33歲大運命宮在子位，天機廟旺龍池星，照巨門星（結婚機會成熟了）。流年2008的流年命宮在巳位，廉貞貪狼文曲八座天德星（戀愛、談婚論嫁）。流年夫妻宮在卯位，天府星，照七殺文昌三台星（或者夫妻感情方面的權威證件，打證結婚）。本命夫妻宮天馬鳳閣天壽天廚天虛天月星，照天同祿存星（天同星表示身高大衆化，可以定172—174公分之間）。本命子女宮紫微破軍天魁星，照天相左輔右弼天鉞陀羅星（紫微破軍星本來可以是女孩，但是天相星被左輔右弼天鉞天魁星輔助以後力量大增，確定爲男孩）。

7、**判斷：**妳的男人緣比較好，婚前、婚後都會有異性騷擾。

命主回饋：是的

解析：本命夫妻宮天虛天馬鳳閣星等（鳳閣天虛，閨門虛掩；天馬，來來往往）。本命交友宮武曲七殺三台咸池星等（武曲七殺三台，兩三個男人；文昌咸池，感情）。本命子女宮紫微破軍天魁天喜月德星等（在感情中不願意受常規束縛並且能有所突破等）。

8、**判斷：**2010、2011年和丈夫感情不好，2010年爭執已經很多。離婚很衝動。離婚應在2011年。

命主回饋：是的。起因是家務事和錢財方面。他是鳳凰男，只顧他父母以及妹妹家，不顧我們自己的家。他總偷偷給妹妹錢，大筆大筆的給。2010年爭執是多，2011年底領了離婚證後想重婚，還住在一起，2012年夏天徹底破裂，分開。

解析：2010流年命宮在未位，流年夫妻宮在巳位，貪狼廉貞文曲八座劫煞（感情上糾紛矛盾很多，互相責難和埋怨等）。2011年流年命宮在申位，流年夫妻宮在午位，巨門化忌化祿天貴天福平勢截空，照天機化科（天福平勢，沒有福氣享受了；巨門化忌截空，離開了、心裡空了；巨門天貴，管理部門；天機，變動變換；天機化科，文件或證件；巨門化忌天貴天機化科，管理局開具離婚證件；巨門化忌化祿，先離婚卻住在一起）。2012年流年命宮在酉位，流年夫妻宮在未位，天相左輔右弼天鉞紅鸞陀羅截空寡宿星，照紫微破軍天魁星（天相紅鸞，紅臉了、翻臉了；截空紫微破軍，嚴重分歧並且徹底破裂；左輔右弼天鉞天魁陀羅，各有所鍾同床異夢，固定稱為兩條平行線，約定做朋友了；截空寡宿，孤獨一人在臥室休息）。

9、判斷：妳前夫2013—2015年之間已經再婚了。

命主回饋：他2014年再婚的。

解析：2014流年命宮在子位，流年夫妻宮在寅位。流年夫妻宮的夫妻宮在辰位，太陰化祿天姚星（戀愛或者結婚）。流年夫妻宮的夫妻宮的官祿宮在申位，天同化權天梁祿存星（官方認定可以共同生活，也就是辦理結婚登記）。

10、判斷：2014、2015年事業運也比較低迷，會出現：換工作、工作壓力大等情況。2014、2015年桃花多，短暫，沒有很靠譜的，妳很累也沒有很投入感情。2014、2015年失眠、眼澀、記憶力下降、頭暈等情況會出現

命主回饋：換了兩次工作，壓力大。是的有桃花，很累，失眠。

解析：2014年流年命宮在子位，流年官祿宮在辰位，太陰天姚蜚廉華蓋星（宮氣弱，事業低迷；太陰天姚，付出心血太多；華蓋，孤立無援；蜚廉，多是非小人）。流年夫妻宮在

戌位，太陽化忌地空解神天哭星（太陽化忌地空，家裡沒有男人或丈夫；解神地空；解脫但是空虛；地空天哭，愁悶苦惱）。流年疾厄宮在未位，天相左輔右弼天鉞紅鸞陀羅截空寡宿星，照紫微破軍化權天魁（天相破軍化權截空寡宿，獨自一人傻待到破曉天亮、失眠；紫微破軍化權截空陀羅，頭暈頭昏；左輔右弼陀羅截空眼澀眼睛不好；天鉞天魁截空陀羅，丟東落西、記憶力不好；紅鸞截空陀羅破軍化權，婦科毛病等）。2015 年流年命宮在丑位，流年官祿宮在巳位，貪狼廉貞文曲八座劫煞星（貪狼陷落文曲，口舌多；廉貞陷落劫煞，糾紛多、同事排擠、同事不和；八座，工作多，做很多本不屬於自己的工作、壓力大）。流年夫妻宮在亥位，鈴星天官天使天巫孤辰星，照文曲八座（鈴星孤辰天官天使，單身貴族；孤辰文曲天使，享受獨身生活；天巫文曲鈴星，信仰命運；孤辰八座，沒有客人、坐上無賓、獨自一人在家）。流年疾厄宮在申位，天同化權天梁陰煞祿存星，照天馬鳳閣天月天廚天虛（天同化權鳳閣天月，頭暈頭昏、記憶力下降；天同化權祿存陰煞天馬天虛鳳閣，家裡沒有主人，跑到外面喝酒娛樂；陰煞天虛天月鳳閣，睡眠不好）。

<table>
<tr>
<td>廉貪天地地天天天天天
貞狼鉞劫空馬刑福巫虛
陷陷旺不廟平陷旺　旺
忌
奏書　　　　絕
歲驛　15～24　丁
歲破　父母宮　巳</td>
<td>巨恩天龍
門光官德
旺廟廟
權
飛廉　2009年　胎
息神　25～34　戊
龍德　福德宮　午</td>
<td>天天華
相哭蓋
得平陷
喜神　　　　養
華蓋　35～44　己
白虎　田宅宮　未</td>
<td>天天封劫天
同梁誥煞德
旺陷　　平
病符　2011年　長生
劫煞　45～54　庚
天德　官祿宮　申</td>
</tr>
<tr>
<td>太文鈴紅解大月
陰昌星鸞神耗德
陷得陷廟廟平
科　　身宮
將軍　　　　墓
攀鞍　5～14　丙
小耗　命宮　辰</td>
<td colspan="2" rowspan="2">坤造　癸　壬　庚　壬（日空戌、亥）
　　　亥　戌　午　午

1命宮　2兄弟　3夫妻　4子女　5財帛　6疾厄
7遷移　8交友　9官祿　10田宅　11福德　12父母

甲干　廉貞-太陽　乙干　天機-太陰　丙干　天同-廉貞　丁干　太陰-巨門
戊干　貪狼-天機　己干　武曲-文曲
庚干　太陽-天同　辛干　巨門-文昌　壬干　天梁-武曲　癸干　破軍-貪狼</td>
<td>武七天天破
曲殺姚傷碎
利旺廟平平
大耗　2012年　沐浴
災煞　55～64　辛
弔客　交友宮　酉</td>
</tr>
<tr>
<td>天天火三龍天天
府魁星臺池才壽
得廟利陷廟旺陷
小耗　　　　死
將星　115～124　乙
官符　兄弟宮　卯</td>
<td>太文天寡陰
陽曲喜宿煞
不陷陷陷
伏兵　2013年　冠帶
天煞　65～74　壬
病符　遷移宮　戌</td>
</tr>
<tr>
<td>右天孤
弼月辰
旺　平
青龍　　　　病
亡神　105～114　甲
貫索　夫妻宮　寅</td>
<td>紫破擎截蜚
微軍羊空廉
廟旺廟不
祿
力士　2016年　衰
月煞　95～104　乙
喪門　子女宮　丑</td>
<td>天左祿天臺旬天咸
機輔存貴輔空空池
廟旺廟廟　陷陷陷
博士　2015年　帝旺
咸池　85～94　甲
晦氣　財帛宮　子</td>
<td>陀八鳳天天年
羅座閣使廚解
陷廟旺旺　得
官府　　　　臨官
指背　75～84　癸
歲建　疾厄宮　亥</td>
</tr>
</table>

例題2

1、判斷：妳的母親年輕時很有氣質。母親有文化、比較有能力。母親做藝術或者醫療性質工作。

命主回饋：是的是的，都對，母親是醫生。

解析：母親宮在卯位，天府天魁火星三台龍池天才，照武曲七殺天姚星（火星龍池七殺天姚，長相有氣質。天魁三台龍池天府，在事業單位工作；天魁火星武曲七殺，護士、醫生或者司法單位；龍池天才火星七殺天姚，藝術類單位）。母親宮的官祿宮在未位，天相天哭華蓋，照紫微破軍化祿擎羊（天相破軍化祿擎羊，醫

療單位）。（綜合判斷為醫生、護士等）

2、判斷：妳外表體貼溫柔，思慮多，膽子不大，比較壓抑自我。內在是才思敏捷，獨立性強，比較任性，有語言表達能力，喜歡挑戰，喜歡鑽研。

命主回饋：對，是的。

解析：本命命宮文昌紅鸞月德太陰化科鈴星陷落（文昌星在這裡實際上比較旺，文昌紅鸞太陰陷落，溫柔體貼；太陰化科鈴星陷落，思慮很多，膽子小，自我壓抑）。福德宮巨門化權恩光天官，照天機左輔祿存天貴台輔（巨門化權左輔天機，愛鑽研喜歡挑戰、獨立、任性，有語言表達能力；天機，思維敏捷；巨門化權祿存，愛養生；巨門化權天機，愛運動健身等）。

3、判斷：妳皮膚白皙，圓下巴。你身高在 164 以上。妳眼睛比較漂亮，挺勾人的。

命主回饋：是的。

解析：本命命宮文昌紅鸞月德太陰化科鈴星陷落（文昌星在這裡實際上比較旺，文昌太陰化科形象較好，白皙；文昌紅鸞月德太陰化科鈴星陷落，眼睛漂亮勾人）。疾厄宮陀羅八座鳳閣天廚星等（八座鳳閣天廚，下巴圓）。疾厄宮的官祿宮在卯位，天府天魁火星三台龍池天才，照武曲七殺天姚星（利勢天府同度天魁星，中等個子略高一點。一般在 164—165 公分）。

4、判斷：妳的肺部、呼吸系統比較薄弱，大腸經不好所以易有皮膚上的小問題。

命主回饋：是的，腸胃方面。

解析：本命疾厄宮陀羅八座鳳閣天廚星等（八座陀羅天廚，腸胃不好）。疾厄宮的官祿宮在卯位，天府天魁火星三台龍池天才，照武曲七殺天姚星（天府星在這裡實際上不旺，武曲五行為金，同度七殺火星和陷落的三台星，所以大腸系統較差，容易有皮膚小問題；中醫學中大腸與肺相表裡，或者肺系統也算薄弱）。

5、判斷：妳的學歷可以達到研究生。

命主回饋：研究生。

解析：本命命宮文昌紅鸞月德太陰化科鈴星陷落（文昌星在這裡實際上比較旺，文昌太陰化科，有文化，文化較高）。福德宮巨門化權，照天機左輔（愛學習，善於推理分析等；天機星在第二部大運化祿）。本命官祿宮天同星（天同星在第三部大運化祿，學歷高）。父母宮貪狼遇地空星同度天鉞天福（天鉞天福，愛學習；貪狼地空，能安心學習，能力強等）（綜合判斷學歷高，可達研究生）

6、判斷：妳 2009 年有較好的工作機會。

命主回饋：是的。

解析：2009年流年命宮在午位，福德宮巨門恩光天官，照天機化權左輔祿存天貴台輔（職業事業上有好消息，獲得更好機會）。

7、判斷：2011年妳父母破財，不順利。

命主回饋：對，父親得病花錢。

解析：2011年流年命宮在申位，流年父母宮在酉位，流年父母宮的財帛宮在巳位，貪狼化忌廉貞地劫地空天鉞天刑天虛星等（貪狼化忌天刑天虛地劫地空，破財花錢）。父親宮的疾厄宮在辰位，文昌化忌紅鸞鈴星陷落（診斷書，疾病，生病）。

8、判斷：妳2012年有破費，有地點變化，走動多。

命主回饋：是的。

解析：2012年流年命宮在酉位，武曲化忌七殺天姚天傷破碎（武曲化忌破碎，破財，地點變動等）。流年財帛宮在巳位，貪狼化忌廉貞地劫地空天鉞天刑天虛星等（貪狼化忌天刑天虛地劫地空，破費多，積蓄少）。

9、判斷：妳2013年感情不順利，有爛桃花或者相親等情況。

命主回饋：有的。

解析：2013年流年命宮在戌位，太陽陷落文曲寡宿陰煞天喜，照文昌（陷落的太陽天喜文曲文昌，介紹對象或者相親等；寡宿陷落的太陽，沒有成功過；陰煞，不真誠相待）。流年夫妻宮天同陷落的天梁封誥劫煞星等（陷落的天梁星封誥，難以溝通，無言以對；劫煞，被奪走了，不專一）。

10、判斷：妳2015—2016年可以談婚論嫁。丈夫和妳出生地之間距離遠。丈夫長相不錯。方圓臉。丈夫性格溫和，善解人意。丈夫在教育線。

命主回饋：2015年登記，2016年正月結婚，丈夫脾氣好，對我也好，長相可以，距離遠，老師。

解析：2015流年命宮在子位，天機化權祿左輔祿存天貴台輔，照巨門化權恩光天官（天機化權祿巨門化權，抓住了機會）。流年夫妻宮在戌位，太陽陷落文曲寡宿陰煞天喜，照文昌化科（文曲文昌化科天喜；辦理結婚證）。流年官祿宮文昌紅鸞天同化祿飛入（通過結婚登記）。本命夫妻宮在寅位，夫妻宮的官祿宮在午位，巨門化權，照天機左輔星等（兩個人的出生地之間很遠，需要坐車才能到）。本命夫妻宮右弼星，照天同星（天同星，氣質溫和，善解人意，方形臉，眉目清秀）。夫妻宮的官祿宮在午位，巨門化權恩光天官，照天機左輔祿存天貴台輔（巨門化權恩光天官祿存天貴台輔，事業單位；巨門，律師教師等；天機，主學習、設計、策劃等。綜合夫妻宮照天同星，判斷為教師或製藥）。

11、判斷：妳一般是藝術、法律、醫藥性質的專業。妳進入政府部門可能性小，做技術性工作或者後勤工作。會在較大企業、知名企業工作。

命主回饋：製藥工程。知名大企業，在外地。

解析：本命官祿宮天同陷落的天梁星封誥等星（天同天梁，主醫療、醫藥方面）。父母宮的官祿宮在酉位，武曲七殺，照天魁火星龍池等（企業、知名企業、新科技含量高的企業；技術性質的崗位）。

12、判斷：妳對股票或者期貨等有興趣，或者有第二職業的小投資，但收穫不大。

命主回饋：股票有一些投資，沒賺多少錢。

解析：本命財帛宮，天機左輔祿存台輔，照巨門星等（有第二職業或者兼職；資本運作類的投資等）。

後語

本書是對傳統知識的整理，是基礎知識，是學習中最需要的「知識點」，是「乾貨」。

在例題部分展示了西鳳派的大運技巧和流年技巧。

萬丈高樓平地起，想要很順利的從紫微盤中提取資訊，有賴於紮實的基本功，所以，打好基礎才能走得更遠。讓我們沉下心來，把基礎打好。

當然，疏漏之處在所難免，也歡迎大家來信交流。大家第一次聯繫我請用電子郵件，我的閒暇時間太少，恕不能長時間的傾聽電話。

有預測需求的朋友，可以透過下面方式聯繫到我：

QQ：1801021669

電話：0086-19929203989

郵箱：sanheshanren@188.com

有償服務的主要項目有：

財運、官運、婚姻等預測；男女合婚；

開業擇吉、婚姻擇吉等；取人名或者公司名等。

國家圖書館出版品預行編目資料

學懂紫微斗數，就看這一本 / 三禾山人著.
－－第一版－－臺北市：知青頻道出版；
紅螞蟻圖書發行，2021.02
面；公分. ——（Easy Quick；171）
ISBN 78-986-488-213-7(平裝)

1.紫微斗數

293.11　　109021082

Easy Quick 171

學懂紫微斗數，就看這一本

作　　者／三禾山人
發 行 人／賴秀珍
總 編 輯／何南輝
校　　對／周英嬌、三禾山人
美術構成／沙海潛行
封面設計／引子設計
出　　版／知青頻道出版有限公司
發　　行／紅螞蟻圖書有限公司
地　　址／台北市內湖區舊宗路二段121巷19號(紅螞蟻資訊大樓)
網　　站／www.e-redant.com
郵撥帳號／1604621-1　紅螞蟻圖書有限公司
電　　話／(02)2795-3656（代表號）
傳　　真／(02)2795-4100
登 記 證／局版北市業字第796號
法律顧問／許晏賓律師
印 刷 廠／卡樂彩色製版印刷有限公司
出版日期／2021年2月　第一版第一刷

定價 380 元　港幣 127 元

ISBN 978-986-488-213-7　　Printed in Taiwan